读懂元典

龚留柱 著

《左传》与中国文化

华夏出版社
HUAXIA PUBLISHING HOUSE

图书在版编目(CIP)数据

《左传》与中国文化 / 龚留柱著. -- 北京：华夏出版社有限公司，2022.10
(读懂元典)
ISBN 978-7-5222-0257-0

Ⅰ.①左… Ⅱ.①龚… Ⅲ.①《左传》-研究②中华文化-研究 Ⅳ.①K225.04②K203

中国版本图书馆 CIP 数据核字（2022）第 011649 号

《左传》与中国文化

著　　者	龚留柱
责任编辑	杜晓宇
封面设计	殷丽云
责任印制	周　然

出版发行	华夏出版社有限公司
经　　销	新华书店
印　　装	三河市少明印务有限公司
版　　次	2022年10月北京第1版 2022年10月北京第1次印刷
开　　本	787×1092　1/32
印　　张	12.125
字　　数	265千字
定　　价	62.00元

华夏出版社有限公司 地址：北京市东直门外香河园北里4号　邮编：100028
网址：www.hxph.com.cn　电话：（010）64663331（转）
若发现本版图书有印装质量问题，请与我社营销中心联系调换。

弘扬元典　走向未来
——序《读懂元典》丛书

华夏出版社的《读懂元典》丛书就要和读者见面了，这是一件值得庆贺的事，我很高兴有机会和读者朋友就这个选题说几句话，聊聊对元典文化的一些想法。

20世纪90年代，我曾主编过一套《元典文化丛书》，当时"元典"这个概念还不十分流行，有朋友问我，为什么要用"元典"，而不是人们习以为常的"经典"。我当时是想写一篇小文来谈谈这个问题，一直没有合适的机会，就放下了。现在就借机来谈一点简单的想法。

中国历史上的先秦时代和秦汉之际的社会变革时期，产生了一批影响中国历史、中国文化和中国民族性格的基础性文化典籍，如《周易》《诗经》《尚书》《春秋》《老子》《论语》等等。由于从汉代起儒家研习的先秦《五经》被国家确立为全体国民都必须遵循的思想法则，《五经》获得了在社会政治和社会文化生活中不可质疑的神圣性，一直延续至宋《十三经》，在中国思想文化的发展史上，就形成了一批只能被尊奉而不能怀疑和批判的文献典籍。汉以后研习《五经》《十三经》的学问，被称为"经学"；经学典籍《十三经》，即被称为经书、经典。"经典"二字，代表着典籍的神圣和尊严。

近代以来，马克思主义传入中国。马克思主义哲学本质的革命性和批判性，教会我们以科学理性的态度对待传统文化，改变了我们对经典只能遵循而不能分析和质疑的思想态度，传统《十三经》成为我们研读、分析和思考的对象，而失去了不可分析的思想权威属性。所以，在马克思主义普及的今天，把传统文化典籍当作"经典"而盲从的传统积习，应该改变。虽然我们已经习惯了"经典"二字，但在科学而理性的文化研究和文化传播活动中，尽可能地避开不科学的做法，是文化学者应该考虑的问题。

于是，我们选择以"元典"来指称《周易》《诗经》等等这批古老的文化典籍，并一般性地称之为"中华元典"。"元典"是什么意思呢？

元者，始也，首也，意谓"第一"和"初始"。这是中国最早的一批文化典籍，对以后思想文化的发展，具有初始意义。

元者，大也，意谓宏大而辽阔。这批文化典籍提供的思想场域，涵盖了后世中国思想发展的诸多问题意识，具有全覆盖的特点。

元者，善也，吉也，有美好、宝贵和嘉言之意。这批文化典籍提供了后世中国最宝贵、善良和美好的思想修养资源。

元者，基也，根也，具有基础、根本、本源之意。这批文化典籍是后世中国文化的基础和出发点，一切思想元素都来源于此，一切思想的发展都以此为根基。

元者，要也，有主要、重要之意。这批文化典籍不是中国文化典籍的全部，但却是中国文化中最重要、最核心的部分。

总之，"元典"包含有始典、首典、基本之典及大典、善典、宝典等意蕴，"元典"称谓，既在某种程度上包含了传统的圣典、经典之义，又避开了对传统典籍非理性尊崇的嫌疑。这是我们对"元典"称谓的简要说明。

先秦和秦汉之际产生的"中华元典"包含了后世中国思想文化的各种因子，历史地决定了后世中国历史与文化发展的方向、性质和特征。中国所以是中国，所以是今天这样的文化面貌，所以在文化精神、民族性格的方方面面都迥异于西方，即是由它们所奠基的。读懂元典，对于我们今天认识自身的文化面貌，了解文化国情，理解中国历史文化发展道路的特殊性，具有极其重要的意义。

中华元典诞生在春秋战国和秦汉之际的社会大变革时期，是对社会转型、社会变革所提出的一系列重大的基础性问题的回答。两千多年后的今天，中国又处在一个历史的转型期。传统社会向现代社会的过渡，必然要求以文化的变革为先导、为前提，同时也作为最终巩固经济、政治变革成果的牢固根基。然而，任何一个民族的文化变革，都不可能是对先前文化传统的革除，而恰恰相反，民族文化的每一次更新，都是对原有文化传统精髓在更高层次上的发扬和转换，是将原有文化传统在其开端时已蕴涵着的文化意蕴在新形势下重新发现，重新唤起，并赋之以新的生命活力。唯有如此，文化才有更新，才有发展；唯有如此，文化也才有绵延不断的统绪，也才能为全体民族成员认同和承袭。这就是在两千年后我们还要重温元典的历史根据。历史昭明，再读元典并读懂元典，对当今社会的历史进步，具有多么重要的意义。也正是在这个意义上，我欣赏华夏出版社的这套丛书！

我了解丛书的部分书稿，知道它可以实现丛书组织者的初衷。

读懂元典，首先是要了解元典本身所蕴含的思想意义。丛书在这方面有充分的解读。

但读懂元典的真正含义，还不止于此。元典所以是元典，是被历史所证明的，是被历史选择出来的，它真正对后世历史起到了根本性的影响和奠基作用。所以，读懂元典，还需要了解这些元典典籍对中国文化、中国历史的发展道路，对中国国民性格的塑造,怎样起到了一种奠基性、支配性的作用;进而还需要知道我们的民族精神之来源,以及民族文化传统形成和发展的来龙去脉,从而站在今天的历史高度,对民族文化的发展史,作出清醒的考察和历史的反思。弄清这些问题,是读懂元典的深层次要求。所以,丛书作者也都着力于此,尽可能去梳理中华元典对后世中国文化的全方位历史影响。丛书的最大篇幅,都用在了读懂元典的这个方面。

这套丛书是有特色的,相信它可以受到读者的欢迎。希望丛书发挥出它强大的指引与激励作用,最终可以帮助当代青年认识我们的文化国情,了解中国文化的发展道路和文化特色,进而以清醒的头脑面对传统、走向未来。

李振宏

2021.9.27

目 录

始晦终显:《左传》的来历与流传   1
  书名和性质   3
  作者和著成年代   15
  《左传》的研究史   29

经史兼综:《左传》的基本内容及思想倾向   69
  一代治乱史   70
  社会全景图   78
  解经书例与天道人道   101
  重礼与重民   109

简册典范:《左传》与中国史学   123
  编年之祖   124
  直书和曲笔   138
  经史和王朝正闰   156

文章正宗:《左传》与中国文学   173
  《左传》的文学成就   175
  《左传》与中国古典小说   196
  《左传》与中国古典散文   213

宽猛相济:《左传》与中国政治文化   239
  天道远 人道迩   241
  民为邦本 民利君与   263
  礼法并存 宽猛相济   289

武略辉光:《左传》与中国兵学   317
  止戈为武 居安思危   319
  一鼓作气 无民孰战   336
  见可而进 知难而退   357

主要参考书目   371

始晦终显:《左传》的来历与流传

《春秋左氏传》省称《左传》,在中国文化人眼中,这是一本赫赫有名的著作。它首先是历史名著。中国古代春秋时期的历史,由此书得以保存,而且又写得特别好,唐人刘知幾评价它是"著述罕闻,古今卓绝"(《史通·杂说上》)。其次它又是儒家经典。隋唐科举取士,其中有"明经"科,所规定的"九经"即含有《左传》。以后儒家的经典渐次增为"十经""十二经""十三经",《左传》也都在其中,被刻石立于国学,成为封建社会正统意识形态的重要内容。再次它还是一部优秀的散文杰作。清人刘熙载《艺概·六》说:"《左氏》叙事,纷者整之,孤者辅之,板者活之,直者婉之,俗者雅之,枯者腴之。剪裁运化之方,斯为大备。"《左传》作为文章典范，影响了历代文人墨客。最后《左传》还可作为兵法来读。它多写战争，善写战争，清代李元春著《左传兵法·序》说："孙、吴所言空言也，左氏所言验之于事者也。"汉代以后儒将如关羽、吕蒙、杜预、岳飞等都好《左传》，或"讽诵略皆上口"，或自称"有《左传》癖"。

《左传》内容宏富，影响深远。两千多年来，无数学者从不同角度对它进行整理、发掘、注释、研究，围绕着这座中华文化的"富矿宝藏"，形成了一门跨学科的"春秋左传学"，人们至今对之热情不减。一般来说，要成为文化上的一种专门学问或研究学科，如以甲骨文为研究对象的"甲骨学"，以《红楼梦》为研究对象的"红学"等，都要具备两个基本条件。一是被研究者的出现具有学术上划时代的意义，它能反映广阔深邃的社会内容，人们能随着时日的推进和角度的变换，不断从中发现和推衍出新的价值。二是由于记载的缺失和年代的尘积，被研究者的成书和流传被蒙罩了层层迷雾，人们由于不同的认识而引发激烈的争论，形成一系列"热点"问题，一时又难以完全解决。

《左传》正是如此。它就像一位文化上的骄子宠儿，人人喜爱，却又来历不明，屡遭诟病。两千多年来，关于它的书名、性质、作者、著成年代等问题，人们一直争论不休，涂抹者有之，洗刷者有之，一直到今天，《左传》仍是一部争议较多的古典文献。

书名和性质

从《左氏春秋》到《春秋左氏传》

中国人历来重视冠名。从一个人的姓名上，可以看出他的世系所出、排行次第，也可以看出其志意所在。一旦关涉社会典制，更是要"名正言顺"，不容马虎。《左传》一名，并非原来就有，最初应为《左氏春秋》。有关史书对此书最早的正式记载，见于《史记·十二诸侯年表序》：

> 是以孔子明王道，干七十余君，莫能用，故西观周室，论史记旧闻，兴于鲁而次《春秋》……七十子之徒口受其传指，为有所刺讥褒讳挹损之文辞不可以书见也。鲁君子左丘明惧弟子人人异端，各安其意，失其真，故因孔子史记具论其语，成《左氏春秋》。

另外，河间献王刘德立《左氏春秋》博士，刘歆《让太常博士书》称《春秋左氏》，皆证明西汉及以前无《左传》之名。后来刘歆要为它争立学官，博士们反讥"《左氏》不传《春秋》"。为此到了东汉班固所作《汉书》，就开始用《春秋左氏传》一名，简称《左传》而相沿至后世。

一名之变，关系到《左传》一书本来的性质是经学还是史学，也关系到《左传》与《春秋经》的关系。在中国古代，儒学是意识形态的主流和正统，受到官方的尊崇和保护。于是，凡被认为是孔子撰写或整理过的书，皆被称为"经"，意谓"天地古今之常道"。《诗》《书》《礼》《乐》《易》和《春秋》据说皆为圣人之作，于是号称"六经"。但经文简略又深奥，圣人在传授弟子时，以口头方式对其中包含的"微言大义"作了发挥补充。七十子之徒及其后学把这些传授以书面形式记录下来，称为"传"，即阐释注解经义的文字，如《易大传》《诗经毛传》等皆是。班固在《汉书·艺文志》中，首先著录"《春秋古经》十二篇"，这是"经书"；接着有"《左氏传》三十卷"《公羊传》十一卷"《穀梁传》十一卷"。后三者就是我们习惯所称《春秋》三传"。时间一长，"传"也有了某种权威性，也成了"大经学"的一部分，都被包容在儒家"十三经"之中。

班固改《左氏春秋》为《左传》，目的当然是使其依附儒经而纳入官学轨道，但却引来后世的聚讼纷纭而至今公案难断。为了说明问题，这里只能不避枝蔓再从"春秋"二字谈起。

孔子与《春秋》

作为单音词,"春""秋"分别指两个季节,古今同之。中国自古以农立国,春种秋收自然重要,于是"春秋"二字连用以代表"年",以表时间。《汉书·艺文志》说:"古之王者世有史官,君举必书……左史记言,右史记事,事为《春秋》,言为《尚书》,帝王靡不同之。"这里,把时间加上人的活动,"春秋"作为普通名词,等于编年的历史记录,在先秦时期广泛存在。刘知幾《史通·六家》论"春秋家",提到有《夏殷春秋》,记商代太丁时事;《晋春秋》,记晋献公十七年事,并说:"晋羊舌肸习于《春秋》,悼公使傅其太子。"刘知幾还提到《墨子》曰:"吾见百国春秋。"此语不见于今本,但《墨子·明鬼下》记载过四个鬼故事,分别"著在周之春秋""著在燕之春秋""著在宋之春秋""著在齐之春秋"。此外,《左传·昭公二年》记韩宣子出使鲁国,观书于太史,见有《鲁春秋》。其时孔子方十二三岁,此"鲁春秋"当然指孔子之前早已存在的鲁国的编年史。

我国很早就有以文字记载的历史著作,殷商卜辞中常见"史"字,就是以手执简册之形。而且古代确有严格的史官制度,以确保文字记载历史的连续性。其实这种纪年史可以总类为"春秋",具体到各诸侯国,还可以有不同的名称。如

《孟子·离娄》所说:"晋之《乘》,楚之《梼杌》,鲁之《春秋》,一也。"把"春秋"由普通名词变为专有名词,也许正始自孟子。孟子认为圣人孔子为使后代的乱臣贼子恐惧而不敢为非作歹,特意作《春秋》。再加上此时儒家已成"显学",对孔作《春秋》大力宣扬,而岁月久远之后,其他各国《春秋》大都亡佚不存,于是"春秋"这一概念聚缩为我们今天所见的这本万六千余字的《春秋经》。

《春秋》与孔子的关系,是一个久争不息的课题。

第一种观点认为孔子作《春秋》,即此书的著作权归孔子拥有。首倡此说为孟子,他两次提及孔子作《春秋》,"孔子成《春秋》而乱臣贼子惧"。《春秋》在汉初已被视为经书,儒生自然认为它应出于圣人之手,从司马迁到董仲舒都以权威的声音力倡此说,后人靡然风从,遂成定论。此派的理由主要是:《鲁春秋》只是孔子创作的史料,经书体例规模乃孔子所制定。特别是经书中包含的"微言大义",是原史书所没有的,"立义创意,褒贬赏诛,不复因史记者,眇思自出于胸中也"(王充:《论衡·艺增》)。对《鲁春秋》,孟子也说:"其事则齐桓、晋文,其文则史,孔子曰:'其义则丘窃取之矣。'"也就是说,孔子利用鲁国旧史,而完成了一部新的经学著作。这部书记事范围不仅限于鲁国,而是孔子周游列国并到周王室观书之后,把眼光和笔触放在了一代天下大势的演变上,加以全面把握。这种观点为历代经学家承袭,一直到近代康有为,仍维护"《春秋》为孔子改制创作之书"的说法。

第二种观点认为孔子修《春秋》,即此书只是孔子对鲁国史书加以修订补充,不能算是创作。汉代的古文学家认为《春秋》源于鲁史,鲁史的发凡起例源于周公,所以孔子对《春秋》只是根据周公的鲁史凡例加以修订补充,不能算作近代意义上具有知识产权的著作。这种观点集中体现于晋人杜预的《春秋左传集解序》中:

> 仲尼因鲁史策书成文,考其真伪,而志其典礼,上以遵周公之遗制,下以明将来之法。其教之所存,文之所害,则刊而正之,以示劝诫。其余则皆即用旧史,史有文质,辞有详略,不必改也。……其发凡以言例,皆经国之常制,周公之垂法,史书之旧章,仲尼从而修之,以成一经之通体……然亦有史所不书即以为义者,此盖《春秋》新意。

杜预之说多为后世经古文学家宗奉之,如唐时"以周公为先圣,孔子为先师,孔子止配享周公,不得南面专太牢之祭"(皮锡瑞:《经学历史》),便是这种观念的产物。此说立足点是把《春秋》看做史书,孔子及其弟子对《鲁春秋》不是直抄而是作了一定的删改、修正、提炼和加工,"笔则笔,削则削",最终使它成为一部典范的编年史著作。人们把《鲁春秋》看做原始的未经孔子修订的历史著作,其作者是鲁国世代相承的史官,以别于后人所见而经孔子手订的《春秋经》。这种观点也为封建时代的经今文学家所诟病,晚清皮锡瑞曾在《经学历史》一书中大加驳斥,这是经学内部今古两派之争的主要问题之一。

第三种观点主要为近代学者提出,认为《春秋》作者不是孔子,孔子不曾制作或删述《春秋》。从唐代以后,有些经学家日趋疑古。刘知幾在《史通·惑经》中对孔子和《春秋》的关系提出疑问,宋代王安石直讥《春秋》为"断烂朝报",即认为其乃是鲁国的政府公报,又简文脱落错乱,不可卒读,与圣人无关。其后明朝人徐学谟又提出《春秋》即据旧史,其中本来就有缺文,并非孔子所笔削。不过囿于经学传统,古代的大多数学者对《春秋经》都持谨慎态度,不敢否定其出自圣人之手。民国初年钱玄同《论〈春秋〉性质书》首开"孔子不作《春秋》"之说,认为《论语》中没有关于孔丘作《春秋》的记载;战国诸子中除《孟子》外,也没有其他任何一部书提到《春秋》为孔丘所作;《春秋》无所谓微言大义。因此,他认为"孔丘无删述或制作六经之事","孟轲因为要借重孔丘,于是造出'《诗》亡然后《春秋》作','孔子成《春秋》而乱臣贼子惧'的话"(《古史辨》第一册，上海古籍出版社1982年重印本)。现代学者如徐中舒、罗世烈、胡念贻等人从对文献本身的考稽出发，又进一步拓展出不少相关证据，以支持钱说。如《春秋》的书法体例前后不一，歧异甚多，证明其出于众手而非孔子一人所删定。如《礼记》和《韩非子》等引述的《鲁春秋》，皆与今《春秋经》相同，可见《春秋》应即是鲁史旧文，原缺简也被保存，其间并无孔子笔削痕迹。另外，《春秋》中有"孔子生""孔子卒"的记载，也证明孔子不可能是《春秋》作者。

时至今日，关于孔子与《春秋》的关系仍无定论。现代学者中，持《春秋》为孔子所作或所修的看法，以范文澜《中国通史》、白寿彝《中国史学史》、卫聚贤《古史研究》、苏渊雷《读春秋及三传札记》为代表；持相反看法，则以顾颉刚《春秋三传及国语之综合研究》、杨伯峻《春秋左传注·前言》、刘节《中国史学史稿》、赵光贤《春秋与左传》为代表。问题之所以难以解决，在于史料的有限和学者对材料理解的不确定性。在笔者看来，前述认为孔子与《春秋》无关的第三种观点可能更有说服力一些。

《左传》与《春秋》

《春秋》如与孔子有关，那它就是儒经，否则就是先秦一个诸侯国的国史,地位自然不同。在中国古代社会,《春秋》作为"五经"之一的权威地位还是牢不可破的,而《左传》一书的性质和地位如何,也自然要视它与《春秋》之间为何种关系而定。如《左传》为解《春秋经》而作,它就是经学;如非经传,它就是单纯记载春秋历史的史学。在两千年中,这个问题的争论与经今古文两派的门户利禄纷争纠缠在一起,十分激烈。

《左传》成书之后,在先秦时代长期隐晦不显,未见诸子称述。一直到西汉中期,司马迁在《史记》中最先记载它的成书,说是由于孔子写《春秋》,然后口授给七十子之徒,鲁君子左丘明"惧弟子人人异端,各安其意,失其真,故因孔子史记具论其语,成《左氏春秋》"。据此,司马迁还是认为《左传》由《春秋》而起,不过其名称为《左氏春秋》。接着,西汉今文博士"谓左氏为不传春秋",认为它与圣人和经学无关,使刘歆为《左传》争立学官的努力失败。可是到了东汉,随着古文经学的逐渐兴起,东汉著名学者班固、王充、桓谭都在其著作中肯定了《左传》的经学性质。如班固在《汉书·艺文志》中说:"丘明恐弟子各安其意,以失其真,故论本事而作传,明夫子不以空言说经也。《春秋》所贬损大人当世君臣,有威权势力,其事实皆形于传,是以隐其书而不宣,所以免时难也。"班固不但明确《左氏》即为《春秋传》,而且解释它长期隐伏的原因。王充在《论衡·案书》中说："公羊高、穀梁、胡母氏皆传《春秋》，各门异户，独《左氏传》为近得实……又诸家去孔子远，远不如近，闻不如见。"这是说左氏不但以亲见孔子为近，而且直接为《春秋》作传。桓谭在《新论》中说："《左氏》经之与传，犹衣之表里，相待而成。经而无传，使圣人闭门思之，十年不能知也。"他进一步论证了二者相辅相成的关系。

东汉以后，《左传》大行于世，并逐渐压倒公羊、穀梁二家而在"春秋三传"中居于最突出地位。原来《春秋》与《左传》是各自单行的两部典籍，至西晋杜预"分经之年与传之年相附"，将二者相连合著，成《春秋经传集解》，最终将《左传》与《春秋经》紧密地捆绑在一起了。以后，这种观点成为中国古代学术界的正统和主流，《左传》的经学地位遂难以动摇。在历代书籍著录中，从《隋书·经籍志》到《四库全书》，《左传》一直被列于"经部"而不是"史部"。

但是，两千年来，关于《左传》是否为《春秋》作传的争论一直没有止息。在中国古代，人们在承认孔子作《春秋》，承认《春秋》是经书的前提下，将《公羊传》《穀梁传》《左传》同等对待，认为凡不合"经意"则加以指责。但实际上《左传》与公、穀有根本性的不同。《公羊》《穀梁》都是依经立传，不记《春秋》所没有的史事，有一些叙事的成分，目的还是为了解经，所谓"附经立传，经所不书，传不妄发"是也。如果将公、穀二传中说经的部分抽出来，余下的叙事部分就无法独立存在了。《左传》则不然，它本是一部叙事详赡的史书，取材广泛，当然也参考了《鲁春秋》。但它独立于《春秋》之外，并不是解经之作。所以其中有无经之传及经传相异的记载，虽也有解经之语，但后人窜入之迹宛然，而且其在书中不占主要地位。如果把《左传》中"君子曰""书曰"以下文字及其他讲书法义例的地方删去，丝毫不影响全书叙事的完整性，因为这些文字不是其中有机的组成部分而是游离于叙事之外。另外，如果当初《左传》确实有意为解经而作，在标注时间的历法上应一如《春秋》用夏正，以建子之月为岁首。而事实上《左传》有时用周正，有时用殷正，有时用夏正，这是由于其史料来源不同，就与《春秋》记事体例有了差异。

中国古代的一些学者也对《左传》的经传地位产生疑问，看出一些问题。如晋代王接认为："《左氏》辞义赡富，自是一家书，不主为经发。《公羊》附经立传，经所不书，传不妄起，于文为俭，通经为长。"（《晋书·王接传》）唐代权德舆说："《左氏》有无经之传失其根本。"宋朝叶梦得说："《左氏》传事不传经，是以详于史而事未必实；《公羊》传义不传事，是以详于经而义未必当。"（《春秋传序》）连朱熹也说："《左传》是史家，《公》《榖》是经学；史学者记得事却详，于道理上便差；经学者于义理上有功，然记事多误。"（《朱子语类》卷八十三）实际上，唐代刘知幾在其史论巨著《史通》中，已经把《左传》降经为史（还有《尚书》《春秋》），并且予以很高的评价。他在《载言篇》中肯定"《左氏》为书，不遵古法，言之与事，同在传中"，即认为《左传》不仅不是《春秋》的附庸，而且突破古史樊篱，开创了史书的编年一体，使后世史学主流之一的编年史，"大抵皆以《左传》为准的焉"。

由于特殊的历史文化背景，清朝后期经今文学重新崛起。今文学者为达到政治上改制的目的，竭力推重以《公羊传》为代表的今文经，同时对《左传》等古文经大加挞伐。只是他们不再像汉代今文博士那样简单武断，而是把否定《左传》为经建立在周密考证的基础之上。如刘逢禄作《左氏春秋考证》一书，继承发扬了宋元人罗璧"《左传》《春秋》初各一书，后刘歆治《左传》，始取传文解经"（《识遗》卷一）的观点，认为《左传》原来的名称就应该是《左氏春秋》，"犹《晏子春秋》《吕氏春秋》也"，不过是杂史之流。它的成书，与《春秋经》没有关系，"左氏后于圣人，未能尽见列国宝书，又未闻口授微言大义，惟取所见载籍如晋《乘》、楚《梼杌》等相错编年为之本，不必比附夫子之经，故往往比年阙事"。这就否定了左丘明从孔子受经作传,《左传》为释经之传的说法。至于《左氏春秋》变为《左传》,乃是西汉末刘歆根据经文附益了大量解经之语并加以改编,"冒曰《春秋传》,则东汉以后之以讹传讹者也"。尽管这种观点不乏门户之见的成分,但由于《左传》成书流传的混乱复杂,也确实被击中了《左氏》为《春秋》作传说的薄弱之处。

现代的学术界已经摆脱了传统经学的羁绊,可以用更平和的心态来恢复文化典籍的本来面目。大多数学者都认为《左传》是独立的史学著作,并不是《春秋》之传,应该将它从两千年的经坛上请下来。这种意见以赵光贤《〈左传〉编撰考》(《中国史学史论集》(一),上海人民出版社1980年版)、徐中舒《〈左传〉的作者及其成书年代》(《左传选》附,中华书局1963年版)和胡念贻《〈左传〉的真伪和写作时代问题考辨》(《文史》第十一辑)为代表。笔者也同意这种看法。也有的学者坚持认为《左传》是释《春秋》而出的解经之作,或认为是"以史传经"。这种意见以金毓黻《中国史学史》(商务印书馆1944年版)、杨伯峻《经书浅谈·左传》(中华书局1984年版)、徐复观《两汉思想史》(华东师大出版社2001年版)和沈玉成《春秋左传学史稿》(江苏古籍出版社1992年版)为代表。

作者和著成年代

文献记载疑团重重

与《左传》一书的性质相比,关于《左传》作者和成书年代的争论,似乎更为激烈。古人没有现代人的著作权观念,一个学派的典籍,往往是由开山祖师口授弟子,弟子笔录,经过两三代的积累,由再传弟子把这种"语录"汇集整理而成。所以一般古籍实际成书时代要晚于传统的定说,甚至有"战国以前无私家著作"的说法。例如现存的《论语》《孟子》被视为研究孔、孟思想的最可靠材料,但它们都不是在孔子、孟子生前被编定成书的。于是在典籍形成的过程中,有后代弟子以己意篡改原文,或不自觉加入后人对先师之语意的理解,或窜入先师身后发生的事实,更有甚者以后人的话托名于古代圣哲。由于判断的标准不一样,就很容易使后代人对古代典籍的作者和成书年代产生歧异和争论。

前引《史记·十二诸侯年表序》,司马迁说《左氏春秋》的作者为"鲁君子左丘明",这是关于《左传》作者的最早记载。左丘明其人,相传与孔子同时,《论语·公冶长》记孔子说:"巧言令色足恭,左丘明耻之,丘亦耻之;匿怨而友其人,左丘明耻之,丘亦耻之。"这就是西汉刘歆所说的左丘明

"与圣人同好恶"。从孔子的语气上看，左丘明似乎是一位受孔子尊敬的前辈或同辈，因为孔子在谈话中自己称名。既然是孔子先贤或同辈，能否再从孔子受经作传，就使人产生怀疑。《史记》谈到左丘明"惧弟子人人异端，各安其意，失其真"，从而撰成《左氏春秋》。班固在《汉书》中还谈到左丘明为鲁之太史，刘歆以为左丘明"亲见夫子"。《后汉书》又说光武帝"知丘明至贤，亲受孔子"。因此西晋杜预认为左丘明是孔子弟子。但是，司马迁见过孔门《弟子籍》的记载，他在写《仲尼弟子列传》时为什么独独漏掉了左丘明的名字？特别是，《左传》记事起于鲁隐公元年（前722年），迄于鲁哀公二十七年（前468年），还附鲁悼公四年（前463年）一事，涉及三家分晋，智伯被灭，还称赵无恤的谥号为襄子。这时距孔子之死已53年，左丘明如与孔子同时，他不可能活着并把这些史事记录下来。正因为历史记载的种种矛盾，引发了人们对《左传》作者及其著作年代问题的激烈争论。各种歧异的意见归纳起来大致分为三类。

春秋人左丘明著成说

第一种意见是承继司马迁、班固的说法，认为左丘明因孔子《春秋》成《左传》，左丘明是与孔子同时的鲁国人，《左传》的成书大约在春秋末年。这一说法从汉至唐无人怀疑，唐以后随着人们对文献研究的深入，受到越来越大的挑战。到了现代，仍有学者坚持这种传统成说。如胡念贻《〈左传〉的真伪和写作时代问题考辨》（载《文史》第十一辑）一文认为，《左传》写到鲁哀公二十七年为止，可见作者为春秋末人；如果是战国时人，他会继续写到战国时代。《左传》的作者是鲁国人，到了战国鲁已衰弱至极，不具备产生这样一部巨著的条件。《左传》里面有些预言，到战国时代并没有应验，说明此书完成于春秋末。另外，《左传》的行人之辞带有时代色彩，与《战国策》中的游说之辞明显有不同特色。《左传》这样一部首尾一贯的大著作，在流传中不可避免地有战国人甚至汉人的增补窜入，但它还是基本上保存了原来面目。至于《左传》作者，应是任鲁国太史的左丘明。千百年来虽有许多人想否认左丘明，并对《左传》作者提出新说，但都凭空立论，缺乏确凿的证据材料，不足以推翻司马迁的旧说。

沈玉成在《春秋左传学史稿》中基本同意这种意见，但又对不同观点加以调和。他认为，《左传》的作者是左丘明，但《左传》一书却是草创于春秋末而写定于战国中期以前。左丘明的身份可能是鲁国史官，作为《左传》的最初传授者，荟萃众史，却没有立即书之于竹帛，而是以口授的方式传给门人。经过口头上的代代传诵，被补充入战国史事，文字的润饰也使其近于战国语言风格，至战国中期《左传》方写定并流布。左丘明作为始传者奠定了《左传》的轮廓和雏形，因此无愧于作者的题名。

《左传》成书战国说

第二种意见认为《左传》的作者不是春秋末年的左丘明，《左传》成书于战国时期。"战国说"是现代《左传》研究的主流派，他们在反对司马迁、班固关于左丘明受经作传的说法上是一致的，但在一些问题的具体看法上也并非完全一致。

历史上对《左传》作者首先提出疑问的，是唐人赵匡。他认为《论语》所引左丘明，是孔子的前辈，"乃史佚、迟任之类"；《左传》的作者是另一个左氏，其为孔子以后之人。虽然赵匡没有作具体论证，但实际上否定了《史记》和《汉书》关于《左传》成于春秋末的记载（见陆淳《春秋集传纂例》卷一）。其后，宋代王安石作《左氏解》，举十一事证明《左传》非左丘明所作。但王氏此书已佚，陈振孙《直斋书录解题》说它"专辨左氏为六国时人，其明验十有一事"。朱熹提出"左氏谓'虞不腊矣'，是秦时文字分明"；"秦时始有腊祭，《左传》作者应为秦人"（《朱子语类》卷八十三）。朱熹认为《左传》是后来人做"，他提的另一个理由是书中的卜筮，有好几处都应验于三家分晋以后，"只当时子孙欲僭窃，故为此以欺上罔下耳。如汉高帝蛇，也只是脱空"（《朱子语类》卷五十七)。宋人叶梦得谓《左传》记事辞及"韩魏知伯赵襄子事,而名鲁悼公、楚惠王",故认为"左氏应赵襄子之后"(《春秋考·统论》)。宋人郑樵《六经奥论》则列举八证,认定"左氏非丘明",而是六国时楚人。元人程端学认为左氏为楚左史倚相(朱彝尊《经义考》引)。明清时人顾炎武反对《左传》为与孔子同时的左丘明著,认为"《左氏》之书,成之者非一人,录之者非一世"(《左传杜解补正》)。清人姚鼐认为《左传》自曾申以下,"后人屡有附益","其书于魏事造饰尤甚",所以他推定为战国初人吴起所作(《左传补注序》)。

以上学者虽论证详略不一,但思路同辙,归纳起来有几个方面:一是《左传》记录了"三家分晋"等一些春秋末左丘明来不及见的战国史实;二是《左传》里面部分预言的应验发生在战国时期;三是《左传》叙事中涉及的祭祀、职官等制度,有些是战国时出现的;四是《左传》写了岁星记事,但各年岁星所在之次不是当时实际观象所得,而是战国人根据当时元始甲寅之年所逆推;五是《左传》所用助词不同于"鲁语",作者非鲁国人,其语法和语言风格都带有战国时代的明显特色;六是《左传》的某些思想倾向如用邹衍"五行说",是战国时代的产物等等。

现代研究《左传》的学者不论观点是"春秋说"还是"战国说",也基本上都是围绕以上几点展开争论。持"战国说"者以徐中舒、杨伯峻、朱东润、赵光贤诸人为代表。

徐中舒先生在他所编《左传选》的《后序》中,陈述了自己关于《左传》作者及成书年代问题的看法。他认为左丘明是大约与孔子同时的一位盲史,出身贵族,类似于古希腊盲诗人荷马一类人物。《左传》和《国语》中的大部分历史均出自于他的口头传诵,然后由子夏的一位再传弟子在战国初的魏国写定,时间在前375年至前352年之间。

杨伯峻先生认为《左传》作者不可能是左丘明,由于史料原因,这个问题可以不去纠缠。根据《左传》中对毕万仕晋的占卜预言,杨先生推断《左传》作于魏国魏斯称侯之后,即前403年;又根据对陈敬仲完一占一筮的记载,杨先生又认为《左传》作者看到了田氏有代齐的可能,而没有见到前386年的田和为侯。因此杨先生认为《左传》成书的下限当在前386年(《春秋左传注》,中华书局1981年版)。

朱东润先生也对左丘明的"著作权"加以否定。他认为,《左传》作者只预见魏的强盛,而未预见其前341年之后的衰落;《左传》作者预见赵氏世有内乱,而未预见前347年公子范袭击邯郸失败,赵大乱始定;《左传》记秦事自"殽之战"后逐渐减少,因秦与中原此后中止会盟,而作者不知道前362年秦孝公即位后这种状况的改变。因此朱先生推断《左传》作于前400至前360年之间(《左传选·前言》,上海古典文学出版社1956年版）。

赵光贤先生作有《〈左传〉编撰考》一文，认为《左传》原本是独立的史书，收录了春秋各国的公私记载，名为《左氏春秋》，并非编年之史。后来经过改编，具有了编年的形式，又加入大量解经的话，才变成我们今天所见到的《左传》。改编工作当在前375至前352年之间进行，作者是鲁国一左姓人。赵先生认为《左传》完全站在鲁国的立场上叙述历史，作者应是鲁国人而且与孔门渊源很深，他甚至怀疑是孔门弟子左人郢或左丘明的后代人，但因无据而很难论定。

赵先生的弟子王和在对《左传》进行系列研究的基础上，发表《〈左传〉的成书年代与编纂过程》（载《中国史研究》2003年第4期）一文，认为单靠《左传》中的预言考证其成书年代的方法是有缺陷的。他通过对《左传》所取材料来源多自郑、晋而少从楚、秦等国的现象进行分析研究，认为《左传》当成书于郑亡的公元前375年之后和秦国崛起的公元前360年之前。他并且认为，《左传》在战国前期成书时为纪事本末体，至战国末叶之前被经师们改编为编年体，至西晋杜预将《左传》依年附于《春秋》，从而最终形成我们今天所看到的经传合集形式。

此外还有一些战国说的重要观点也对《左传》研究产生

了比较大的影响。如卫聚贤先生在《古史研究》中论定《左传》成书在周威烈王元年至二十三年（前425年至前403年）之间，作者是孔门大弟子子夏。他通过对比《左传》与公、穀二家语言的差异，认为作者是今山西一带人。而史载子夏居西河教授，为魏文侯师，并曾为《春秋》作传，正好符合条件。推断战国初人吴起为《左传》作者的说法，虽由清人姚鼐首先提出，但现代几位学术大家章太炎、钱穆、郭沫若、童书业等都曾表示同意而大加阐扬。其立论基础如下：一是按刘向《别录》之说，《左传》的传承是"左丘明授曾申，申授吴起"，吴起曾是左氏学统中的重要环节。二是吴起先事魏文，又事楚悼，且都居权力中枢，这与《左传》记载晋、楚之事特详的特点正相吻合。三是吴起身为兵家，熟谙战争兵法，这与《左传》长于叙述战争场面也很符合。四是据《吕氏春秋·乐成》，吴起又被称为史起，说明他在魏国当过史官，具备写作史书的条件，参阅过丰富完备的前代史籍。五是吴起初从学于曾参，又曾为季氏家臣，而《左传》中常有尊季氏和袒护季氏的言论。六是据《韩非子·外储说右上》，吴起是卫国左氏（今山东定陶西左城）人，《左传》有可能是以作者的地望命名，如齐诗、鲁诗之例。尽管这种看法有许多合理之处，但因缺少更直接的证据，虽然影响很大，但难成定论。

西汉人刘歆伪作说

第三种意见认为《左传》是刘歆伪作，成书于西汉末年。提出这种意见的代表人物是清末康有为。因康氏变法曾将学术服务于当时政治，使这种看法风靡一时。但总因其过于偏激而不被学术界主流所接受，今日仅有少数学者仍对这种观点持而不舍。

据《朱子语类》的记载，宋代林栗已认为"《左传》君子曰，是刘歆之辞"，这可能就是《左传》刘歆伪作说的滥觞。宋元之际的罗璧又认为"刘歆治《左传》，始取传文解经"（《识遗》卷一）。清代方苞则直认古文《尚书》《左传》皆刘歆伪作。这些看法零散而缺乏论证。第一部从学术上系统论证《左传》为刘歆伪作的著作是清人刘逢禄的《左氏春秋考证》。

刘逢禄认为，左丘明所作是杂纂史书如《吕氏春秋》一样的《左氏春秋》，也没有圣人口授的微言大义在里面。后来刘歆拿来进行全面改编，强以传《春秋》，这才成为《左传》。凡是《左传》中与《春秋》经文密切之处，如"君子曰""书曰"等解经之语和哀公十四年之后的续经，都出于刘歆伪作。刘歆还自造许多书法凡例，来牵合经文与《左氏春秋》，根据经文附益一些《左氏春秋》本不应有的文字，并依据经文年月对《左氏春秋》重新编排。这些，刘逢禄在《考证》一书中不厌其烦地逐条考订，书问世后，震动了学界。

继承刘逢禄并发展了"伪作说"的康有为在《新学伪经考》中更加气势逼人。他认为《左传》是刘歆将不编年的《国语》系上年月，和《春秋》加以比附，然后改编而成。《史记》中的《太史公自序》和《报任安书》俱言"左丘失明，厥有国语"，所以左氏所作是《国语》并非《左传》。康氏根据《汉书·艺文志》中分别著录有"《国语》二十一篇""《新国语》五十四篇"，从而认为五十四篇是左丘明的原本，刘歆从中分出三十篇，改编成《左传》，"留其残剩，掇拾杂书，加以附益，而为今之《国语》，故仅得二十一篇也"（《新学伪经考》中《汉书艺文志辨伪》）。关于刘歆改编《国语》为《左传》的办法，康有为认为，一是削去周平王以前之事，依《春秋》以编年，比附经文；二是仿照公羊、穀梁的办法创制书法和日月例；三是窜乱《史记》，托之于河间王刘德和张苍、贾谊、张敞等西汉名臣通学以与《左传》拉上关系。特别是第三点，康有为比照《史记》《汉书》关于古文经记载的差异，在《汉书河间献王鲁共王传辨伪》一文中，认为《史》《汉》中有关古文经在西汉的流传情况，都出自刘歆的增窜，非原书之旧。

康有为之说影响很大，将经学中的今、古两派斗争推向一个新的阶段。崔适于1910年写《史记探源》,他称赞康书"字字精确,自汉以来未有能及之者",同时又通过详赡论证,对康说作了补充。后来崔氏又作《春秋复始》,进一步辩驳了古文经的传授谱系和左丘明"受经作传"之说,并认为《穀梁传》也是古文经,也出自刘歆伪作。但反对康有为"刘歆伪作《左传》说"的学者也不乏其人,既有经古文家的章太炎、刘师培,也有今文学家的廖平。梁启超虽是康有为弟子,后期也认为其师之说过于武断。但在传统经学的区范之内,这种论争多挟有门户意气的成分,双方皆有主观武断之言,对古籍本身很难进行平和深入的科学研究。

20世纪五四运动之后,民主科学思潮的兴起反映在学术上,就是利用历史考证的方法,对古代经典和上古历史系统进行一番全面清理,从而把对《左传》的研究推向一个新的高度。"历史考证法"的始倡者是胡适,深受胡适影响的顾颉刚把西方的进化论思想用之于古史研究,提出了"层累地造成的古史观"。也就是说,一般的所谓古史,是古人依据上古的零星传说,按照不同的时代需要不断增加附益而形成的。于是"时代愈后,传说的古史期越长",而"传说中的中心人物也就愈放愈大"(《读书杂志》第九期《致钱玄同先生论古史书》)。因此,研究者的任务就是依靠严谨的考证弄清古代不同时期人们造伪的情况,从而恢复古代历史和古典文献的本来面目。这样，以顾颉刚为中心的"古史辨派"高举疑古的大旗，同固守经典偶像的"信古派"展开激烈论争，时间长达二十年。这种争论不再是以儒经为标尺的真伪观（传经为真，不传经为伪）作指导，而是以考求信史为目的，区分出真古史伪古史，二者性质上是不同的。

1930年顾颉刚先生发表《五德终始说下的政治和历史》一文，1942年他在重庆大学讲授《春秋战国史》，此讲义也被以《〈春秋〉三传及〈国语〉之综合研究》的名字出版，都论述了他对《左传》真伪问题的意见。他基本沿袭刘逢禄的意见，认为《左传》"原亦杂记体之史"，今本《左传》经过了刘歆的改造：一是改经以立传；二是释"不书"（即《春秋经》何以对某事不记载）于经之传上；三是粉饰书法；四是标举凡例；五是伪造"君子曰""君子谓""孔子曰""仲尼曰"；六是续经。顾先生特别指出，今《左传》中把少昊插在黄帝、颛顼之间和表明刘汉为尧后火德的几条材料，都非左丘明原书所有，而皆出自刘歆杜撰。刘歆不仅附益，而且对《左传》古本的原文进行变动，把本无年月日的事实分插入数年中。

钱玄同也是"伪作说"的一员大将。他坚持康有为的刘歆分割《国语》以成《左传》的说法，但又与今文学家不同，认定《左传》是"真史料，假经传"。他承认，《左传》所记的事实远较《公羊传》为可信，因为它是晚周人做的历史。20世纪40年代蒙文通发表《论国语、家语皆为春秋》一文，从新的角度论证《左传》为割裂《国语》而成。郭沫若在《述吴起》（见《青铜时代》一书）一文中也认为《左传》是刘歆割裂古史掺杂己见而伪托的。

现代反驳"伪作说"者也摆脱了传统的经派之见，而着重通过对《左传》内容的分析研究来作论证。1927年前后，瑞典汉学家高本汉的《左传真伪考》被胡适介绍到中国。全书分上下二篇。上篇通过文献考证说明《左传》成书于秦始皇焚书之前，下篇通过对《左传》语法的研究证明《左传》有着为汉代人所无法模仿的语法系统。钱穆先生的《刘向歆父子年表》是一篇史学力作，他以犀利的词锋向"伪作说"提出二十八条驳诘。后来他又发表《评顾颉刚五德终始说下的政治和历史》（二者均载《古史辨》第五册）一文，正面阐述了他对《左传》中被认为出于刘歆增窜之文的不同看法。杨向奎先生于1936年发表《论〈左传〉的性质及其与〈国语〉的关系》（载《杨向奎学术文选》，人民出版社2000年版）一文，反驳刘逢禄以来的附益伪作说，也否定《左传》出于《国语》的看法。杨向奎当时化名"杨守"，与化名"童疑"的童书业展开争论。沈玉成《春秋左传学史稿》在叙述这一段学术史时说："守意味着信守古籍，不过信守不是保守，而是对疑古主张的批判和发展。"

1949年之后，政治性的"批判胡适"等运动，使得正常的学术讨论不能再继续下去，疑古派缄默不言，所有教材著作都异口同声肯定《左传》绝非"伪作"。"文化大革命"以后，徐仁甫先生出版《左传疏证》（四川人民出版社1981年版）一书并撰写多篇论文，以更加细密的论证方法，肯定《左传》为刘歆伪作。他认为：第一，根本不存在《左氏春秋》，司马迁见到的是《国语》。《史记》提到"鲁君子左丘明成《左氏春秋》"的话为刘歆窜入。第二，从文字对比看是《史记》在前，后来的《左传》从《史记》中大量采集的例证有127条之多。第三，先秦两汉著作中引《左传》之言或事，实为刘歆抄用他书以作伪，如认为《左传》成于战国不可靠。第四，以《左传》与马王堆出土《春秋事语》中的文辞作比较，后者避"子楚"之讳而作"荆"，《左传》不避"楚"字且文章技巧更高，说明《左传》在后。徐仁甫还考证出，刘歆伪作《左传》前后经历了十八年。

徐仁甫的观点很快受到杨伯峻、胡念贻、宋敏等先生的反驳，并称之为"用主观主义的研究方法得出来的奇怪的结论"。总之，限于客观材料的局限和主观理解的差异，目前关于《左传》作者和著成年代的问题并没有完全解决。尽管同意某种看法的学者人数比较多，某种看法鲜被人支持采纳，但学术观点的判定是不应该套用少数服从多数原则的。

笔者认为,判断古籍的著成年代,不能泥古不化,还应具有整体的观点(不能抓住后代窜入的片言只语大做文章),同时参照先秦古籍形成的规律性特点,综合考虑。所以在上述诸种意见中,笔者比较倾向于《左传》成书于战国说。至于著者何人,因史料的局限,目前仍难准确认定。

《左传》的研究史

西汉对《左传》的发覆

按照传统的说法,左丘明是与孔子同时的鲁国人。古本《孔子家语·观周篇》说:

> 孔子将修《春秋》,与左丘明乘如周,观书于周史。归而修《春秋》之经,丘明为之传,共相表里。

又按司马迁《史记》的记载,左丘明所作《左氏春秋》当在孔子死后。尽管先秦诸子如老、孔、孟、荀、庄、韩等都没有直接提到过这本书,而刘向《别录》(孔颖达《春秋左传正义》引)却给了它一个十分明晰的传承系统:

> 左丘明授曾申；申授吴起；起授其子期；期授楚人铎椒，铎椒作《抄撮》八卷；授虞卿，虞卿作《抄撮》九卷；授荀卿；荀卿授张苍。

其间八人单传，已到秦汉之际的张苍。有文本却始终隐晦不显，这与《公羊》《穀梁》二传的流传方式截然不同。据说二传都是孔门大弟子子夏的学生公羊高、穀梁赤以口授方式将《春秋》的微言大义传给后学，经过历代记录汇集，到西汉初期才最后著录成书，用的是汉代隶书，故属于今文学。而《左氏》文本由先秦而来，用的是古文字，故属古文学。

《左氏》在西汉，由张苍始传。张苍"自秦时为柱下御史，明习天下图书计籍"（《史记·张丞相列传》），由他掌握的古文《左氏》，得免秦火覆灭。此后《左氏》的传授谱系，不见于《史记》，由《汉书·儒林传》记载：

> 汉兴，北平侯张苍及梁太傅贾谊、京兆尹张敞、太中大夫刘公子皆修《春秋左氏传》。谊为《左氏传》训故，授赵人贯公，为河间献王博士，子长卿为荡阴令，授清河张禹长子。禹与萧望之同时为御史，数为望之言《左氏》。望之善之，上书数以称说。后望之为太子太傅，

荐禹于宣帝，征禹待诏，未及问，会疾死。授尹更始，更始传子咸及翟方进、胡常。常授黎阳贾护季君，哀帝时待诏为郎。授苍梧陈钦子佚，以《左氏》授王莽，至将军。而刘歆从尹咸及翟方进受。由是言《左氏》者本之贾护、刘歆。

以上《左氏》在西汉的传承涉及十余人，为何就无人将它转写成汉代通行的隶书？唯一的解释是这些人只把古文的《左氏》限于书斋之内，没有使它向社会公开流播。不过东汉许慎《说文解字序》说："北平侯张苍献《春秋左氏传》。"北魏文字学家江式也说："北平侯张仓（苍）献《春秋左氏传》，书体与孔氏相类，即前代之古文矣。"（《魏书·江式传》）看来通过张苍所献，一本古文《左氏》被以原貌保存皇宫秘府中，"伏而未发"，一直到汉成帝后才被刘歆发现。

汉成帝河平年间，刘向、刘歆父子受诏"领校秘书"，即整理皇宫藏书。据《汉书·刘歆传》记载：

> 及歆校秘书，见古文《春秋左氏传》，歆大好之。时丞相史尹咸以能治《左氏》，与歆共校经传。歆略从咸及丞相翟方进受，质问大义。

刘歆发现了《左氏》，又对之进行研究整理，"引传文以解经，转相发明，由是章句义理备焉"。这时属于今文的《春秋传》共有公羊、穀梁、邹、夹四家，能被皇家立于学官作为培养选拔官员教材所用的是公羊、穀梁二家。刘歆认为"左丘明好恶与圣人同，亲见夫子，而公羊、穀梁在七十子后，传闻之与亲见之其详略不同"，所以《左氏》的价值远在二传之上。于是在汉哀帝时，刘歆提出将《左氏春秋》及《毛诗》《逸礼》《古文尚书》等古文经典也立于学官。"哀帝令歆与五经博士讲论其义，诸博士或不肯置对。"

今文博士们以轻蔑的态度不予置理，一是由于《左氏》长期隐伏，他们对之并不熟悉，"猥以不诵绝之"；二是他们认为《左氏》为不传《春秋》，没有资格登上已位于一尊的儒学殿堂；三是囿于党派利禄之争，"怀妒嫉"，"党同门"。因为官学与利禄相连，任何既得利益者都不愿被人分一杯羹甚至取而代之。为此，十分激愤的刘歆写了《移书让太常博士》，抨击他们"欲保残守缺，挟恐见破之私意，而无从善服义之公心"，结果开启了学术史上著名的经今古文之争的序幕。

刘歆第一次为《左传》争立学官的斗争失败，其本人也被排挤出朝。王莽曾向陈钦学习过古文《左氏》，又欲借助《周礼》等古文经变法改制，于是在平帝时，借助于王莽的政治势力，《左氏》等古文经终于被立于学官，刘歆也陷入王莽篡汉建新的政治旋涡，卒遭灭身之祸。汉代经学投靠政治，产生两大恶果，一是章句烦琐冗杂，二是用阴阳五行解说经书中的所谓"微言大义"。本来解释经文，只要加以音、形、义的诠释，使人理解经典原意就行了。但自从立了诸经博士，每家博士无不用天变灾异学说来推衍经义，以迎合政治需要。传业弟子为能仕进，也要严守师法家法，具文饰说，于是"一经说至百余万言"，汗漫无止。这本是今文经学的传统，但新起的古文经学为要争得官方承认，也不能不按照主流意识形态的要求，竭力像其他二传一样去发明圣人的微言大义。刘歆第一个为《左传》作文字"章句"，但并没有流传下来，我们看《汉书·五行志》中诸家对《春秋》的发挥，也许可以稍窥端倪。如《春秋》桓公十四年八月"壬申，御廪灾"，即鲁国储藏祭祀用粮的仓库发生火灾。《五行志上》曰：

> 董仲舒以为先是四国共伐鲁，大破之于龙门，百姓伤者未瘳，怨咎未复，而君臣俱惰，内急政事，外侮四邻，非能保守宗庙终其天年者也，故天灾廪以戒之。刘向以为御廪，夫人八妾所舂米之藏以奉宗庙者也。时夫人有淫行，挟逆心，天戒若曰，夫人不可以奉宗庙。……刘歆以为御廪，公所亲耕籍田以奉粢盛者也，弃法度亡礼之应也。

始晦终显：《左传》的来历与流传 | 33

对火灾的解释尽管三传的大师董仲舒、刘向、刘歆各有不同,但归之于"天之戒应"却是共同的,他们的思想观念和学风模式并无本质区别。

东汉建立,继承与发展刘歆《左氏》学的,首先是郑兴、郑众父子。《后汉书·郑范陈贾张列传》说:

> 郑兴字少赣,河南开封人也。少学《公羊春秋》。晚善《左氏传》,遂积精深思,通达其旨,同学者皆师之。天凤中,将门人从刘歆讲正大义,歆美兴才,使撰条例、章句、传诂及校《三统历》……兴好古学,尤明《左氏》《周官》,长于历数,自杜林、桓谭、卫宏之属,莫不斟酌焉。世言《左氏》者多祖于兴,而贾逵自传其父业,故有郑贾之学……众字仲师,年十二,从父受《左氏春秋》,精力于学,明《三统历》,作《春秋难记条例》。……其后受诏作《春秋删》十九篇。

据李贤注引《东观汉记》:"兴从博士金子严为《左氏春秋》。"郑兴由今文经起家,他所师从的金子严,应该是平帝时最初的《左氏》博士。后在王莽新朝天凤年间,郑兴又率弟子投向刘歆门下,从而成为著名的古文经学家。郑众因章帝时官任大司农,故世称"郑司农"。他们父子二人对《左传》的研究成果基本没有留存下来,唐人撰《隋书·经籍志》已无著录。

东汉今古文三次论争

随着王莽政权的垮台,古文经学的官学地位又被取消。东汉时期,今古文两派共发生三次大论争,焦点都在《左传》。汉光武帝刘秀时期,发生了第一次主要是陈元与范升之间的辩论。据《后汉书·郑范陈贾张列传》:

> 时尚书令韩歆上疏,欲为《费氏易》《左氏春秋》立博士,诏下其议。四年正月,朝公卿、大夫、博士,见于云台。帝曰:"范博士可前平说。"升起对曰:"《左氏》不祖孔子,而出于丘明,师徒相传,又无其人,且非先帝所存,无因得立。"遂与韩歆及太中大夫许淑等互相辩难,日中乃罢。

范升是今文经博士,不仅在朝堂上要竭力维护自身的官方独占地位和学术地盘,退朝后他又上书面的奏章补充不可立《左氏》于学官的种种理由。挺身而出与范升辩论的是左氏学世家出身的陈元。陈元的父亲陈钦是王莽的《左氏》之师,"与刘歆同时而别自名家"。陈元"少传父业,为之训诂",后"为学者所宗"。他上疏反驳范升,二人辩难"凡十余上",结果陈元的古文派占了上风,汉光武帝同意将《左氏》立于学官。在遴选博士时,太常所提四位候选人,陈元名列第一。光武帝"以元所忿争",即对立面太多,于是选用第二名李封为《左传》博士。传统的力量是强大的,"于是诸儒以《左氏》之立,论议喧哗,自公卿以下,数廷争之"。正好此时李封病故,不啻给左右为难的汉光武一个台阶,于是"《左氏》复废",古文经争立学官的努力又一次失败。

到了东汉章帝时,由于《左传》学的人数增多、地位上升和社会影响不断扩大,春秋"三传"的势力消长进入转折阶段,这其中的关键人物是经学大师贾逵。贾逵学有渊源,为贾谊的九世孙。其父贾徽"从刘歆受《左氏春秋》","作《左氏条例》二十一篇"。贾逵"悉传父业,弱冠能诵《左氏传》及五经本文";"虽为古学,兼通五家《穀梁》之说","尤明《左氏传》《国语》,为之《解诂》五十一篇。永平中,上疏献之。显宗重其书,写藏秘馆"。汉章帝即位后,倾心于儒学,特好《左传》和《古文尚书》。他于建初元年诏请贾逵入北宫白虎观和南宫云台,多次讲说《左传》等古文经。"帝善逵说,使发出《左氏传》大义长于二传者。"贾逵于是上奏疏说:

臣谨摘出《左氏》三十事尤著明者，斯皆君臣之正义，父子之纪纲。其余同《公羊》者什有七八，或文简小异，无害大体……建平中，侍中刘歆欲立《左氏》，不先暴论大义，而轻移太常，恃其义长，诋挫诸儒。诸儒内怀不服，相与排之……至光武皇帝，奋独见之明，兴立《左氏》《穀梁》，会二家先师不晓图谶，故令中道而废。凡所以存先王之道者，要在安上理民也。今《左氏》崇君父，卑臣子，强干弱枝，劝善戒恶，至明至切，至直至顺……又五经家皆无以证图谶明刘氏为尧后者，而《左氏》独有明文。五经家皆言颛顼代黄帝，而尧不得为火德。《左氏》以为少昊代黄帝，即图谶所谓帝宣也。如令尧不得为火，则汉不得为赤。其所发明，补益实多。（《后汉书·贾逵列传》）

贾逵强调古文《左氏》有利于巩固封建的纲常伦理控制，这些都与今文《公羊》相同。《左氏》更特别合于图谶，能为刘氏天下提供天命依据。因此，《左氏》也应该如同《公羊》一样被立于学官。贾逵吸取刘歆在哀帝时的失败教训，只宣扬《左氏》之长，而避免"诋挫诸儒"，以减少来自今文学家的阻力。但仍有《公羊》大师李育奋起抗击，从而引发关于《左传》的第二次大论争。

李育是东汉今文经十四博士之一,"少习《公羊春秋》","知名太学"。"尝读《左氏传》,虽乐文采,然谓不得圣人深意。以为前世陈元、范升之徒更相非折,而多引图谶,不据理体,于是作《难左氏义》四十一事。"建初四年(79年),在著名的白虎观会议上,李育、贾逵二人展开论争。李育"以《公羊》义难贾逵,往返皆有理证,最为通儒"(《后汉书·儒林传》)。

关于贾逵、李育二人"难问往返"的具体内容,我们已不得而知。但由于《左传》自身所固有的深厚文化传统和道德价值逐渐为人们所认识,并不断涌出有代表性的经学大师,其影响越来越大,使汉朝统治者已不能再漠然视之。汉章帝先是于建初元年(76年)令贾逵自选今文《公羊》严、颜二家博士弟子高才者二十人教以《左氏》。建初八年(83年),章帝再诏诸儒各选高才生受业学习《左氏》,又任贾逵所选弟子门生出任王国郎官。从此,《左氏》等古文经传播日益广泛,"学者皆欣欣羡慕焉"。但是,终汉之世,古文经如《左氏》却终于未能再立于学官,这也算汉朝当局对经今古文学两派正统之争所采取的一种调和平衡手段吧!

"中世儒门,贾、郑名学。"贾逵是东汉中期研究《左传》的代表人物。据《隋书·经籍志》,他的主要作品有《春秋左氏长经》二十卷、《春秋左氏解诂》三十卷、《春秋释训》

一卷、《春秋左氏经传朱墨列》一卷和《春秋三家经本训诂》十二卷,今均不传。但他和服虔的注释在唐人孔颖达《春秋左传正义》中被保存下来一些,清代李贻德《春秋贾服注辑述》等几种辑本有辑录。贾逵注《左传》,比较注意对古代地名、人名和典制的说明,对一些史事也都作简明释说。但在治学整体上,贾逵仍然重在义例,强调微言大义,也并非不用"今文之说"。如《春秋》鲁桓公三年经文"有年",本意是五谷丰登。贾逵从义例出发解释说:"桓恶而有年丰,异之也。言有非其所宜有。"这种说法是本之于《公羊传》"仅有年亦足以当喜乎?恃有年也"的附会解释。国君恶而年成好,是上天怜悯百姓,经文的记载是说本来不应有好收成。这真是奇谈怪论!

汉代经今古文之争的最后一幕,发生在两位经学大师郑玄与何休之间,时间在东汉晚期,焦点仍在《春秋》三传的优劣长短上。《左传》本是一部内容宏富的史著,本不需借经学而推行。虽然它终于未能被立于学官,但"私学日盛"。相反,今文经学却由于官学化而日益陈腐烦琐僵化,伏下盛极而衰的种因。于是这一次论争是以民间学术辩论的方式展开的,而不再争是非于朝廷以借政治为张势根本。

郑玄字康成,早期入太学,"通《京氏易》《公羊春秋》《三统历》《九章算术》。又从东郡张恭祖受《周官》《礼记》

《左氏春秋》《韩诗》《古文尚书》"。后他又以马融为师,曾"考论图纬"。郑玄学问基础广博,并不专守一家师法,"括囊大典,网罗众家,删裁繁诬,刊改漏失,自是学者略知所归"(《后汉书·郑玄列传》)。具体而言,郑玄的学术贡献就是兼取今古,遍注群经,成为汉代经学的集大成者,号称"郑学"。与郑玄同时的何休是汉代公羊学最后一位大师,"作《春秋公羊解诂》,覃思不窥门,十有七年"。他有憾于前辈李育与贾逵论争而未能占上风,面对《左氏》更为勃兴,《公羊》退无可据的局面,于是"与其师博士羊弼,追述李育意以难二传,作《公羊墨守》《左氏膏肓》《穀梁废疾》"(《后汉书·儒林列传》)。"墨守"就是如墨翟所守之城不可攻下,"膏肓"就是重病将死,"废疾"就是有残疾而不能行动。从这三个情绪化的书名上就可以体会到何休的门户之见,愤激之情。

对此郑玄无法容忍,作《发墨守》《起废疾》《针膏肓》以反驳之。何休与郑玄的论争之书,后代逐渐散佚,仅清代辑佚书中散见数条。总体来说,郑玄以事实澄清何休对《左传》的不实之词,使"古学遂明"。由于郑玄经注是混糅今古文家法,强为混合,以"整百家之不齐",使何休对郑玄的驳论并不心服,他颇为感慨地说:"康成入吾室,操吾矛,以伐我乎!"

参加这场争论的,还有另一位汉代《左传》学的代表人物服虔。服虔字子慎,他最著名的著作是《春秋左氏传解谊》三十一卷,目前仅存辑本,佚文主要来自孔颖达《春秋左传正义》所引。从中可以看出,服虔注以疏通文义为主,注重对文字的训诂,注重对古代礼制的解释,并多用"三礼"来说《左传》,很多方面甚至比后来的杜预注更清楚明白。服虔注为后代的《左传》研究开启了正确的方向。他还作有《春秋左氏膏肓释痾》十卷、《春秋汉议驳》二卷、《春秋塞难》三卷等,都是针对何休的论辩性著作。

经过东汉三次围绕《左传》的大论争,"自是《左氏》大兴",不但确立了《左氏》在"三传"中后来居上的主流地位,而且基本结束了绵延二百余年的经今古文学之争。王国维《汉魏博士考》说到汉魏之际,"今文学日微,而民间古文之学乃月兴日盛","汉家四百年学官今文之统,已为古文家取而代之矣"(《观堂集林》卷4,中华书局1959年版)。到了魏晋,《左传》"遂行于世",人们于《公羊》《穀梁》反而"但试读文,而不能通其义","殆无师说"(《隋书·经籍志》)。

魏晋杜预乃"《左传》功臣"

三国分立,学术文章以魏为盛。魏国以王朗、王肃父子为经学代表人物。《三国志·王朗传》记朗著《易》《春秋》《孝经》《周官》传。《隋书·经籍志》记朗撰《春秋左氏传》十二卷，这大概就是《经典释文》所说王朗注解的《左氏传》。比较起来，其子王肃的成就更大。《三国志》本传说："初，肃善贾、马之学，而不好郑氏，采会同异，为《尚书》《诗》《论语》《三礼》《左氏》解，及撰定父朗所作《易传》，皆列于学官。"汉代之后，这是《左传》官方地位的首次确立，王肃所撰《春秋左氏传注》三十卷也著录于《隋志》。王肃是学术史上备受争议的人物。曹魏官方尊奉郑玄之学，王肃为司马昭岳父，他处处反对郑玄，据说这和曹氏、司马氏对立的政治背景有关。王肃为驳郑玄，伪作《孔子家语》，或说伪《古文尚书》也出于王肃之手，因此后代学者多从人格上贬低王肃，但从学术上看，王学也并非一无是处。如郑玄以五帝为五天帝，与昊天上帝合为六天；王肃则说天只有一。郑玄说圜丘与郊是有别的，王肃则说二而一。后来清学者万斯大屡说二者比较，王肃之说要优胜（《学礼质疑》）。故当时"王肃出而郑学衰"。

三国时期研习《左传》的学者还有嵇康、董遇、糜信、张昭、士燮、尹默等人，大都有著作见于《隋志》，但对后代的影响也很有限。

晋虽统一华夏，然政纲废弛，士大夫放论老庄之玄理，儒学仍处于衰颓之期。但作为官方意识形态，儒经还是重要的，于是立太学，定五经课试之法，招集生徒，学官多达十九博士。两汉经学虽盛，但奔猎禄利者为多；晋代经学反由那些真有趣味又能潜心学术者为之，故能有集大成的著作出现，杜预、范宁分别为《左传》《穀梁传》所作的集解，就是其中最突出的代表。

杜预字元凯，出身于官僚世家，是西晋初最著名的儒将，于政治军事都颇多建树。史载"既立功之后，从容无事，乃耽思经籍，为《春秋左氏经传集解》。又参考众家谱第，谓之《释例》。又作《盟会图》《春秋长历》，备成一家之学，比老乃成"（《晋书·杜预传》）。杜预在《春秋左传集解后序》说他"修成《春秋释例》及《经传集解》"。据考证，《盟会图》和《春秋长历》乃《春秋释例》中的两篇，他关于《左传》的著作实际上只有两种。

《春秋左传集解》是现存最早的完整的《左传》注，而且杜注出诸家旧注尽废，因此人称杜预为《左传》之"功臣"。杜预注已摆脱汉儒不顾文本强释传文的陋习，据《左传》以解《左传》，在字义训诂、文义诠释、制度名物说明、地理考证等方面既总括诸家又有创见，清通简要，对后人理解《左传》本文都十分有益。在形式上，杜预首创经传合一，即将《春秋》经文拆开分别插入每年的传文之前，即"分经之年与传之年相附"。这种重新编排，固然是为了证明《左氏》为传经而作，但客观上也便于研习《左传》者阅读。从理论上看，杜预还为《集解》写了一篇《春秋序》，阐明了他对《左传》的一些重要看法。一是他认为：《春秋》者，鲁史记之名也。""仲尼因鲁史策书成文，考其真伪而志其典礼，上以遵周公之遗制，下以明将来之法。"即《春秋》是孔子改造鲁国旧史而作的一部经书。二是他把左丘明定为孔子弟子而兼为国史，"左丘明受经于仲尼，以为经者不刊之书也，故传经或先经以始事，或后经以终义，或依经以辩理，或错经以合异"。这是解释《左传》为什么不是如公、穀那样逐字逐句的解经，因为它的体例有"先经""后经""依经""错经"四种方式，杜预此说的目的还是为了维护《左传》的经学正统地位。至于《左传》中无经有传之文，那是左丘明"身为国史，躬览载籍，必广记而备言之"；《左传》中有经无传之文，则是"旧史遗文，略不尽举，非圣人所修之要故"，杜预的目的还是要弥合《左传》本是史却被说成经的矛盾。

杜预对后代《左传》学的影响，还在于总结了《左传》中释经部分的"凡例"。《左传》中的解经部分分三种形式：第一种是在记事之下用"礼也""非礼也"加以褒贬；第二种是用"君子曰""仲尼曰"等加以评论；第三种是用"凡例"来下评语。关于第三种，东汉人治《左传》，贾徽、郑众、颖子严等都有以"条例"或"释例"命名的著作。杜预专门有

《春秋释例》十五卷，今存《四库》辑本，分四十七篇，即《公即位例》《会盟例》《战败例》《母弟例》等共四十三例，再加《释土地名》《世族谱》《经传长历》《盟会图疏》四篇。对此，杜预在《春秋左传集解序》中说：

> 其发凡以言例，皆经国之常制，周公之垂法，史书之旧章，仲尼从而修之，以成一经之通体。其微显阐幽，裁成义类者，皆据旧例而发义，指行事以正褒贬。诸称"书""不书""先书""故书""不言""不称""书曰"之类，皆所以起新旧，发大义，谓之变例。

杜预认为，传文中用"凡"字总结的文义，是出于周公制定，鲁国史官世代尊奉，这是"正例"或"旧例"。如《左传》隐公七年："凡诸侯同盟，于是称名，故薨则赴以名，告终称嗣也，以继好息民，谓之礼经。"杜预注："此言凡例，乃周公所制礼经也。"另一种不用"凡"字而用"书曰""君子曰"一类解释经义的，杜预认为是孔子的发明传述，是"变例"或"新例"。如《左传》宣公四年：

> 夏，弑灵公。书曰："郑公子归生弑其君夷。"权不足也。君子曰："仁而不武，无能达也。"凡弑君，称君，

君无道也；称臣，臣之罪也。

杜预注曰："称君谓唯书君名，而称国以弑，言众所共绝也。称臣者，谓书弑者之名以示来世，终为不义。改杀称弑，避其恶名，取有渐也。书弑之义，《释例》论之备矣。"

杜预这种对《左传》义例的汇说，后代对之有不同评价。比较传统的看法是，《左传》之凡例贯串着鲜明的伦理精神，比之于《公》《穀》毫不逊色，但在文本中散于各处，缺乏系统记录。而杜预之功，特在《释例》，一部《左传》不论披阅何处，都能由此而理解圣人笔削《春秋》的意义（本田成之：《中国经学史》，上海书店出版社2001年版）。更多的学者认为，《左传》中的"五十凡"，都是对经文中叙事的归纳性解释，并不带有主观上的褒贬色彩，杜预硬要从中寻求微言大义，这是对汉代学风的无谓承袭。所以《左传》中"凡例"不可尽信，杜预的区分新例、旧例也不可信。唐人孔颖达《正义》就反对说："先儒之说《春秋》者多矣，皆云丘明以意作传。说仲尼之经，凡与不凡，无新旧之例。"

杜预以后，《左传》在《春秋》三传中的地位更加突出。有趣的是，东晋初太常荀崧竟然上书为《公羊》《穀梁》二家争立官学博士，而这时的《左传》学却有服虔、杜预二家博士，真是时世迁移。结果晋元帝以《穀梁》肤浅，不足置博士"而了断之。晋代对《左传》的研究，还有京相璠《春秋土地名》三卷和徐邈《春秋左氏传音》三卷，对春秋地理和音韵的研究都有独到见解。

南北朝乱世板荡，经学发展规模有限，不外对汉魏之学加以咀嚼消化，进一步细微化。具体表现在注上更加注重义疏，把两汉单纯简单的注解，再纵横细微地疏通证明，变成注疏。这是训诂学上的一大变迁。另外南北学风也存在明显不同，所谓"南人约简，得其英华；北学深芜，穷其枝叶"（《北史·儒林传序》）。具体到《左传》之学，南朝流行杜预注，以达意简明为贵；北朝则以服虔注为主，考实致密而朴实。从研究成果看，南朝突出的是崔灵恩。他先在北朝为太常博士，习《左传》服解；到南梁后，改说杜预注，"每文句常申服以难杜，遂著《左氏条义》以明之。时有助教虞僧诞又精杜学，因作《申杜难服》以答灵恩，世并行焉"（《梁书·儒林传》）。从《隋书·经籍志》看，崔灵恩著有《春秋左氏传立义》《春秋申先儒传论》《春秋经传解》《春秋序》等四种，体例多属义疏一类。北朝徐遵明号称儒宗，《左传》服注多由他授传，撰《春秋义章》三十卷，今已不传。

唐代孔颖达为"左学"奠基

隋朝短促，知名儒学有"二刘"，即刘焯、刘炫。二人皆为徐遵明的再传弟子，因武强交津桥刘智海是大藏书家，二人同往其家读书十年。洛阳太学石经文字磨灭，不能读，二人奉诏考定。在祭奠先圣先师的释奠礼上，二人恃才傲物，议论深挫诸儒，于是遭致嫉恨，被"飞章所谤，除名为民"，优游乡里，专以教授著述为务。刘焯著述颇丰，但未见有研究《左传》的专著传世，而刘炫却有《春秋左氏传述义》四十卷和《春秋左传杜预序集解》一卷，被《隋书·经籍志》著录。刘炫之作今已不存，但不少成果存于唐孔颖达《五经正义》中。孔《春秋左氏传正义》序云：时人为义疏者甚众，"刘炫于数君之内，实为翘楚。然聪慧辩博，固亦罕俦，而探赜钩深，未能致远。其经注易者，必具饰以文辞；其理致难者，乃不入其根节。又意在矜伐，性好非毁，规杜氏之失，凡一百五十余条。司杜义而攻杜氏，犹蠹生于木而还食其木，非其理也。"孔颖达一方面近乎苛切地批评刘炫，一方面又在他著作中大采刘炫《述义》，这是不公平的。研究贵在创新，刘炫继承杜预之学，为什么就不能再"规杜氏之失"？从这里也可以看出当时学风之移。原《春秋》在北方唯传《左氏》服虔注，二刘的老师熊安生和熊之师徐遵明皆是。而入隋二刘宗尚杜预注，学风"好改张前义，义更太略，辞又过华"，这都切于南学特点。所以从隋《左氏》学杜氏盛而服义微可以看出，当时文化上是南方征服北方。

刘炫《春秋左氏传述义》继承了汉代古文经学重文献实证的学风，遍考群籍，对贾逵、服虔、杜预之注作疏通补正，提出许多有创见的新解。如《春秋》例书"春王正月"，但有时书"春正月"，缺"王"字有一百多处。学者多作牵强附会的解释，如杜预于桓公三年注曰："经之首时必书王，明此历天王之所班也。其或废法违常，失不班历，故不书王。"刘炫对其进行了反驳：一是周天子若不颁历为天下大事，传文何无记载？二是周王有子朝之乱时"经皆书王"，难道这时周王还顾得上颁历？三是鲁国屡有失闰，"历既天王所颁，鲁人何得擅改"？四是《春秋》缺文很多，如夫人有"氏"无"姜"或有"姜"无"氏"，所以这里无"王"正是传抄缺文的结果。刘炫总结前人之说，汰芜存精，在《左传》研究史上占有重要地位。

唐朝规制宏大，太宗为不世出的英主，以此开三百年文运。据《旧唐书·儒学上》：（太宗）"又以儒学多门，章句繁杂，诏国子祭酒孔颖达与诸儒撰定五经义疏，凡一百七十卷，名曰《五经正义》，令天下传习。"孔颖达字冲远，冀州衡水人，据说为孔子三十二世孙。"八岁就学，日诵千余言。及长，尤明《左氏传》《郑氏尚书》《王氏易》《毛诗》《礼记》。"入唐，"擢授国子博士"，"累除国子司业"，"又与魏征撰成《隋史》"（《旧唐书·孔颖达传》）。《五经正义》是以政权的力量统一儒学，以使各级官学和科举明经有明确文本和经义可作依凭。这样做，客观上有利于对从汉到隋各种成说加以融会总结，符合学术发展规律的要求。但另一方面，正如汉武帝罢黜百家而百家亡一样，唐之《正义》成而六朝及其以前的注疏就枯竭了。以《左传》为例，中唐以前的注疏，能完整留存下来的只剩下一部杜预注和孔颖达《正义》，其他旧注旧疏只能在《正义》中作片断保存。一家独尊而众家衰，这正是政治干预学术的结果。

《五经正义》由孔颖达总其成，每一经具体由几位学者负责撰述，方法是择定前人一种注本，广采旧说，予以疏通解释。《春秋左传正义》取杜预注，参加撰述的学者有谷那律、杨士勋、朱长才、马嘉运、王德韶、苏德融、隋德素等。这种做法受到清人皮锡瑞的批评：

> 案《左氏正义》，虽详亦略，尽弃贾、服旧解，专宗杜氏一家。刘炫规杜，多中杜失，乃驳刘申杜，强为饰说……议孔疏之失者，曰彼此互异，曰曲徇注文，曰杂引谶纬。案著书之例，注不驳经，疏不驳注，不取异义，专宗一家，曲徇注文，未足为病。谶纬多存古义，原本今文，杂引释经，亦非巨谬。惟彼此互异，学者莫知所从，既失刊定之规，殊乖统一之义……官修书之不满人

意，以其杂出众手，未能自成一家。(《经学历史》，中华书局1959年版)

皮锡瑞指出的三大缺点，一是"曲徇注文"，乃因为钦定用杜预之注，再加上"疏不驳注"的成例，不能不百般回护；二是"杂引谶纬"，乃因为官定读本，经注皆有谶纬，必须对每一说都要有解释而不能空缺；三是"彼此互异"，是因为《正义》杂出众手，这是集体著书的必然。总之，这种缺点不在于孔颖达等人的学识水平，而在于编书体制。

《春秋左传正义》是对汉魏以来《左传》研究的大型汇总性著作。它继承古文学派重视训诂名物和言而有据的学风，对比较简略的杜预注进行深入的再论证，尽管具体结论不一定都很允当，但总体水平还是超越了前代，成为后人研习《左传》的基本读本。

疑经之风初起

唐代的《左传》研究也出现了两个方向的转变，都近于对经学神圣的挑战。先是刘知幾在《史通》中，把《尚书》《春秋》《左传》《国语》《史记》《汉书》并列为史书的六种体裁。降"经"为史，这是很大胆的。他又以史家的眼光，作《惑经》篇，指出《春秋》的"未逾"十二，"虚美"五，认为孟子说孔子成《春秋》而"乱臣贼子惧"为乌有之辞。反之,他在《申左》篇中对《左传》激赏备至,认为"《左传》之义有三长,而二传之义有五短",但这是出自史家而非经学的标准。如他认为《左传》不仅不附属《春秋》,而且开创了编年一体;认为《左传》叙事"不虚美,不隐恶",直笔而行;认为《左传》的文采古今卓绝,"文之将史,其流一焉"。历代经说,只关注《左传》义理,对其文采,杜预评为"文缓旨远",韩愈更以"浮夸"断之。视《左传》为史,唐时不仅有刘知幾,还有宣宗时工部尚书陈商。他批评杜预将经传合一说:

> 以孔子修经,褒贬善恶,类例分明,法家流也。左丘明为鲁史载述时政,惜忠贤之泯灭,恐善恶之失坠,以日系月,修其职官,本非扶助圣言,缘饰经旨,盖太史氏之流也。举其《春秋》则明白而有识,合之《左氏》,则丛杂而无征。杜元凯曾不思夫子所以为经,当以《诗》《书》《周易》等列;丘明所以为史,当与司马迁、班固等列。取二义乖剌不侔之语,参而贯之,故微旨有所不周,宛章有所未一。(陶宗仪:《说郛·大中遗事》)

这实际是汉今文博士"左氏不传经"之说的翻版。

刘知幾之后，又有啖助及弟子赵匡、陆淳对《春秋》三传的怀疑甚至要"舍传从经"。唐朝本来对文化有一种宽容多元的气度，虽然官方仍以儒学为治国根本，但一方面佛道二教盛行，一方面只重诗文的进士科比明经科更受重视，官方钦定的《五经正义》竟阻挡不住经学的衰微。玄宗开元十六年国子祭酒杨玚上奏说："今明经习《左氏》者十无二三，又《周礼》《仪礼》《公羊》《穀梁》殆将绝废，请量加优奖。"无怪韩愈在发动古文运动的同时，又有"《春秋》三传束高阁，独抱遗经究终始"（《寄卢仝》）之叹。在这种氛围之下，又有啖助一派而起。啖助曾著《春秋统例》《春秋集传》，赵匡曾著《春秋阐微纂类义统》，但这些著作都已亡佚，他们的观点都被陆淳收入《春秋集传纂例》十卷中。他们主要认为：《左传》并非《论语》上提到的左丘明所著，乃是后代学者杂采各国史记和诸卿家传依其年月顺序编成，故叙事多而释经处少。《公羊》《穀梁》密于经文，大抵其初由子夏口授而传，后人一一配以经文多生乖谬。但说公羊名高，穀梁名赤是不对的。自汉以来学者重师法家法，三传各守一说不肯相通，实际三传都有得失，不察圣人真意。圣人的真正用心，是"参用二帝三王之法，以夏为本，不全守周典，礼必然矣"。只有这样，才能"革时之弊，革礼之薄"而返于浑朴。对啖助一派的说法，后人评价不一。如宋人程颐认为其论绝出诸

始晦终显：《左传》的来历与流传 | 53

家，有攘异端开正途之功，而晁公武认为："大抵啖、赵以前学者，皆专门名家，苟有不通，宁言经误，其失也固陋；啖、赵以后，学者喜援经击传，其或未明，则凭私臆决，其失也穿凿。"(《郡斋读书志》卷一)

啖助学派对宋人"舍传求经"之风产生了重大影响。

宋元明的《左传》研究

宋朝卑武重文，学术不谓不盛。但宋代经学，不同于汉儒的章句训诂，毋宁说是一种哲学或道德实践学。所谓"明体达用"，明体就是以道德仁义完成人格锻造，达用就是建立事功，所重还是在"体"。在《春秋》学上，宋儒要弃传就经，即摒弃章句之学，抛开三传，以经求经，直寻大义，必然走向主观随意。这样，由于《左传》偏重记事，专门研治的人很少，而欲探求圣人微旨，则不能不以《公羊》《穀梁》二传为出发点。

宋初"三先生"有孙复、石介和胡瑗。孙复著《春秋尊王发微》，以《穀梁》和唐代陆淳为本，以探圣人微旨，强调尊王攘夷和《春秋》有贬无褒。胡瑗及其弟子孙觉，治《春秋》也是以《穀梁》为主而参以他说。北宋中期刘敞《春秋权衡》比较重要之处在评论三传得失。他认为："前汉诸儒不肯为《左氏》学者，为其是非谬于圣人也。故曰《左氏》不传《春秋》，此无疑矣。"但他并不否定《左传》的价值："然丘明所以作传者，乃若自用其意说经，泛以旧章常例，通之于史策，可以见成败耳。"南宋胡安国著《春秋传》（通称《春秋》胡传）三十卷，对后代影响很大，后来元、明取士又以此书为经义标准，以致时人把此书与《春秋》三传并称为"四传"。胡安国说他这部书"尊君父，讨乱贼，辟邪说，正人心，用夏变夷，大法略具"。他把攘夷放在首位，是因应了南宋偏居江南的形势，专以"复仇"为义，致被清人讥为"此宋之《春秋》非鲁之《春秋》也"（尤侗说）。但他一面讲复仇，一面又大讲柔德而怯战。如庄公三十年经文有齐伐山戎，《左氏》无传，胡安国取《公羊》以为是讥齐桓公"好武功而不修文德之戒也"，由此，可见圣人"强本治内，柔服远人之意"。无怪乎胡安国此书得到宋高宗激赏而成"官书"。据说宋高宗让胡安国为《左传》正音点句，他说《左传》繁碎，为人君不宜欣赏其文采而虚费光阴，应研究《春秋》这部"经世之大典"。于是他五年修成三十卷《春秋传》而进呈。朱熹批评此书时见牵强，皮锡瑞《经学历史》则说其多存托讽时事之心，但也有人视其代表宋朝《春秋》学的正统。

宋代有影响的著作，还有叶梦得的《春秋传》《春秋考》《春秋谳》《春秋指要总例》，其书颇重实证，但宗经非传；吕祖谦的《春秋左氏传说》《春秋左氏续说》《东莱左氏博议》，从文和史的角度对《左传》加以评说分析；陈傅良的《春秋后传》《左氏章指》，认为《左传》以史事释经补经，其书重视对其中史实的分析排比。朱熹对《春秋》经传并没有专门著作，但保留下来一些很精彩的意见，被辑入《朱子语类》。一是他认为《春秋》蕴含的大义是通过史事直书来体现的，并不存在"某法""某例"。二是从史学、文学的角度肯定《左传》，认为"左氏是史学"，"所传春秋事，恐八九分是"，其文"自有纵横意思"，要"平心看那事理、事情、事势，春秋十二公时各不同"。三是怀疑《公》《穀》二传的穿凿，"《左传》一部，载许多事，未知是与不是，但道理亦如此，今且把来参考。问《公》《穀》如何？曰：据他说亦是有那道理，但恐当初圣人无此等意"。另外，宋代在著述形式上，也有了把编年体《左传》改编为纪传体和纪事本末体的新发展。前者如王当的《春秋列国诸臣传》和程公说的《春秋分记》，后者如叶清尘的《春秋纂类》和章冲的《春秋左传类事始末》等。

元明二代，《左传》的研究无足大观，其原因是多方面的：两朝科举考试中《春秋》经义规定用胡安国传；明代又以八股取士，重点在"四书"；官学一尊限制了学者的眼光和思想，极易忽略学问根底。明成祖颁行《五经大全》和《四书大全》，意在统一经学。"《春秋大全》则全袭元人汪克宽《胡传纂疏》","而制义初行,一时人士尽弃宋、元以来所传之实学,上下相蒙以饕禄利而莫之问","经学之废,实自此始"(顾炎武《日知录》)。即使元明学者已有的著作,也大多因其缺乏学术价值而不传。这时能够产生一些有影响的书,如吴澄的《春秋纂例》,以《左传》为主纂集各家之说;程端学的《春秋本义》《春秋或问》《春秋三传辨疑》,反对微言褒贬,说近朱熹;赵汸《春秋师说》《春秋集传》《春秋左氏传补注》,以《左传》为本而兼采《公》《穀》大义,抨击胡安国;陆粲的《左传附注》《春秋胡氏传辨疑》,训诂求证,以驳杜预注孔颖达疏,并提出《左传》为战国人作刘歆附益的观点,开启清代"伪作说"先河;徐学谟《春秋亿》,兼采三传及诸家疏解,随经释义,"言简理明",足破诸家穿凿附会之陋。

清代对《左传》集大成的整理研究

清代是中国古代传统学术发展的顶峰,在对《左传》的研究上也是成果累累,大家辈出。在课题的开拓、注疏校勘的精细、理论意义的探讨和对旧史料的搜集分析等方面都是前无古人雄视后来的。究其原因,既有清朝统治者为进行思想统治而对儒学的奖励提倡,也有在"文字狱"重压之下的学者逃避现实考古求安的心理趋向,还有惩宋明末学空疏游谈之弊而引致的学风转向。汉学兴起,最初是继承古文传统的考据学的兴盛，其成果被以"乾嘉之学"而名之；到清朝后期，有感于内忧外患又不满于思想界的沉闷，以今文学派相标榜的一批学者致力于探求经书义理，提倡经世致用，最终落脚于"改制"二字。《左传》学的进展，与有清一代思想风潮的演变是同步的。

清朝立国甫定，康熙三十八年（1699年）颁布《钦定春秋传说汇纂》三十八卷，乾隆二十三年（1758年）又颁布《御纂春秋直解》。这种官学的意义有类于唐之《五经正义》和明之《五经大全》，大体上是参照朱熹之说又结合古代注疏，去掉宋人托讽时事的攘夷之辞而多讲尊卑君臣的义理。这类官学之书不在于其学术价值，而在于为私家著述确定基调。这时有俞汝言的《春秋四传纠正》、张尚瑗的《春秋三传折诸》、何其伟的《春秋胡诤》、张自吾的《春秋宗朱辨》都打着扬朱抑胡的旗号，批评胡安国传的穿凿刻深之见。朱鹤龄的《春秋左氏传集说》发展朱熹之说，否定前人以"义例"行褒贬的做法，"夫子作《春秋》，上明天道，下正人事，变化从心，安得有例？例特史家之说耳"。

扭转宋明末学空疏，重新提倡经世致用、求实征验学风的是清初顾、黄、王三人。黄宗羲和王夫之把关注重点放在哲学和政治思想方面，没有更多涉及《春秋》和《左传》问题，而顾炎武在《日知录》卷四中曾集中讨论《春秋》经传，认为"《春秋》，鲁国之史也"，"《左氏传》采列国之史而作者也"，"左氏之书成之者非一人，录之者非一世，可谓富矣"。这些看法都是不囿传统而独立思考的产物。前儒竭力从《春秋》中寻找孔子笔削的痕迹以探求大义，顾氏认为所谓笔削不过是材料取舍，所谓经文省略应视为"史之阙文"，根本没有什么微言大义。他认为《春秋》和《左传》完全是史料抉择不同，思想倾向也有很大差别的两本书，"《左氏》之记周事曰：王贰于虢，王叛王孙苏。以天王之尊曰贰曰叛，若敌者之辞，其不知《春秋》之义甚矣"。所以他也主张舍传研经。

摒弃空洞义理，必然导致由文献史料出发对《左传》专题性研究的蓬勃发展，清代学者在这方面成绩突出。首先是对礼制的研究：一是惠士奇的《春秋说》，"以礼为纲，而纬以春秋之事，比类相从，约取三传附于其下"（《四库全书总目提要》，中华书局1965年版）。每类古礼，惠氏先引经书，再用《左传》《史记》等记载排比史实，最后总论。二是毛奇龄的《春秋属辞比事记》和《春秋传》，按古代礼制内容分成改元、即位、朝聘、会盟等二十二门，分别归纳经传之文，从中总结出义类。其次是对历史的研究：一是马骕的《左传事纬》和《前集》，前者是以事为纲，分拆《春秋》《左传》之文为108篇，篇后加以评论。后者是研究文集，如考证左丘明其人，以《春秋名氏谱》归纳古代姓氏世次和研究官制的《晋楚职官表》等。二是高士奇的《左传纪事本末》，除以纪事本末体将《左传》史事重新编排外，并参考《公》《穀》《国语》《史记》和其他典籍记载，分别归于各条正文之下，有"补逸""考异""辨误""考证""发明"等形式，每卷末有篇史事评论。三是陈厚耀的《春秋世族谱》，以杜预《世族谱》为基础，广求经传和他书记载，先叙君主世系，附以卿大夫传承，又列杂姓氏名号一篇，收集比较完备。再次是对古代地理的研究：一是高士奇的《春秋地名考略》，广泛取材，考证沿革，辨析同名异地和同地异名，全而勿缺为其长处。二是江永的《春秋地理考实》，引证广博，考辨精细，为清代同类著作之翘楚。三是沈钦韩的《春秋左氏地名补注》，从类书中收集佚说，对古人之注不迷信，考证精审，使本书有较高学术水准。最后是对古代历法的研究：一是陈厚耀的《春秋长历》，是有感于杜预《春秋长历》在推算古历方面失误过多而来的补正之作，分"历证"（古籍中关于春秋古历推算方法的记载）、"古历"（根据古四分历为鲁十二公排出年表）、"历编"（杜氏《长历》推算的各月大小及朔日干支）、"历存"（自己考证成果与杜说对照）四部分，订正了杜历的不少疏失之处。二是成蓉镜的《春秋日南至谱》，根据《左传》两条记载"日南至"（冬至）的材料，列出一个古四分历与汉《三统历》的对照表，很有参考价值。三是罗士琳的《春秋朔闰异同》，逐条列出按古六历及《三统历》所推演出的日月与经传记载及杜氏《长历》的差别，揭示出《春秋》经传实际所用历法与历代《律历志》所记古历法的不同。

清代前期最值得一提的《左传》研究成果，是顾栋高的《春秋大事表》。他利用正史中的书表体例，对《春秋》经传所涉及的各个方面进行综合研究分类排表，共五十表：如《天文表》《时令表》《朔闰表》《列国疆域表》《列国都邑表》《列国险要表》《列国爵姓存灭表》《列国官制表》《王迹拾遗表》《晋中军表》《楚令尹表》《刑赏表》《城筑表》《晋楚争盟表》《齐鲁交兵表》《四裔表》《兵谋表》《五行表》《三传异同表》《阙文表》《左传引据〈诗〉〈书〉〈易〉三经表》《杜注正讹表》《人物表》《乱贼表》《列女表》等，无疑为读者展现了一幅春秋社会画卷。顾栋高不仅勤于搜罗史料，纠正了不少前人的失误之处，而且在把专类材料归整之后加以评论，表现了史家的高见卓识，这和其后学者的专务史料琐屑考证是不同的。

顾炎武是清代从义理转向考据的开山祖，他的《左传杜解补正》也是清代以考据学研究《左传》的滥觞，其地位主要体现在研究法则的确定，即"读经自考文始，考文自知音始"和突破传注，旁及子史群集和金石资料博求佐证，这都成为清代考据学的基本思路。之后毛奇龄作《春秋简书刊误》,方法更趋成熟。他以《左传》为准而校《公》《穀》所传之经文,认为后者之误主要是口耳相传而造成的"声转之误",这已是从声音考求文字的做法。进入乾嘉时期,《左传》研究的成绩主要体现在两个方面,一是校勘文本正误,二是修正杜注孔疏并产生新注新疏。

对文本的校勘,既包括对《春秋》也包括对《左传》的校勘。三传经文的文字差异,主要是使用通假字造成,也存在一些讹误和脱衍。段玉裁作《春秋左氏古经》,他利用自己古音学和文字学的卓越才识,通过对三传经文的对比,尊《左》而不废《公》《穀》,择善而从,使《春秋》经文校勘进入新阶段。如《左传》僖公九年经文"晋里克殺其君之子奚齐","殺"字《公羊》作"弑"。段玉裁用古音审定殺、弑二字不同音,不能通假,故二者必有一讹。他又通过对《春秋》凡臣殺君皆曰弑的义理分析,从而从《公羊》判定应为弑字。其他还有赵坦的《春秋异文笺》和侯康的《春秋古经说》,也都通过训诂考证,对三传经文的异同加以研究,或求其通假,两存其文;或纠谬订讹,明其是非。通过研究,他揭示出一些古音字的通假规律。对《左传》在流传过程中发生的一些讹误,也需要校勘。一种是在校勘中重视异文的分析考证,主张校改原文,这属于理校。一种是在校勘中重视版本依据，主张说明正误而不改字，这属于对校。属于理校的有王引之的《左传述闻》，是清代考据学派关于《左传》最有分量的研究成果。他善于搜求异文，精于考证，即使在没有现存版本依据的情况下，也能以小学知识纠正误字。又如于鬯的《香草校书》，其中部分是校释《左传》的，其考证方法接近王引之，而立论更大胆。又如李富孙的《春秋左传异文释》，也属于这类著作。再谈对校，代表性的著作是卢文弨的《春秋左传注疏》和阮元的《左传校勘记》。前者见于《抱经堂汇刻书》中的《群书拾补》，卢文弨以明代毛氏汲古阁本为底本，以宋本、官本、沈廷芳浦镗《十三经注疏正字》和日本山井鼎《七经孟子考文》为参校本，不全录原文，只摘录其中有关文字，将他本中的异文以小字注于其下。若异文为误字，则注明为讹，个别有考证性文字。后者见于《十三经校勘记》，阮元以自己手校本为基础，以唐石经《春秋》、不全宋刻《春秋经传集解》、不全北宋刻小字本《春秋经传集解》、南宋淳熙小字本《春秋经传集解》、南宋相台岳氏《春秋经传集解》、足利本《春秋经传集解》等十二种古珍本作参校，具列异文，分析后决定采用或不采用。后来《校勘记》与《十三经注疏》合刻，凡出校处正文字旁加"▲"符号，每卷之后再逐条罗列校记内容和版本依据，而不随意改字。

有了文字校勘的基础,考据学者认为一向居于官学正统地位的《左传》杜注孔疏太不令人满意,其不懂古音古义,望文生义,在名物典章的训释上多有错误,应加以纠正。这方面的著作一是惠栋的《左传补注》,他广征博引先秦两汉各种资料,尤其是用汉人旧说纠正杜注,并从古文字形的角度来释义。如《左传》隐公四年"敝邑以赋",杜注:"言举国之赋调。"而惠栋引汉人服虔注曰:"赋,兵也,以田赋出兵,古谓之赋,正谓以兵从也。"两相比较,前者空泛而后者切近春秋之实。二是沈彤的《春秋左传小疏》,多从文献的排比互证中纠正杜注孔疏中礼制典章方面的错误。三是齐召南的《春秋左传注疏考证》和梁履绳的《左通补释》,他们都着重于地理考证,即运用诸家众籍,辨析历史地名,并考证其在现实地理中的位置。四是臧琳的《经义杂记》,其考证特色是反杜尊汉,认为:"贾、服解《左传》,范注《穀梁》,无不尽同,杜氏好为异例,轻改旧说,非也。"五是俞樾的《左传平议》,编在《群经平议》一书中,主要通过古音通假破假借之字以求本字的方法,在词义考释上取得成就,是研究《左传》不可缺少的参考书。此外还有洪亮吉的《春秋左传诂》,因搜罗之富、索隐之深而成绩突出。其工作主要是在对杜注的分析中,指出杜注承袭前人而又不作详细说明的地方,揭示杜注与汉魏之学的关系,目的还是对杜注进行纠谬补阙。与此书相匹配的，是刘文淇的《左传旧疏考证》。它专门研究孔颖达的《左传正义》，并揭示孔疏对六朝旧疏的继承和吸收。注意从义理上批评杜注孔疏的是焦循的《春秋左氏传杜氏集解补疏》。焦循不屑于琐碎的名物考证，而用"知人论世"的方法，认为杜预帮助司马氏篡魏，因此其《左传集解》处处可见对"乱臣贼子"的回护。所以他要通过对杜注的驳论，"俾天下后世共知预为司马氏之私人，杜恕之不肖子而我孔子作《春秋》之蟊贼也"。

清代考据学对《左传》的整理研究，最后落脚于新注疏的出现，这便是李贻德的《左传贾服注辑述》和刘文淇的《春秋左氏传旧注疏证》。两书以全面恢复汉代经说作为创新的手段，采取了一种复古的形式。李贻德全书分为"辑"和"述"两部分，前一部分从古籍文献中广泛搜求汉代贾逵、服虔对《左传》的旧注，书之于所释经传之下；后一部分作者再对旧注一一进行疏解考证，并注意吸收清代学者的研究成果。相比之下，刘文淇积四十年之功而仍未完成的著作视野更开阔，它除贾、服之注外，也广泛搜求其他古代学者的研究成果，以补汉注之不足。本书在形式上分"注"和"疏证"两部分，前一部分为汉人经说，后一部分为论证辨析，尊汉而不舍后人，择善而从。这本书是清代考据学对《左传》研究的集大成之作，无论是资料搜集之全，还是持论之平当公允,以及对名物典章考辨之精审,都雄迈前人。

近现代《左传》研究的新路径

清朝晚期,在《左传》研究中突出义理之学的今文学派重新崛起,并取代考据学成为学术思潮的主流。在这方面刘逢禄、康有为的研究成果影响深远,直及顾颉刚、钱玄同等晚近以疑古知名的"古史辨派"。前面在述及有关《左传》作者及著成年代的讨论时已有涉及,此不赘述。

五四以后,学术界用新的指导理论和治学方法进行《左传》研究,出现不少有价值的成果,最突出的是杨伯峻先生的《春秋左传注》(中华书局1981年版)和《左传辞典》。《春秋左传注》广泛参证古代文献、现代国内外学者研究成果和考古发掘及金甲文资料,融会旁通,精密校勘,历经二十年而最终完成这样一部高水平的《左传》新注释本,是现代人研习《左传》的必读书。《左传辞典》则是一部工具书,对《左传》词汇进行专门研究,以字头编排,颇便读者。沈玉成、刘宁合著《春秋左传学史稿》(江苏古籍出版社1992年版)也是研究《左传》的专门之作。全书分上、下两编,上编《概说》,简略介绍《左传》及其与《春秋》《公羊传》《穀梁传》的关系;下编《春秋左传学史》,系统介绍历代对《左传》的研究(本书本篇的相关部分就参考利用了其相关成果），并对一些问题陈述己见。值得注意的还有童书业先生的《春秋左传研究》（上海人民出版社 1980 年版），作者以深厚的古学功力，对《左传》中所涉及的传说人物、三代史事和春秋时期制度、文化、民族、地理、思想、经济等方面的问题逐条加以考证论定。作者旁征博引，不仅"系统全面"，而且"考索之精，去取之慎，盖未有逾于此书者"（顾颉刚《序》）。另外，徐仁甫先生有《左传疏证》（四川人民出版社 1981 年版），是他潜力研究《左传》二十余年的结晶之作。作者采用的书名仿阎若璩《尚书古文疏证》，内容全面论证《左传》并非成书于先秦的解经之作，而是西汉末年刘歆博采群书之后精心加工而成。这种观点虽从者甚少，但自成一家之言，也有其学术价值。

由于记载的缺失和史料辨析的困难，中国上古时代的典籍多被罩上层层迷雾，引发后人的种种争论，这种情况不独表现在《左传》上。相信在宽松宽容的学术氛围之下，并随着不时有古墓简牍（如"郭店竹书"之类）的出土，人们对《左传》本身的认识会越来越接近真理。

经史兼综：
《左传》的基本内容及思想倾向

平地小丘，一览无余；五岳巍峨，高深莫测。正如鲁迅评《红楼梦》，说宗教家看出的是空，道德家看出的是诲淫一样，内容丰富的《左传》也是可以"横看成岭侧成峰"的。入此宝山，史学家可寻制度嬗递之迹，文章家可得叙事状物之风采，经学家可求圣人的微言大义，兵家可摹谋略之规，宗教学家可从神话中寻宗教起源，天文学家可注意古天象历法的证据……都不会空手而归。这也是《左传》一书两千多年来鲜活如新、富于生命力的根源所在。

因为历代儒家把它与《春秋》紧密捆绑在一起，有人说《左传》等于是一部放大了的《春秋》。这种比拟至少不完全切实,《左传》内容有自己的特点。一是《春秋》记鲁国史事,《左传》记多国史事;二是《春秋》侧重于记政治,《左传》同时兼记社会多面之事;三是《春秋》是记录式编年体,罗列简略有如流水账,《左传》是叙述式编年体,既记事又记言,写大场面纡徐有致,如风行水上自然成文;四是《春秋》依年月时序递相记述,《左传》不时突破编年局限,二十年事有落于一年(如重耳流亡)者,记事也可溯及上古,蕴含之富远胜《春秋》。所以刘知幾称赞《左传》说:"左氏为书,不遵古法,言之与事,同在传中。然而言事相兼,烦省合理,故使读者寻绎不倦,览讽忘疲。"(《史通·载言》)

一代治乱史

春秋断代

《左传》如《春秋》一样,都是以鲁国为纪元写成的编年体史书。《春秋》起始于鲁隐公元年(前722年),终于鲁哀公十四年(前481年)。但《左传》又接续了两年《春秋经》到哀公十六年,比《春秋》本经多二年。由此,人们把西周之后战国之前的这一时代称为"春秋",一般确定的起讫年代为周平王元年(前770年)到周敬王四十四年(前476年)。

今天要了解春秋时代的历史,最主要的记载文献就是

《左传》。《左传》开始于鲁隐公元年（前722年），终止于鲁哀公二十七年（前468年），一共12公255年，具体分年如下：

鲁隐公元年（前722年）至鲁隐公十一年（前712年）；

鲁桓公元年（前711年）至鲁桓公十八年（前694年）；

鲁庄公元年（前693年）至鲁庄公三十二年（前662年）；

鲁闵公元年（前661年）至鲁闵公二年（前660年）；

鲁僖公元年（前659年）至鲁僖公三十三年（前627年）；

鲁文公元年（前626年）至鲁文公十八年（前609年）；

鲁宣公元年（前608年）至鲁宣公十八年（前591年）；

鲁成公元年（前590年）至鲁成公十八年（前573年）；

鲁襄公元年（前572年）至鲁襄公三十一年（前542年）；

鲁昭公元年（前541年）至鲁昭公三十二年（前510年）；

鲁定公元年（前509年）至鲁定公十五年（前495年）；

鲁哀公元年（前494年）至鲁哀公二十七年（前468年）。

实际上，《左传》的记事内容一直下延到鲁悼公十四年（前454年），比《春秋》多出27年。《春秋》和《左传》都以鲁隐公元年作为开篇，作为鲁国的国史，而隐公仅仅是周初分封后鲁国的第十四位国君，这是为什么呢？因为随着周幽王被犬戎杀死于骊山下和周平王被迫东迁洛邑，这成为王室衰微王权沦落的标志，一个动乱的时代开始了。而鲁隐公正当这个时代端点上,从此风生浪起,各种矛盾错综交织裹挟着社会由乱而变。把这段历史剪裁出来,正符合"孔子成《春秋》而乱臣贼子惧"的教戒作用。

借用公羊家的"三世说",隐、桓、庄、闵、僖五代是孔子祖辈的时代,叫"所传闻世",我们可称为春秋初期;文、宣、成、襄四代是孔子父辈的时代,叫"所闻世",我们定为春秋中期;昭、定、哀三代是孔子亲历,叫"所见世",即春秋晚期。其中《左传》记述襄昭二世63年之事最详,用了8万字,而全书也不过18万余字。

诸侯争霸三阶段

春秋初期共96年,因闵公在位仅二年,又和僖公是兄弟辈,所以实际在鲁是四世。这一时期的天下大势是王权的沦丧和诸侯的"取威定霸"同步发展,中原以外戎族的逼迫和诸侯国内公族的权争初露端倪。周天子直辖"王畿"仅余成周方圆一二百里,地盘小和人口少就没有了经济和军事实力,不能不处处仰人鼻息。春秋初期郑国强大,但由于被周天子解除卿职,于是双方矛盾加剧。由周郑交质(互以儿子作抵押)到周郑交恶,终于引发繻葛之战,王师惨败,连桓王也被箭射中肩膀,天子威严殆尽。诸侯朝贡不时,天子不得不低声下气向人"求赙"(丧葬费)、"求车"、"告饥"、

"求金"。王室内乱，叔带勾结狄人赶走了周天子，也得靠诸侯出兵平定。"礼乐征伐自天子出"已成为历史，仅仅是由于大国实力的均衡和宗法道义的影响，周天子才勉强拥有一个"共主"的虚名。相反，一些强大的诸侯国"挟天子以令诸侯"，吞并弱小，操纵联盟，出现大国争霸之局。郑国之后，齐桓崛起，剪灭小国如谭、遂，抗击北戎"存邢救卫"，最后讨伐楚国，会盟于葵丘，完成霸业。后来宋襄、晋文、秦穆也都仿此而行，但有的成功有的未能如愿。此外，各国公族内争也很激烈，《左传》开篇即是郑庄公与共叔段之争，接着又有卫国州吁杀卫桓公而自立，卫国人又杀州吁而立卫宣公。如"庆父不死鲁难未已"这类事在各国都有发生，齐桓、晋文也都是在君位之争的内乱中脱颖而出的。司马迁在《史记·十二诸侯年表序》中的一段话，正能说明这时的情况："是后或力政，强乘弱，兴师不请天子。然挟王室之义，以讨伐为会盟主，政由五伯，诸侯恣行，淫侈不轨，贼臣篡子滋起矣。"

春秋中期共85年，包括鲁国文、宣、成、襄四君。这一时期从"国际"大局上看，是以晋楚两大强国长期争霸作一主线；齐国实力下降失去领导资格，但与晋为盟；秦国倾力西北很少关涉中原，与楚为亲。晋在北，楚在南，夹于中间的是陈、许、蔡、郑、宋、卫等小国，它们受战祸最烈。城濮之战晋胜，邲之战楚赢，两国势力互为消长，尤其楚国一心要向北发展却终未能在中原站稳，主要原因在于晋国长期不衰。争霸战争使中原郑宋诸国不堪应付，一方面"牺牲玉帛待于二境"，对晋楚二国采取机会主义的态度以应付危机，一方面展开外交斡旋以谋求"弭兵"。宋国华元和向戌分别在前579年和前546年将楚晋拉在一起签订和平盟约，一定程度上缓解了大国矛盾并减轻了战争危害。同样，由于长期的争霸战争，那些长期领兵作战更有领导能力的各国卿士执掌权柄，以取代诸侯国君。一些诸侯也开始像周天子一样徒有虚名，"政权下移"又到了一个新的梯级。在这一时期，各国都明确采取了世卿执政的制度，但形式不完全相同。一种是像鲁国，名义上季孙、叔孙、孟孙三家共同执政，而实际掌大权的是季氏，其余仅为陪衬，分点好处。长期执政的季孙行父（文子），在三十四年中逐步削弱鲁国公室，一手使季氏成为强宗大族。一种是像晋国，六卿在平时分掌国政，在战时分统六军，而推其中一人为中军，即元帅之任，统率全军，兼掌国政。一种是像郑国、宋国，六卿分掌国政，而以一人为执政，并无军权。一种是像卫国，由两个世卿孙、宁二氏把持政权，互为消长。一种是像齐国，名义上高、国二氏为世族领袖，但实际上另有别人主管国政。楚国此时君权尚比较稳固，只有令尹执政，从贵族中选用人才。而秦国这一时期在《左传》中很少记载，国内政治格局不明。

孔子极力反对这种世卿制度。他说："天下无道，则礼乐征伐自诸侯出。自诸侯出，盖十世希不失矣；自大夫出，五世希不失矣；陪臣执国命，三世希不失矣。天下有道，则政不在大夫。"（《论语·季氏》）历史的发展当然不以孔子的主观意志为转移。列国竞争的压力，必然要求权力集中、号令统一，以消除多头政治的内耗，并且把本阶级最优秀的人才选拔出来。晋国的体制实际开启了中国后代中央集权潮流的先河，相继执晋政的赵衰、赵盾为一时之选，晋国长盛的原因也正在这里。正如众人推戴赵盾时说："使能，国之利也。"（《左传》文公六年）"使能"也表现在宋、郑等国。宋国的华元、郑国的子产都是统治集团中的杰出的人物，他们善于运用外交谋略，纵横于大国之间，以补国力之弱。像这一类国家，既不能靠武力与大国角逐，也不能过于示弱，遭人欺侮。其执政最明智的地方，就是一方面平衡内部各种利益的矛盾，尽量稳定政局；另一方面示强于弱，如子产就曾亲率战车七百乘以伐陈，保持在国际事务上的发言权。另外，"世修其勤"的季氏之所以长有权位，也是赖于其能"存鲁"。春秋初期，鲁国几乎要亡，闵公元年齐桓公已说出"鲁可取乎"的话，事实上此时齐要灭鲁并非不可能。但到了春秋中期，鲁国、宋国都渐趋安定，强国反而不敢过于轻视它们了。总之，从《左传》作者的叙述来看，他对"政在大夫"还是持肯定态度的。

春秋晚期共74年，包括鲁国昭、定、哀三世。这一时期的"乱局"，不仅表现在诸侯国之间，更深入于各国内部。随着政权的下移，孔子所说"陪臣执国命"的情况已变为现实。从大处看，周王室在周景王死后，爆发了"王子朝之乱"，一直拖了五年之久，才靠晋国出兵把新王安顿在成周。周天子没有了一点颜面，靠谁来维护天下秩序？《左传》的作者寄希望于诸侯霸主。既然"宗周既灭，靡所止戾"，那么"诸侯之无伯，害哉！"（《左传》昭公十六年）然而诸侯们的日子也并不好过，比起周天子也只是五十步笑百步，甚者如晋厉、晋灵、齐庄、齐简、楚成、楚灵都被弑而亡。诸侯们内忧过于外患，争霸逐渐出现新格局。楚国由南向北发展始终因晋阻而不畅，转而东向江淮，与后起的吴国冲突不断。晋国也派申公巫臣通吴以谋楚，教以战阵射御，这种战略调整造成吴国强大，使楚"一岁七奔命"。柏举一战，吴大败楚。到黄池之会，吴联鲁大败齐国于艾陵，又与晋国争当盟主，其势力达于顶峰。但楚国极力扶植越国以抗吴，不久即见成效。越国从背后攻吴灭吴，也率军北上，成为春秋最后一位霸主。不过春秋晚期大国争霸的吴越这两个主角，其兴也勃，其亡也速，仅为昙花一现的谢幕者。

政权的梯级下移

这一时期更加引人注目的,还是各诸侯国内部政治格局的演变。鲁国到了昭公时,"政在季氏三世矣,鲁君丧政四公矣"。但既无权柄又失民心的鲁国君主并不甘心,于是利用大夫之间的矛盾,让几家大夫出其不意地向季氏进攻。关键时刻,叔孙氏说"无季氏是无叔孙氏",与孟(古代兄弟姊妹排行老大[排行]孟、仲、叔、季)孙氏一起站在季氏一边。结果三家合力打败政敌,鲁昭公被迫流亡于国外八年,由季氏代行君权。然而从此以后,季氏之权又下落在家臣手中。鲁定公时,季平子卒,其家臣阳虎"囚季桓子",执掌鲁政,并准备"去三桓"。结果被孟孙等贵族击败,阳虎奔晋而依赵氏。这时,"家臣而欲张公室"成为政治斗争的一大特点,家臣也就是孔子所说的陪臣(大夫对于天子,家臣对于诸侯,中间隔了一层,即为陪臣或重臣)。家臣的兴起又革了世卿的命,《左传》的作者对此并不认可,称之"罪莫大焉"。因为他把天下大治的希望正寄托在这些强有力的大夫身上,称"季氏甚得其民,淮夷与之,有十年之备,有齐楚之援,有天之赞,有民之助,有坚守之心","民忘君矣,虽死于外,其谁矜之?"(昭公二十七年、三十二年)后来鲁哀公又想利用越国的外部力量"伐鲁而去三桓",但也未能如愿,反而

经史兼综:《左传》的基本内容及思想倾向 | 77

如昭公一样死在国外。此后,"三桓胜,鲁如小侯,卑于三桓之家"(《史记·鲁世家》),新的政治格局伴随着新的时代来到了。

像鲁国一样,田氏代齐和三家分晋也是这种潮流的产物,不过斗争更激烈更曲折,这些都反映在《左传》的叙事之中。由西周末年那种天下一统,周王尚可左右局面的形势,到天下纵横七个中央集权型强大新国,其间经历了二百多年"高岸为谷,深谷为陵"的巨大变化。如果没有《左传》这种逐年的翔实记载,我们又如何能得以把握历史递嬗的脉络呢?

社会全景图

《左传》记述了春秋一代二百五十余年列国的盛衰兴废、内政外交,但既不是单纯的政令汇编,也不是平面的事件罗列,而是把社会作为一个有血有肉的鲜活生命而加以立体多维的雕塑。读《左传》不像一般读史,它使人能身临其境而了解其时的生活方式、节气时令、婚丧嫁娶、宗法祭祀和人们的心理状态。《左传》是当时社会的生活实录。尽管它也有思想宗旨,但其写作并不是按照儒家经学"主题先行"式地取舍裁剪,无怪乎就遭到后代经生"左氏浮夸""左氏艳而富而失之诬""左氏失之浅""左氏之失,专而纵"这样的非议。

活生生的各类人物

历史是由人创造的，人类的历史就是人的活动的集合。因此《左传》虽不专为个人作传记，但通过叙事把人物的性格风采写出来，这是其特点之一。《左传》中出现的人物数以百计，比较丰润的还是那些上层政治人物，如齐桓、晋文、秦穆、卫文这些建霸施德的国君和赵衰、管仲、范宣子、子产这些执政有方的卿大夫。如对卫国的两代君主，首先是卫懿公，"狄人伐卫，卫懿公好鹤，鹤有乘轩者。将战，国人受甲者皆曰：'使鹤，鹤实有禄位，余焉能战？'……卫师败绩，遂灭卫"。接着继位的是卫文公，他接受教训，"大布之衣，大帛之冠，务材训农，通商惠工，敬教劝学，授方任能。元年革车三十乘，季年乃三百乘"（闵公二年）。这样，一个骄逸荒唐，一个发愤图强，不用加评，褒贬立见。又如对秦穆公，《左传》尽写其一生的复杂。他先是在韩原打败晋国，使一个僻处西陲的诸侯国逐渐强盛，但后来不听谋臣蹇叔劝告，贸然派孟明等人出兵袭郑，在殽地被晋大败，全军覆没。秦穆公于是"惧而修德"，"增修国政，重施于民"，仍重用孟明，终于又败晋国，"遂霸西戎"。但这样一个正面人物，死后却用久已不行的陋习，以活人殉葬。《左传》就抨击他"死而弃民"，认为："秦穆之不为盟主也宜哉！"（文公六年）

经史兼综:《左传》的基本内容及思想倾向 | 79

《左传》中最为人称道的，是对郑国子产这个人物的塑造。子产多才智，识大体，善于在繁杂的矛盾中化解危机，最大限度地维护国家利益。襄公八年子产正当一个"童子何知"的年龄，郑国侵蔡获胜，"国人皆喜"，他却担忧会招来晋楚的轮番进攻。果然"郑国不四五年不得宁"。后至襄公十九年子产成为卿，又过11年他做了郑国执政，共掌国柄22年，活跃于郑国政治舞台三四十年。他在原则问题上坚决果断，如改革田制，使"都鄙有章，上下有服，田有封洫，庐井有伍"，郑国人先怨恨而后称赞之。又如作丘赋，作刑书，遭到叔向、浑罕等保守人物责难，他说："苟利社稷，死生以之"，"不能及子孙，吾以救世也"。他坚持不毁乡校，以国人对执政的批评作为药石，表现了开明的作风。对国内大族，他择能而使之，又善于平衡矛盾，照顾各方利益，尽量团结各色人等。在与霸主晋国的关系上，他审时度势，做有理有利有节的斗争，迫使晋国降低郑国贡纳份额，维护郑国国家尊严，每次出使都能在外交上取得胜利。孔子称子产为"惠人"，"及子产卒，仲尼闻之，出涕曰：'古之遗爱也！'"（昭公二十年）《左传》既通过叙事也通过记载子产辞命，生动地表现了他的卓异才能和鲜明个性，从中更使人切实了解春秋时代列国内政外交的惯例行制。

《左传》写人，也揭露了一些上层贵族在"父慈子孝兄友弟敬"外表下的虚伪贪婪阴狠狡诈,用语不多却使之丑态毕露。如"郑伯克段",在权位之争中,武姜纵容小儿子武装政变以夺大儿子的国君之位。郑庄公实际是欲擒故纵,却扮成孝子友弟以沽名钓誉,但一旦抓到把柄就毫不手软除去叔段。一开始郑国大夫祭仲说叔段的封邑"京"太大,不合典制,将来会无法控制。郑庄公故意轻淡地说:"姜氏欲之,焉辟害?"祭仲又劝他及早下手,不然将如蔓草难除。郑庄公却要等待,说:"多行不义必自毙,子姑待之。"不久看到叔段一味扩张势力范围,公子吕又劝郑庄公快下手,不要让民生二心。庄公并不着急,说:"无庸,(祸)将自及。"最后叔段兵器军队都准备好,武姜为他袭击国都做内应,郑庄公这才说:"可矣。"迅雷不及掩耳,庄公挫败了叔段的阴谋。从"多行不义必自毙,子姑待之"到"无庸,将自及"再到"可矣"这三次对话,郑庄公老谋深算虚伪阴险的个性就跃然纸上。再如"楚商臣弑父",因为楚太子商臣感到自己将失宠,就率领卫士包围了楚王宫。楚成王请求吃顿熊掌再死,儿子识破其"疲敌待援"之术,立逼父王自缢而死。春秋贵族的淫乱骇人听闻。陈灵公与大臣孔宁、仪行父一起同夏姬通奸,还都贴身穿着夏姬的内衣互相夸耀,公然宣淫于朝堂。连雄才大略的齐桓公也淫于姐妹,连英杰果断的晋献公也上烝于晋武公之妾,这类男女偷情帷薄不修之事遍于各国,都被

《左传》直书不讳。如齐庄公私通大臣崔杼之妻,去幽会而遭遇伏兵,"公登台而请,弗许;请盟,弗许;请自刃于庙,勿许"。最后他逃跑跳墙时被崔氏的家臣射死。这种贵族内部的流血斗争,如齐桓杀兄,卫献杀弟,晋献杀子,楚康王四弟互杀等,遍于《左传》全书,无怪它会遭后世"显君父之恶""不为君讳"的恶评。

《左传》写到一些下层人物,也都富于个性。如郑国商人弦高,道遇秦军袭郑,就以国君名义献上牛十二头,使本国免于兵祸,显示了他的机智爱国。又如晋国勇士狼瞫,被统帅先轸不公正对待,免去其车右一职。狼瞫怒,其朋友说:"何不死去?"狼瞫说:"我还没有找到死的地方。"朋友说:"咱们一起杀掉先轸。"狼瞫说:"勇敢就杀害在上的人,死后没有荣誉;死而不合道义,这不是勇敢。为国家所用叫勇敢,我以勇敢为车右,以不勇敢被废黜,这也是应该的。至于我是否勇敢,你等着看吧!"等到彭衙之战,秦晋两军对阵,狼瞫率先冲入秦阵而战死,晋军跟上,打败秦军。对此,《左传》称之为"怒不作乱,而以从师,可谓君子矣"(文公二年)。相反的例子也有,如郑宋大棘之战,宋国华元"杀羊食士",他的车夫没有赶上吃就很生气。作战时,车夫羊斟愤愤地说:"前日分发羊肉你做主,今日战车进退我做主。"他故意将华元的指挥车驾入郑军之中,结果华元被俘,宋师败绩。对此，《左传》评论说："羊斟，非人也！以其私憾败国殄民，于是刑孰大焉。《诗》所谓'人之无良'者，其羊斟之谓乎？残民以逞。"（宣公二年）

精彩的外交辞令

《左传》中记述当时的外交辞令和谏说、议论之辞，也历来为人们所称道。行人，本是掌管朝觐聘问的官职，后作为使者的通称。记写行人辞令，尤为《左传》独擅之处。如僖公四年楚国屈完面对齐桓公大军压境，并且对方大言："以此众战，谁能御之；以此攻城，何城不克？"进行武力威胁，他回答得语挟风霜："君若以德绥诸侯，谁敢不服？君若以力，楚国方城以为城，汉水以为池，虽众，无所用之！"结果双方签订盟约，避免一场恶战。又如僖公二十六年齐国进攻鲁国，鲁派大夫展喜以犒师之名见齐侯："寡君闻君亲举玉趾，将辱于敝邑，使下臣犒执事。"齐侯曰："鲁人恐乎？"对曰："小人恐矣，君子则否。"齐侯曰："室如悬罄（空洞无物），野无青草，何恃而不恐？"对曰："恃先王之命。昔周公、太公股肱周室，夹辅成王，成王劳之而赐之盟曰：世世子孙，无相害也。"接着展喜又说到齐桓公如何调协诸侯，消其灾难，因此鲁国对齐国很放心，不敢保城聚众。等到今齐侯即位，大家都认为会遵循桓公的功业，而决不会废弃太公、桓公和好二国的传统做法。不然,"岂其嗣世九年,而弃命废职,其若先君何?君必不然。"展喜就这样以委曲婉转之辞,而消弭鲁国兵祸于无形。再如宣公三年楚庄王率兵到周王室境内示威,周定王派王孙满犒劳,楚王问王鼎之大小轻重,挑衅之意显然。此时王孙满既不能示弱,也不能贸然激怒对方,就回答得绵里藏针:"在德不在鼎。昔夏之方有德也,远方图物,贡金九牧,铸鼎象物……以承天休。桀有昏德,鼎迁于商,载祀六百。商纣暴虐,鼎迁于周。德之休明,虽小,重也。其奸回昏乱,虽大,轻也。天祚明德,有所厎止。成王定鼎于郏鄏,卜世三十,卜年七百,天所命也。周德虽衰,天命未改,鼎之轻重,未可问也。"

刘知幾说:"寻左氏载诸大夫词令,行人应答,其文典而美,其语博而奥。述远古则委曲如存,征近代则循环可覆。"(《史通·申左》)像这样的辞令还有僖公三十年烛之武退秦师,成公二年国佐对郤克,成公三年知䓨对楚王,成公十三年吕相绝秦,文公十七年子家对赵宣子,襄公二十二年子产对晋国征朝,襄公三十一年子产毁馆答士文伯等等,其共同的特点就是能够紧紧抓住矛盾的焦点,从分析利害入手,说理透辟,用词雅正。比起《国语》所记春秋时期大段辞令来,《左传》之辞逻辑更严密,用语更洗练,富于文采,从而说服力和感染力更强。

有特色的赋诗言志

春秋时期还有另外一种特殊的外交辞令,那就是"赋诗言志"。当时的贵族从小所受的教育,《诗》是其中必不可少的一科,"太师……教六诗,曰风,曰赋,曰比,曰兴,曰雅,曰颂"(《周礼·春官·太师》)。所谓"赋"就是朗诵,"不歌而诵谓之赋"。这是锻炼用诗的表现形式。所谓"比"就是托事于诗,借诗言志,用比喻的办法断章取义。正是这个基础,使得诗变成了春秋贵族使于四方委婉致意的交际公关工具。春秋出使,使者"受命不受辞",常常需要察言观色,随机应变。为了不至于在表达意见时贸然失辞而触犯对方,又想要达到自己预期的出使目的,这就需要运用外交技巧,借助现成诗句来婉转"言志"。这种借用要不愠不火,不明不暗,点到为止。而"观志"者也很熟悉诗的内容,也了解对方断章取义中的"义"之所指,这样双方在温柔敦厚的外表下就有了对话的基础。以下我们可以看《左传》中的例子。

文公十三年,"郑伯与(鲁文)公宴于棐。子家赋《鸿雁》,季文子曰:'寡君未免于此。'文子赋《四月》。子家赋《载驰》之四章。文子赋《采薇》之四章。郑伯拜,公答拜。"这是郑穆公背晋事楚,想请鲁文公替他向晋国解释,以免触怒晋人。但郑人不肯直说，让大夫子家诵读诗《鸿雁》，取义"之子于征，劬劳于野，爰及矜人，哀此鳏寡"，即郑国以鳏寡自比，让鲁国可怜它（矜，怜悯，同情）。鲁大夫季文子一边说我们的国君也不能免于这种处境，一边赋《四月》诗，取义"四月维夏，六月徂暑，先祖匪人，胡宁忍予"，意思是鲁君要急着回家祭祖（此时鲁文公在郑地），委婉拒绝了郑国要其赴晋之请。子家又赋《载驰》诗，取义"我行其野，芃芃其麦。控于大邦，谁因谁极"，即小国有急，大国有助救之义，再一次向鲁国发出请求。季文子乃赋《采薇》诗，取义"戎车既驾，四牡业业，岂敢定居，一月三捷"，意思是我们也不敢安居，等于答应了郑国的请求。于是双方皆大欢喜。

襄公二十七年，郑简公宴请晋国赵孟，郑国方面有七个大夫作陪，赵孟请七子赋诗以观其志。子展赋《草虫》诗，意谓赵孟为君子，取义"未见君子，忧心忡忡"；"亦既见止"，"我心则说"。赵孟说："善哉！民之主也，抑武也不足以当之。"接着伯有赋《鹑之贲贲》，义取"人之无良，我以为君"，有讽刺郑简公之嫌，赵孟认为这会招致怨恨，急忙说："床笫之言不逾阈（门槛），况在野乎？非使人之所得闻也。"子西赋《黍苗》，义取"肃肃谢功，召伯营之；烈烈征师，召伯成之"，比赵孟为召公。赵孟说："寡君在，武何能焉？"第四位子产赋《隰桑》，义取"思见君子，尽心以事之"（杜预

注）。赵孟也很敬重子产，该诗末段有"心乎爱矣，遐不谓矣，中心藏之，何日忘之"之句，所以回答说："武请受其卒章。"子大叔赋《野有蔓草》，取义"邂逅相遇，适我愿兮"，赵孟回答说："吾子之惠也。"印段赋《蟋蟀》，义取"无已大康，职思其忧，好乐无荒，良士休休"。赵孟回答说："善哉！保家之主也，吾有望矣。"最后公孙段赋《桑扈》，义取"交交桑扈，有莺其羽，君子乐胥，受天之佑"，即君臣动有礼文。赵孟回答说："匪交（骄）匪熬（傲），福将焉往？若保是言也，欲辞福禄得乎。"宴会结束之后，赵孟私下对晋国叔向说伯有恐怕要被杀了，"诗以言志，志诬其上，而公怨之，其能久乎？"至于其他人，赵孟认为"皆数世之主"，尤其是子展和印段，应为"后亡者也"。

像这样在社交场合赋诗言志，《左传》还记有很多，如昭公十六年郑六卿饯韩宣子于郊，主客双方"皆赋"。这些贵族人物一般不把心里的话直接说出，而是通过赋诗或"歌诗"来见意，这既是当时的礼仪习惯，也显示了他们深厚的文化素养和雅趣。当然也有因赋诗不当而招致不应有灾祸的例子。如襄公十六年，"晋侯与诸侯宴于温，使诸大夫舞，曰歌诗必类"。类就是选用之诗要和现场气氛协调恰当。而齐国高厚之诗不类，引起晋卿荀偃之怒，曰："诸侯有异志矣。"于是高厚逃归，而众诸侯盟誓"同讨不庭"。因为用诗打错了比喻，

经史兼综：《左传》的基本内容及思想倾向 | 87

就触犯众怒，招致讨伐，可见辞令在那个古老的时代何等重要。

上古史料的保存

在《左传》的内容中无论对当时还是对后来，最重要的还是礼俗制度的记述。由于年代久远许多文献湮没无闻，今人要考证古史非常困难，而在保存上古传说和西周春秋史料方面，《左传》的涉及面非常广泛，没有一部先秦古书堪与比驾。以下试述其荦荦大者。

关于夏史和夏以前氏族时代的传说，往往从春秋时代人物的口中吐露出来，虽然不一定就是信史，但至少不是空穴来风，可以给我们后人以启发。如僖公二十一年："任、宿、须句、颛臾，风姓也，实司太皞与有济之祀。"这里太皞，以凤（"风"同"凤"）为图腾，实为东夷人之祖，盖即后世所说帝喾。与昭公十七年记"我高祖少皞挚之立也，凤鸟适至，故纪于鸟，为鸟师而鸟名"的少皞，为前后相继关系，少皞即商人之祖契，它们都属东夷族。至于以太皞为伏羲，则为晚出之说，实不足信。又如昭公十七年："炎帝氏以火纪，故为火师而火名。"僖公二十五年："遇黄帝战于阪泉之兆。"炎帝为姜姓之祖，黄帝为姬姓之祖，双方大战于阪泉，黄帝胜而姬姓为中原主体。再如文公十八年："舜臣尧，宾于四门，流四凶族浑敦、穷奇、梼杌、饕餮，投诸四裔，以御魑魅。是以尧崩而天下如一，同心戴舜以为天子"；"舜有大功二十而为天子"。僖公三十三年："舜之刑也殛鲧，其举也兴禹。"这是儒家所传尧舜禹禅让说的较早记载，实际上是氏族社会酋长选举制度的曲折反映。还如襄公四年："昔有夏之方衰也，后羿自鉏迁于穷石，因夏民以代夏政。……少康灭浇于过，后杼灭豷于戈，有穷由是遂亡，失人故也。"这段文字与哀公元年的记载相呼应，陈述了夏初太康失国、后羿寒浞代夏和少康复夏的一段历史。此外，还有昭公八年记"颛顼"，昭公元年记高辛氏有二子曰阏伯曰实沈，襄公六年记陶唐氏，襄公二十五年记有虞氏，昭公二十九年记社稷之源，襄公二十九年记鲧禹治水，昭公元年记禹征三苗，昭公四年记夏启钧台之享，文公二年记姜嫄后稷，文公五年记皋陶，僖公二十六年记祝融，隐公十一年记太岳，都是弥足珍贵的史料，既可与其他文献相印证，也可补其他古书所未详。

关于先周和西周的历史，《左传》中也有不少记载。因为对春秋人来说，这是他们的"近代史"，可能了解得比后人更真切一些。昭公九年记有周天子的使臣说："我自夏以后稷、魏、骀、芮、岐、毕，吾西土也。及武王克商，蒲姑、商奄，吾东土也。巴、濮、楚、邓，吾南土也。肃慎、燕、亳，吾北土也。……文、武、成、康之建母弟，以蕃屏周。……先王居梼杌于四裔,以御螭魅,故允姓之奸居于瓜州。伯父惠公归自秦,而诱以来,使逼我诸姬,入我郊甸……"这里不仅谈了周人以后稷为祖,也谈了周初的疆域及分封,还谈到春秋时的戎夏融合,但归之于晋惠公之诱则不全面。昭公二十六年记有王子朝夺位失败后给诸侯发的一篇文告,集中谈到西周的历史。如关于周初的分封制度,涉及武、成、康三王。如关于周夷王患有恶疾,诸侯纷纷遍祭本境名山大川为其祈祷。如对周厉王,说他"王心戾虐,万民弗忍,居王于彘。诸侯释位,以间王政"。特别是这里最后两句,据考证即指共伯和自诸侯位入周摄政。该文告还在宣王中兴和幽王亡周之事后,说:"携王奸命,诸侯替之,而建王嗣,用迁郏鄏。"结合《竹书纪年》的记载,似乎周王朝在平王初一度出现二王并立的局面。此外,僖公五年记有太伯虞仲让国事,昭公七年记有周文王"有亡荒阅"之法,桓公十一年记有周人灭殷,定公四年记有周公"摄政",僖公四年记有周昭王南征不复,昭公十二年记有周穆王周行天下等等,限于篇幅,不能悉列。

春秋社会的方方面面

关于春秋时期的社会状况,《左传》的涉及面更为宽泛。

一是关于经济。昭公元年:"譬如农夫,是穮(即耘,除草）是褎（即秄，土培苗根），虽有饥馑，必有丰年。"这是反映当时的农业技术。隐公三年："四月，郑祭足帅师取温之麦；秋，又取成周之禾。"似乎当时北方可有二季收成。僖公二十八年："原田每每，舍其旧而新是谋。"证明当时还是土地轮耕制，农业尚不知施肥。襄公十年："子驷为田洫，司氏、堵氏、侯氏、子师氏皆丧田焉。"三十年：子产使"田有封洫，庐井有伍"，农田已配套水利设施。僖公十八年："郑伯始朝于楚，楚子赐之金，既而悔之，与之盟曰：无以铸兵。故以铸三钟。"春秋初期铸器仍以铜，而且铜可铸兵器。昭公二十九年："遂赋晋国一鼓铁，以铸刑鼎。"证明春秋后期已有冶铁。昭公十六年，子产曰："昔我先君桓公与商人皆出自周。"可看出由于地理位置，其时郑国商业最发达，《左传》三记郑商。襄公九年：晋"魏绛请施舍，输积聚以贷"。这是官方借贷。昭公三年："陈氏以家量贷而以公量收之。"这是私人借贷。

二是关于税赋之制。襄公二十五年楚国蒍掩治理军赋，"书土田，度山林，鸠薮泽，辨京陵……井衍沃，量入修赋。赋车籍马，赋车兵、徒兵、甲楯之数"。这是传统井田制下按单位土地征收军赋的情况。宣公十五年："谷出不过籍，以丰财也。"这是传统"助"的税法。但这一年鲁国"初税亩"，将传统分成制的税法改变为按土地亩数出田税。成公元年：

鲁国"为齐难故,作丘甲",即以丘为单位征收军赋。昭公四年:"郑子产作丘赋。"意同作丘甲。僖公十五年载晋"作爰田""作州兵",也是春秋史上具有深远意义的变革,前者为"开其阡陌以换井田之法",即军功赐田;后者同于"作丘甲",为增益甲兵之举。昭公三年还有暴征力役的记述:"民叁其力,二入于公,而衣食其一";"庶民罢敝,而宫室滋侈";"民闻公命,如逃寇仇"。

三是关于刑制之变。昭公六年:"郑人铸刑书。"结果保守的晋国叔向写信谴责说:"昔先王议事以制,不为刑辟。"杜预注:"临事制刑,不豫设法也。"考"夏有乱政而作《禹刑》,商有乱政而作《汤刑》,周有乱政而作《九刑》"。但这些刑书都不公布于民,而"铸刑书"就不同了,"民知有辟,则不忌于上,并有争心,以征于书,而徼幸以成之","国将亡,必多制,其此之谓乎!"但潮流毕竟不可阻挡,定公九年:"郑驷歂杀邓析,而用其竹刑";昭公二十九年晋国"铸刑鼎,著范宣子所为刑书焉"。到战国,无国不公布刑法。

四是关于官爵之制。春秋时代仍大体维持着周初分封形成的世族制的政治格局,隐公八年:"天子建德,因生以赐姓,胙之土而命之氏。诸侯以字为谥,因以为族。官有世功,则有官族。邑亦如之。"这是讲卿大夫的世族制,也是宗法封建的产物。中原各国的世族多为同姓,鲁有三桓,郑有七穆,皆以所出之公为氏。晋国由于屡诛公族，世族以异姓异宗为多，如韩、赵、魏皆是。大夫也有大宗小宗，小宗即"贰宗"，往往充作大宗的家臣。到春秋后期如阳虎本为孟孙氏之小宗，其专横而直逼大宗"三桓"。桓公二年称："天子建国，诸侯立家，卿置侧室，大夫有贰宗，士有隶子弟，庶人、工、商各有分亲，皆有等衰。"这就是宗法封建制的垂直系统，是当时政治体制的骨干。关于宗法贵族的爵制，襄公十五年记："王及公、侯、伯、子、男、甸、采、卫、大夫，各居其列。"这是讲宗法贵族的等级，征诸金文，今人研究难有统一之说。定公四年讲周初官制："武王之母弟八人，周公为太宰，康叔为司寇，聃季为司空。"辅佐天子的高官为卿士，如郑武公、庆公为平王卿士，而太宰为卿士之首。春秋时太宰也是尊官，如华督为宋国太宰（桓公二年），鲁国羽父将以求太宰（隐公十一年），伯州犁为楚国太宰（成公十六年）等。但从《左传》的有关记载看，太宰在春秋中期后地位逐渐下降，各诸侯国官职最重要者为司徒、司马、司空、司寇。如昭公四年所记，季氏为司徒，叔孙为司马，孟孙为司空，分掌民事、军事和工事。臧武仲曾为司寇，掌司法，次于"三官"。这种变化与王室公室的地位下降有关。各国官制也有不同。如齐国分设左右二相（襄公二十五年）。晋国作三军立六卿，中军将为元帅，即最高执政。楚国初以莫敖为执政者，后取令尹、司马二卿制,见僖公二十七年"楚令尹子玉、司马子西帅师伐宋"等多处记载。春秋官制的特点,一个是由王室公室的臣仆总管向司民、司军、司政官吏渐渐作重心转移;二是承袭西周仍实行文武不分职,不仅卿相即将佐,诸侯乃至周王均能武事。如桓公五年𦈡葛之战,周桓王为中军,虢公、周公二卿分将左右军。

五是关于宗庙礼仪。礼仪起源于原始社会的风俗习惯,后来的贵族对其加以改造变成一种政治文化制度。顾炎武《日知录》曾说:"春秋时犹尊礼重信,而七国则不言礼与信矣";"春秋时犹严祭祀重聘享,而七国则无其事矣。"验及《左传》,此言不虚。春秋时贵族都建有宗庙祭祀祖先,"子大叔之庙在道南,其寝在道北"(昭公十八年)。可知在布局上庙坐北向南,寝在庙后。因为"事死如事生,礼也"(哀公十五年),庙的样式是仿照住宅建的。"鬼犹求食"(宣公四年),供给鬼神饮食就是祭祀。"鬼神非其族类,不歆其祀"(僖公三十一年),即必须由子孙奉祀祖先。如果子孙断绝,宗族灭亡,宗庙无人祭祀,"灭宗废祀,非孝也"(定公四年)。宗庙内安置有代表祖先的木主,木主平时又保藏在石函中,叫"宗祏"(庄公十四年)或"主祏"(昭公十八年)。宗庙中的祖先是按照左昭右穆的次序来排列。如周人,"太伯、虞仲,太王之昭也";"虢仲、虢叔,王季之穆也"(僖公五年）；"管、蔡、郕、霍……文之昭也；邘、晋、应、韩，武之穆也"（僖公二十四年）。宗庙不仅用于祭祀祖先，也用于举行各种重要典礼。首先是成年男子的"冠礼"。襄公九年记晋侯建议鲁襄公说："十二年矣，是谓一终，一星终也。国君十五而生子，冠而生子，礼也。"其礼仪是"君冠，必以祼享之礼行之，以金石之乐节之，以先君之祧（庙）处之"。其次是"士昏礼"。昭公元年记楚国公子围聘问郑国，娶妻于公孙段氏。公子围先向自己祖先楚庄王、共王"告庙"，然后到女方的宗庙中亲迎，由女父亲手把女儿交给女婿。如果先迎娶然后再"告庙"，叫"先配而后祖"，即为"非礼"（隐公八年）。再次是国君即位要朝于祖庙，《左传》记载晋文公、晋成公、晋悼公即位，都曾"朝于武宫"（僖公二十四年），武宫在曲沃，是他们始祖晋武公之庙。祖庙还是贵族们盟誓的地方，如崔杼杀齐庄公而扶立齐景公，"盟国人于大宫"，即在齐祖姜太公庙会盟（襄公二十五年）。最后，凡是国之大事，必须在宗庙行礼。"凡公行，告于宗庙；返行，饮至、舍爵、策勋焉，礼也。"（桓公二年）出行前向祖先斟酒祭告为舍爵，如季寤出逃鲁国前——地"舍爵于季氏之庙而出"（定公八年）。回来后又以斟酒向祖先宗庙报到。鲁桓公十六年："公至自伐郑，以饮至之礼也。"鲁襄公十三年："公至自晋，孟献子书劳于庙。"此即书功劳于简册，叫"策勋"。宣公十二年，楚围郑十七天，郑人哭庙以纾难，"临于大宫"。国家要有军事，"帅师者，受命于庙，受赈于社"（闵公二年）。把兵器分发给士兵也在宗庙，"授兵于大宫"（隐公十一年）。战场获胜，要为从行的庙主造官告捷。如邲之战后，楚文王"作先君宫，告成事而还"（宣公十二年）。凯旋后的献俘礼也常在宗庙举行。

六是关于其他礼仪。如僖公六年许僖公到楚国向楚成王表示屈服，"面缚衔璧，大夫衰绖，士舆榇（棺材）"。楚王问如何办，其大夫说："昔武王克殷，微子启如是。武王亲释其缚，受其璧而祓（除灾之礼）之，焚其榇，礼而命之，使复其所。"于是楚王也照行。在战场上敌国君臣相见，也是要先礼后兵。如成公二年齐晋鞌之战，齐顷公的战车被晋军司马韩厥追上，韩厥"再拜稽首，奉觞加璧以进"，先行君臣之礼，然后说："下臣不幸，属当戎行，无所逃隐；且惧奔避，而忝（耻辱）两君。臣辱戎士，敢告不敏，摄官承乏。"这才把齐顷公俘获。成公十六年，晋楚鄢陵之战，晋卿郤至在战斗中三次碰上楚共王，都跳下战车，脱下头盔，然后走开。楚共王也派人送给郤至一张良弓，并关心地问他是否受伤。郤至同样免胄受命说："君之外臣至，从寡君之戎事，以君以灵，间蒙甲胄，不敢拜命。敢告不宁君命之辱，为事之故，敢肃（作揖）使者。"接着郤至三揖而退。这就是春秋特有的军礼，完全没有后代敌对双方你死我活的味道。其实不在战场上，贵族之间也讲究交际礼节，即"赞（礼物）见礼"，手执一定的见面礼物，举行规定的相见仪式。《左传》哀公七年季康子说："禹合诸侯于涂山，执玉帛者万国。"这是诸侯朝见天子之礼，起源应很早。襄公十九年鲁襄公宴享晋六卿，赠给荀偃"束锦、加璧、乘马，先吴寿梦之鼎"。因为鲁国在危难中感谢晋国支援，荀偃又是晋国执政，所以礼物很重。昭公六年，楚公子弃疾路过郑国，郑国君臣到其途经之地慰劳他。他用拜见楚王之礼见郑国君，"以其乘马八匹私面。见子皮如上卿，以马六匹。见子产，以马四匹。见子大叔，以马二匹"。虽然这是以私人名义相见，但不同等级用礼也不同。在烦琐的赞见礼中，还要有"执玉""辞玉""受玉""还玉"等一套礼节。辞玉就是主人回见时要奉还宾之赞。如文公十二年秦派西乞术来鲁聘问，自然献上聘礼，这是执玉。鲁大夫襄仲辞玉说："君不忘先君之好，照临鲁国，镇抚其社稷，重之以大器，寡君敢辞玉。"西乞术说："不腆敝器，不足辞也。"双方推让三次，"主人三辞"，宾客还是一再请求："寡君愿徼福于周公、鲁公以事君，不腆先君之敝器，使下臣致诸执事以为瑞节。要结好命，所以藉寡君之命，结二国之好，是以敢致之。"春秋时代之"赞"，也有其他种类。庄公二十四年，夫人哀姜来到鲁，与庄公同姓大夫夫人相见，其用玉帛为见面礼，被认为非礼也："男赘，大者玉帛，小者禽鸟，以章物也。女赘，不过榛、栗、枣、脩，以告虔也。今男女同赘，是无别也。"定公八年鲁君"会晋师于瓦，范献子执羔，赵简子、中行文子皆执雁，鲁于是始尚羔"，可证羊和雁都可为"赘"。宣公十二年，楚军攻克郑国，"郑伯肉袒牵羊以逆"，牵羊就是以羊为赘见礼。昭公元年，"郑徐吾犯之妹美，公孙楚聘之矣，公孙黑又使强委禽焉"。禽就是雁，委禽就是男女缔婚的纳采之礼。因为女婿和女父卑尊不同，女婿不敢亲手送礼于上，要把赘放在地上，不再收回，故称为委。而地位相当之人，要采取亲自授受的方式，同样要有执、辞、受、还等程序。

七是关于卜筮和迷信。信仰是人类文化生活的重要组成部分，是宗教的起源。而在宗教形成的初始阶段，迷信则是信仰的派生物。具体到春秋时期，则表现为占卜问梦等形式，这在《左传》的记事中比比皆是。僖公四年："初晋献公欲以骊姬为夫人，卜之不吉，筮之吉。公曰从筮。卜人曰：筮短龟长，不如从长。"龟卜盛行于商，筮卦则周以后盛行，春秋时卜筮并用。僖公十五年载晋献公为嫁女伯姬于秦穆公事而筮卦，结果不吉。但后来恰恰是伯姬成为秦穆公夫人拯救了晋惠公，韩简解释说："龟，象也；筮，数也。物生而后有象，象而后有滋，滋而后有数。"意思即是说筮源于卜，故筮短龟长，龟卜更值得信赖。春秋时常在战前卜筮，并且有职业卜官。如僖公十五年秦军出师，"卜徒父筮之，吉，涉河，侯车败"。后来果然秦军渡河，晋惠公车陷泥泞被秦军俘获。又如文公十八年，齐懿公准备攻鲁但得了病，鲁文公听说就占卜，希望对方不到出兵日期就死。卜楚丘龟卜的结果是，齐侯不到出兵日期就死，却不是由于生病，而且鲁文公本人也等不到这件事。果然鲁文公先病死，齐懿公在三个月后被近侍所杀。昭公三年记有"非宅是卜，唯邻是卜"，"违卜不祥"的话，可证当时人们有卜宅的风习。昭公五年载叔孙豹刚出生时，庄叔用周易筮之，然后让卜楚丘解释卦象，可见生子也要占卜。按照宗法制，诸侯应以嫡长子为继承人，但在无嫡子之时，众多儿子中的谁来继位，往往有许多迷信的因素在起作用。如昭公七年记载卫襄公的夫人姜氏无子，而他的宠姬婤姶先后生下孟絷和元两个儿子。卫国大夫孔成子和史朝都梦见卫国祖先康叔说立元为国君的话，两梦相合。孔成子又用周易分别为元和孟絷占筮，结果元为吉。于是卫国终于立元即卫灵公。更有名的是"当璧"的故事。昭公十三年记载，楚共王无嫡长子，有宠子五人，不知谁合适为继嗣，就遍祭星辰山川的神灵，并展示玉璧说，正对着玉璧下拜的，即神所立。他和巴姬把玉璧秘密埋在祖庙的庭院里，让五人斋戒，按长幼次序进去下拜。后来的楚

经史兼综：《左传》的基本内容及思想倾向 | 99

平王当时幼弱,由别人抱进来,两次下拜,位置都正压在璧纽上。见诸《左传》记载的,还有预言田氏代齐的"懿氏卜妻(田)敬仲"(庄二十二年);预言魏氏强盛的卜偃之语(闵公元年);预言季孙氏昌盛于鲁的"成季之将生也桓公使卜"(闵公二年);卫国大旱为祭祀山川而占卜(僖公十九年);鲁大旱欲焚巫而祈雨(僖公二十一年);晋文公有疾而曹臣贿赂筮史使归咎于灭曹(僖公二十八年);邾文公卜迁于绎占曰利于民不利于君(文公十三年);有星孛入北斗周内史占曰宋齐晋之君皆将死乱(文公十四年);有日食就击鼓并以牺牲祭于社(文公十五年);鲁宣公母亲去世,卜葬,"先远日辟不怀也"(宣公八年);楚围郑,郑国占卜和谈不吉,哭临祖庙吉(宣公十二年);齐国声伯梦见自己渡过洹水并食玉石,结果占日而死(成公十七年);鲁国三次占卜郊祭皆不吉,免除郊祭使用的牺牲(襄公七年);鲁太后穆姜入住东宫而占筮(襄公九年);晋军攻齐以朱丝系二玉璧而祈祷然后沉玉而渡河(襄公十八年);临战晋师旷以歌唱音调强弱判断南方之师不胜(襄公十八年);郑大夫裨灶以岁星之次断周王和楚王将死(襄公二十八年);鲁季氏家臣南蒯将叛,用无命辞的"枚筮"法占得大吉(昭公十二年);晋人卜战,"龟焦",兆不成(哀公二年)等。以上种种,都说明春秋时代广泛存在卜筮之事。当然也有一些反对盲从迷信，认为祝祈不如修德的声音。这都是当时人们认识能力的表征。

另外还有一些反映春秋社会内容的记载，如关于地理和行政区划，关于华夷之间的交流融合，关于学校制度和婚姻制度，关于兵种演变和军事制度，关于社会阶层的升降变化，关于天文历法和气候的变异资料，关于文化典籍和乐舞服章等等，对我们认识和研究这样一个历史大转折时代的种种特点，都是非常宝贵的。

解经书例与天道人道

《左传》的解经书例

对《左传》的内容可分为记事和解经两个部分，一般无异议，分歧在于解经部分是原书就有的还是后人附加的。前面我们已经谈到，这种解经一般分为三种形式，前两种形式如紧附记事后的"礼也""非礼也"和"君子曰""仲尼曰"都是对记事的直接评论，是以明显的方式来表明作者的态度。后一种形式为"书法""凡例"，却是用一种隐晦的方式对人对事加以褒贬，即所谓圣人的"微言大义"皆在于此。我们今天要了解《左传》一书的思想倾向，主要就是通过其中的解经之语。

如隐公元年秋七月，周天子派大臣宰咺来给去世的鲁惠公及其还活着的夫人仲子送丧葬用品（赗）。对于这件事，《左传》评论说：

> 缓，且子氏未薨，故名。天子七月而葬，同轨毕至。诸侯五月，同盟至；大夫三月，同位至；士逾月，外姻至。赠死不及尸，吊生不及哀。豫凶事，非礼也。（隐公元年）

这是第一种形式的解经。《春秋》经只有"秋七月天王使宰咺来归惠公仲子之赗"一句话，《左传》认为天子的卿大夫不宜直接书名，而此处书名（宰咺），是因为送给惠公的助葬品"缓"，即太晚了；还因为仲子未死而助丧，都不合礼制。按礼制诸侯从死到下葬五个月，而现在人已葬才赠丧葬品，另一人未死而先赠丧葬品，均"非礼也"。另一种形式的解经也见于隐公元年：

> 书曰："郑伯克段于鄢。"段不弟，故不言弟；如二君，故曰克；称郑伯，讥失教也；谓之郑志，不言出奔，难之也。

"书曰"以下六个字,是经书原文。以下虽未写"君子曰",实际是对经文的评论解释:共叔段是郑庄公之弟而经文不称,是因为其所作所为不合"弟恭"的礼法要求;像两个国君作战,故称"克";称庄公为郑伯,讽刺他对弟弟失去教诲之责;不说共叔段出奔,是记载史书的人很为难。当然,"君子曰"这种评论,有些是针对经文的,而有些所解之事根本不见《春秋》记载,那这些话实际是解传的。我们还看隐公元年:

> 君子曰:"颍考叔,纯孝也。爱其母,施及庄公。《诗》曰:'孝子不匮,永锡尔类。'其是之谓乎。"

这段话的前边先陈述史实,郑庄公驱逐共叔段后,把卷入叛乱的母亲姜氏安置别地,并发誓不及黄泉不相见。但过后心里后悔,只是不好收回成命。郑国大夫颍考叔借在庄公处吃饭的机会,提出要给在家中的母亲带回肉羹,引起庄公注意,从而为庄公设计其与母亲在隧道中见面,消解了母子矛盾。这些事根本不在经文上,所以作者实际是为《左传》记事来发言。

第三种即凡例或书法,我们仍以隐公元年为例。按一般行文惯例,鲁国君元年应有"元年春,公即位"几个字,但

《春秋》经文只有"元年春，王正月"，于是《左传》就此解释说："不书即位，摄也。"按照周礼，嫡长子才能继承父亲的爵位。鲁隐公虽是鲁惠公的儿子，但其母声子是继室，而其弟桓公之母是夫人仲子。所以《春秋》在这里以"不书"表示不承认在位十一年的鲁隐公合法的国君地位，而只把他看为后来的弟弟桓公的"摄政"。这里的"不书"就是一种春秋书法。以下还有"三月，公及邾仪父盟于蔑，邾子，克也。未王命，故不书爵"；"夏四月，费伯帅师城郎。不书，非公命也"。这里的"不书"即《春秋》不记载，都是同类意思，即因其不合礼法而在《左传》中被贬斥。据统计，隐公元年《春秋》经文共7条，每条在《左传》中都有内容加以充实补充。而另外还有7条传文内容，是经文所完全不涉及的。这些"不书"，《左传》大部分都有解释，如"八月，纪人伐夷。夷不告，故不书"。

那些认为《春秋》和《左传》确实有书法或"微言大义"的研究者，一般认为其表现还在以下几个方面。一是正名。如春秋吴、楚等国君擅自称王，《左传》和《春秋》一律贬之曰"子"。二是书弑。如臣子杀死国君，春秋时共26例，《春秋》皆书"弑"，《左传》总说曰："凡自内虐其君曰弑，自外曰戕。"（宣公十八年）。"弑"字本身即非正义的犯上作乱。三是战败。《左传》庄公十一年说："凡师，敌未陈曰败某师，皆陈曰战，大崩曰败绩，得俊曰克，覆而败之曰取某师，京师败曰王师败绩于某。"这里区分不同情况而加以不同的书法。四是隐讳。刘知幾说："鲁史之有春秋也，外为贤者，内为本国，事靡洪纤，动皆隐讳。"（《史通·疑古》）如鲁国隐公、闵公和桓公等国君被弑，《春秋》仅书"公薨"而讳饰，倒是《左传》能据直而书。鲁国凡鲁公被弑、为人所获、公和夫人出奔、公与大夫盟、公不参与或迟到诸侯会盟等，《春秋》皆曲笔隐讳。其他还有很多，如"日月褒贬说""爵号名氏褒贬说"等。在动词的使用上，如表现征伐的伐、侵、袭、入，表现取胜的克、平、灭、取，表现战事的战、围、迁、次、救、还、追，表现会见的盟、会、遇，表现人死的卒、薨、崩，表现修城的筑、城，表现出走的如、奔、逊等，虽然这些近义词的含义仅有细微差别，但在经文作者笔下，却是要用以区分同一行为中不同的社会内涵、评价或区别人的社会等级。这一类书法，经学家并不是视其为单纯的记事体例，而在意于体例之中圣人寄寓的褒贬。皮锡瑞《经学通论》说：

> 孔子所作者，是为万世作经，不是为一代作史。经史体例所以异者：史是据事直书，不立褒贬，是非自见；经是必借褒贬是非，以定制立法，为百王不易之经。

这里讲经史体例的不同，《左传》既记事又解经，所以兼有经、史二制。我们通过这些与《春秋》经文关系密切的解经之语，就可以更直接了解《左传》作者的思想旨趣。总的来看，处在一个社会剧烈变动的时期，《左传》所反映的思想倾向是复杂的、矛盾的、折中的。作者看到时代潮流的不可逆转，但又对旧制度依恋难舍，于是竭力用改良的隆礼利民之说来缀补破碎的殷周王道。

神道、天道和人事

在天道、神道与人道关系的认识上，一方面《左传》大记鬼神占卜，极力表明鬼神的存在和占卜的可信；一方面又强调人的重要，甚至说"民，神之主也"。天道观和神道观是先秦思想史的重要命题。殷周时代由上帝直接干预人们的生活，人的一切休咎祸福是在冥冥之中被神鬼决定的，祭祀和占筮就成为社会生活的重要组成部分。春秋时代孔子"畏天命，敬鬼神"而不语怪力乱神，而《左传》则"言多怪异，颇与孔子不语怪力相违反也"（王充：《论衡·案书》）。前边已经谈到，《左传》中充斥了龟筮卜占和详梦预言，并且写得很传神。如鲁成公十六年，晋楚将战，晋厉公筮之，史曰："吉，射其元，王中厥目。"连战争中楚王的眼睛被射已被决定。果然鄢陵之战中，晋将吕锜射中楚共王之目。又如庄公

三十二年记曰:

> 有神降于莘。惠王问诸内史过曰:"是何故也?"对曰:"国之将兴,明神降之,监其德也;将亡,神又降之,观其恶也。故有得神以兴,亦有以亡,虞、夏、商、周皆有之。"王曰:"若之何?"对曰:"以其物享焉。其至之日,亦其物也。"王从之。内史过往,闻虢请命,反曰:"虢必亡矣,虐而听于神。"
>
> 神居莘六月。虢公使祝应、宗区、史嚚享焉。神赐之土田。史嚚曰:"虢其亡乎!吾闻之,国将兴,听于民;将亡,听于神。神,聪明正直而壹者也,依人而行。虢多凉(薄也)德,其何土之能得?"

这一段记载既讲国家的兴亡由神秘的力量来决定,而人们应该虔诚地进行祭祀;又讲神灵是聪明正直又专一的,它依据德行来降福降祸,这种德行就体现在民心所向上。莘是虢国地,神降于莘,即要观察虢国之恶。后来虢国果亡。

《左传》中这样一种浓厚的神道鬼怪气氛,渊源有自。远古巫史不分,祝宗卜史职掌相近,史书夹杂大量神鬼卜筮的记载,既是难免的,史官们也深信不疑。但随着时代的进步,春秋战国的天道观必然有所变化，与殷周不同。这就是，在把天命奉为至高无上地位的前提下，同时又强调人事的重要性。《左传》本身记事主要还是人事，无论文字比例还是重心所在，更突出的还是社会人的内容而不是鬼神的内容。另外，《左传》也记载了一些怀疑甚至否定神道的言论。如昭公十八年，天上出现大火星，郑国大夫预言将有火灾，建议子产以瓘斝玉瓒祭神消灾。子产不答应，说："天道远，人道迩，非所及也。"结果火灾没有发生。次年，郑国有大水，有龙斗于城门外洧渊中，国人请求举行禳灾的祭祀，子产仍不答应，说："我斗，龙不我睹也；龙斗，我独何睹焉？禳之，则彼其室也。吾无求于龙，龙亦无求于我。"子产不祭龙，也没有灾害降临。《左传》记载下来这些事例，看来对子产的明智之举还是赞许的。

比较典型的还有僖公十六年，宋国从天上陨落五块石头，又有六只鸟退着飞过宋国京城的上空。对这种不常见的现象，宋襄公向正在宋国访问的周内史叔兴问："是何祥也？吉凶焉在？"古代巫、史不分，史也是所谓"知天道"者。叔兴回答说："今兹鲁多大丧，明年齐有乱，君将得诸侯而不终。"退下来之后，内史叔兴对别人又说："君失问。是阴阳之事，非吉凶所在也。吉凶由人，吾不敢逆君故也。"这里叔兴区分"阴阳之事"和"吉凶所在"。天有陨星和疾风使鸟退行这都是阴阳之事,而宋襄公不问阴阳而问人事吉凶,所以叔兴认为是"失问"。但叔兴由于"不敢逆君"还是回答了三件事的预言:鲁丧齐乱和宋襄公"鹿上之盟",而且都应验了。看来在春秋时人和《左传》作者眼中,人事吉凶虽然可以从天象征兆中寻查出来(吉凶由天),但人应该尽力于人事而不必预测吉凶(吉凶由人)。这就是尽人事而听天命的儒家天道观,与孔子"祭如在,祭神如神在"的态度是一致的,而对天神祖先宗教式的崇敬祭祀也渐渐转变成一种理性化的礼仪文化流行后世。

重礼与重民

以隆礼维护宗法统治秩序

《左传》中更为贯串始终的一种思想精神,还是对礼的褒扬和维护。所谓礼,当时又称"周礼",是指西周以来所制定的关于政治、伦理等一套完整的制度体系以及有关道德规范,其核心是那种贵族"家国合一"的尊卑等级的神圣不可侵犯。为了维护这种礼的统治秩序,使全体贵族成员都能按照这种秩序顺从而动,所以对他们的言行举止朝仪服饰各个方面都有尊卑等级的规定。请看桓公二年,宋国太宰华父督杀掉宋殇公,为取得鲁国支持,把宋国所灭郜国的大鼎作为礼物送

给鲁桓公。鲁国将鼎"纳于太庙",《左传》判以"非礼也",然后由鲁国大夫臧孙达说了一通谏阻之语,曰:

> 君人者将昭德塞违,以临照百官,犹惧或失之。故昭令德以示子孙:是以清庙茅屋,大路越席,大羹不致,粢食不凿,昭其俭也。衮、冕、黻、珽、带、裳、幅、舄、衡、紞、纮、綖,昭其度也。藻、率、鞞、鞛、鞶、厉、游、缨,昭其数也。火、龙、黼、黻,昭其文也。五色比象,昭其物也。锡、鸾、和、铃,昭其声也。三辰旂旗,昭其明也。夫德,俭而有度,登降有数。文、物以纪之,声、明以发之,以临照百官。百官于是乎戒惧,而不敢易纪律。今灭德立违,而置其赂器于太庙,以明示百官,百官象之,其又何诛焉?国家之败,由官邪也。官之失德,宠赂章也。郜鼎在庙,章孰甚焉?武王克商,迁九鼎于雒邑,义士犹或非之,而况将昭违乱之赂器于太庙,其若之何?(桓公二年)

这一通话是对礼的形象化说明。作为一种典章制度,其内在的履行动力是"德",其外在就物化为礼器定制,都不能随意违反。非礼谓之"违",失德谓之"邪",即使是国君,"灭德立违",也要承担破坏礼制的责任,其严重后果就是

"国家之败"。

但是，春秋正是一个"礼崩乐坏"的时代，政治秩序和伦理秩序的破坏与贵族宗法制的解体同步进行，大量的子弑父、臣弑君、强并弱、下犯上的历史事实被《左传》作者直笔所书，同时在评判上就以是否符合"礼"的标准来论断，从中就可以清楚看出其隆礼的主旨。

如昭公二十六年，齐景公与晏婴谈话，感叹于陈氏的强大和好施，认为有可能使齐国政权归陈氏所有。晏婴提出"唯礼可以已之"，认为只有恢复"礼"才是唯一的挽救办法。针对"公厚敛焉，陈氏厚施焉，民归之矣"，晏婴说："在礼，家施不及国，民不迁，农不移，工贾不变，士不滥，官不滔，大夫不收公利。"接着，晏婴进一步谈礼的作用："礼之可以为国久矣，与天地并。君令臣共（恭），父慈子孝，兄爱弟敬，夫和妻柔，姑慈妇听，礼也。君令而不违，臣共而不贰，父慈而教，子孝而箴，兄爱而友，弟敬而顺，夫和而义，妻柔而正，姑慈而从，妇听而婉，礼之善物也。"这里礼的作用被空前强调。

礼要能发挥作用，不仅在于外表的礼仪，而且必须有发自内心的尊奉，即"诚于中"。僖公十一年，周天子派卿士召武公和大夫内史过为晋惠公赐命圭，结果晋君"受玉惰"，不够虔诚庄重。内史过回去就报告周王说："晋侯其无后乎！王赐之命而惰于受瑞，先自弃也已，其何继之有？礼，国之干也；敬，礼之舆也。不敬则礼不行，礼不行则上下昏，何以长世？"外在的执礼不敬，说明内在的诚意不够。其后果就是晋惠公在四年后被秦俘虏，十三年后病死，儿子怀公即位不到半年，就被晋文公重耳取代，真是"其何继之有""何以长世"。

维护礼的最高体现就是使宗法贵族保有政权，而不是徒有升降揖让献酬授受的仪式。如昭公五年鲁君赴晋，"自郊劳至于赠贿，无失礼"。晋平公就认为鲁昭公"善于礼"。但晋国大夫女叔齐说："是仪也，不可谓礼。礼所以守其国，行其政令，无失其民者也。今政令在家，不能取也。有子家羁，弗能用也。奸大国之盟，陵虐小国。利人之难，不知其私。公室四分，民食于他。思莫在公，不图其终。为国君，难将及身，不恤其所。礼之本末将于此乎在，而屑屑焉习仪以亟。言善于礼，不亦远乎？"这里区分了仪和礼，比较起来，更根本的还是礼而不是仪。

既然"礼以庇身"，关乎贵族的身家性命，所以《左传》特别强调"信以守礼"，"礼而不欺"。如成公十三年晋国派郤锜作为使节来请求鲁国出兵，但郤锜"将事不敬"，即办事傲惰不恭敬，孟献子就评论曰："郤氏其亡乎！礼，身之干也；敬，身之基也。郤子无基。且先君之嗣卿也，受命以求师,将社稷是卫,而惰,弃君命也,不亡何为?"果然郤氏后来在晋国的政治斗争中因失败而灭亡。同年,周王室大臣成肃公在战前到社庙中接受祭肉,在这重大礼仪场合却表现出"不敬"。对此刘康公评论说:"民受天地之中以生,所谓命也。是以有动作礼义威仪之则,以定命也。""是故君子勤礼,小人尽力。勤礼莫如致敬,尽力莫如敦笃。敬在养神,笃在守业。国之大事,在祀与戎。""今成子惰,弃其命矣,其不反乎?"后来果然在秦晋麻隧之战中,成肃公死于军中。又如成公十五年,距第一次弭兵之盟仅仅两年,楚国就要破坏盟约,举兵北上。楚国公子贞说:"新与晋盟而背之,无乃不可乎?"楚国主帅子反却说:"敌利则进,何盟之有?"这时楚国贵族申叔时就评论说:"子反必不免。信以守礼,礼以庇身,信礼之亡,欲免得乎?"第二年爆发晋楚鄢陵之战,子反率兵途经申邑,申叔时又对子反说:"德、刑、详、义、礼、信,战之器也。德以施惠,刑以正邪,详以事神,义以建利,礼以顺时,信以守物。……今楚内弃其民,而外绝其好,渎齐盟,而食话言,奸时以动,而疲民以逞。民不知信,进退罪也。"这里虽然认为军事上战胜战败的因素很多,但讲礼修信却是最重要的。果然就在此战中,子反因战败而被迫自杀,应验了申叔时与子反临别"吾不复见子矣"的预言。于此,我们也可以理解宋襄公在泓之战中那种"不重伤,不禽二毛"，"不以阻隘"，"寡人虽亡国之余，不鼓不成列"的举动虽然不合时宜，但却是贵族之间"以礼用兵"传统的遗存，不能仅以"蠢猪"二字了断。

《左传》中对许多行为加以"礼也"或"非礼也"的评断，显然就是维护统治阶层中贵族的那种等级秩序，而这种秩序就直接关系着天下局势的治和乱。如庄公十八年，虢公和晋侯一起朝见周天子，周天子给他们的赐品都是一样的"玉五珏，马三匹"，《左传》作者就批评说："非礼也。王命诸侯，名位不同，礼亦异数，不以礼假人。"公与侯属于不同的贵族等级，而赐品却不加以区别，所以不符合礼的原则。又如文公四年，卫国大夫宁武子来鲁国聘问，鲁文公宴请他，又即席赋《湛露》和《彤弓》二诗。宁武子既不辞谢也不答赋，不符合贵族交际的惯例。事后鲁行人私下询问，宁武子就说，《湛露》和《彤弓》是周天子宴请诸侯所赋之诗，"今陪臣来继旧好，君辱贶之，其敢干大礼以自取戾？"他既批评鲁文公赋诗不当，也表明自己身为陪臣不敢僭礼。昭公二十九年，晋国赵鞅铸刑鼎，公布刑书。礼的本义是讲等差的，而法的作用是"同一"的，这就难免破坏了原有的尊卑贵贱·是"非礼"。《左传》就借孔丘的话批评说："晋其亡乎，失其度矣。……贵贱不愆，所谓度也。……今弃是度也，而为刑鼎，民在鼎矣，何以尊贵？贵何业之守？贵贱无序，何以为国？"相反，《左传》对有助于维护旧传统的东西，都极力赞扬。如襄公十年，晋国平定偪阳，又叫周内史挑选偪阳君宗族中的贤者聚居于霍地，常年祭祀其祖先。这是"继绝世"和"灭国不绝祀"的旧传统，所以被称之为"礼也"。昭公五年，晋国大夫韩宣子路经郑国，郑国国君亲自去慰劳他，而韩宣子却辞谢而不敢进见，《左传》也认为"礼也"。尽管晋强郑弱，而韩宣子只能对等接受郑国大夫的慰劳。

鲁国的"三桓"，自己的所作所为都已经严重破坏了"君君臣臣父父子子"的等级秩序，但在表面上还要拉起"尊礼"的大旗。文公十五年，季文子面对齐懿公对鲁国的进攻，认为是以无礼讨于有礼："礼以顺天，天之道也。……奉礼以守，犹惧不终，多行无礼，弗能在矣！"昭公五年，孟僖子以自己出访不能相礼而感到惭愧。临死，他召集其手下说："礼，人之干也。无礼，无以立。"并且，孟僖子还要求他的两个儿子去向孔子学礼。因为这些人从根本上来说还是旧体制内人，只有靠礼才能"以定其位"。在"礼"的等级差别之中，是完全容不得个人是非的。僖公十五年秦晋韩原之战，因为晋惠公"背信弃邻""愎谏违卜"而被秦军俘获，其手下将领庆郑由于不救也负有责任。一年后惠公返国，庆郑就宁可等候被惠公诛杀而不肯逃亡。僖公三十三年殽之战后，晋军主将先轸不满于晋襄公放走三员秦将，"不顾而唾"，失礼于国君。

于是他深自懊悔,说:"匹夫逞志于君而无讨,敢不自讨乎?"就走上战场自杀性地"免胄入狄师,死焉"。尽管庆郑、先轸二人之死令人惋惜,《左传》还是认为他们有理而无礼。在隐公三年,《左传》作者借卫国大夫石碏的话划清了"礼"和"非礼"的界限,即"贱妨贵,少陵长,远间亲,新间旧,小加大,淫破义,所谓六逆也。君义臣行,父慈子孝,兄爱弟敬,所谓六顺也"。石碏不但有言,而且有行,曾亲派家宰杀掉自己参与叛乱的儿子石厚。《左传》借"君子曰"的形式,赞扬石碏是"大义灭亲"的"纯臣"。所谓"六逆",主要体现在"贱妨贵"这一条上,也就是春秋时期新与旧两大集团的政治斗争,而《左传》作者的基本立场是清楚的。无怪乎汉人郑玄在评价"三传"时说:《左氏》善于礼,《公羊》善于谶,《穀梁》善于经。"宋人刘敞也说:"《左氏》拘于赴告,《公羊》牵于谶纬,《穀梁》窘于日月。"拘于各国之间崩薨祸福以相告的体例,也就体现了《左传》的重礼。

重民利民而本固邦宁

为了维护统治秩序的稳定,《左传》以隆礼调整社会上层的利益关系,而对于社会下层,它也认识到民心的向背更具有决定性的作用,失去民众拥护的统治是不可能长久的。于是《左传》中贯穿一种重民利民的"民本"思想。桓公六年

随国贤臣季梁说:

> 所谓道,忠于民而信于神也。上思利民,忠也;祝史正辞,信也。今民馁而君逞欲,祝史矫举以祭,臣不知其可也。……夫民,神之主也。是以圣王先成民而后致力于神。

这里表面是说神和人之间的关系,但实际说的是君和民之间的关系。所谓"民",在先秦时有多种含义。一是指最广泛意义上的"人",如《诗·烝民》:"天生烝民,有物有则。"二是指包括士在内的"四民"(士、农、工、商),如《国语·齐语》:"四民者勿使杂处。"三是指下层被统治者,不包括士在内,如《诗·灵台》:"庶民攻之,不日成之。"《左传》中所指之民,一般为第三种,又被称为庶民、国人,但不包括奴隶在内。如成公十五年"盗憎主人,民恶其上",昭公二十六年"万民弗忍,居王于彘"等均是。

《左传》在描述春秋社会的客观现实时,注意到了"民"的不容忽视的力量。如僖公十九年,小国"梁伯好土功,亟城而弗处,民罢而弗堪"。梁国君似乎不注意于此,又威吓说"秦将袭我"。于是"民惧而溃,秦遂取梁"。又如昭公十三年,楚灵王大兴土木之役,又连年征伐,造成人民疲惫,怨声四起,军队溃散,自己被迫出亡。令尹劝他"请待于郊,以听国人"。灵王说"众怒不可犯也","皆叛矣","大福不再,只取辱焉",遂自缢身亡。襄公二十三年,陈国修城,督工的贵族庆氏很残暴,筑板坠落就杀工匠。于是役人互相传令,"各杀其长,遂杀庆虎、庆寅"。对此君子曰:"庆氏不义,不可肆也。"哀公二十五年,卫出公长期役使三种手工匠人,引致他们不满,于是"皆执利兵,无者执斤"以进攻公宫,最后迫使"卫侯出奔宋"。春秋时代社会动荡,"弑君三十六,亡国五十二",《左传》中记载不少统治者都是由于"国人不欲""国人患之""国人弗徇""国人逐之"而失国身亡。

相反,《左传》也记载一些统治者实行保民、恤民、抚民、利民的措施,从而达到本固邦宁和国家发展壮大的效果。如先后称霸的齐桓公和晋文公,他们都是首先"滋民与无财,而敬百姓"和"弃责薄敛,救乏振滞",《左传》对其得民教民的过程进行了详尽描述。昭公三年,晏婴在向叔向谈起陈氏在齐国的情况时说:"齐其为陈氏矣!公弃其民,而归于陈氏。……民人痛疾,而或燠休之,其爱之如父母,而归之如流水。欲无获民,将焉辟之?"齐国公室奢侈残暴,百姓听到国君的命令如逃寇仇,而陈氏却处处关心民众疾苦,这里就明显看出了政局发展的前景。同样,鲁国的季孙氏长期掌权,也不是偶然的。昭公三十二年,季氏与公室斗争的结果,

是鲁昭公流亡国外。当赵简子问为什么季平子赶走国君,而民众仍然依附他,没有人向他问罪时说:

> 天生季氏,以贰鲁侯,为日久矣。民之服焉,不亦宜乎?鲁君世从其失,季氏世修其勤,民忘君矣。虽死于外,其谁矜之?社稷无常奉,君臣无常位,自古以然。……民不知君,何以得国?

这里把季氏兴盛的原因归结为一点就是"甚得其民"。后代经学家常常批评《左传》在叙事中左袒齐之陈氏、鲁之季氏和晋卿赵氏,认为多溢美之词。其实我们从前边已经可以看到,《左传》作者的基本立场还是维护礼的等级秩序,但当他用"民本"作为标尺来衡量具体史实时,又不能不承认"优胜劣汰"的社会进化现实。谁能使天下大治?谁能使百姓安定?这不可能是那些腐朽已极的旧贵族,而只能是春秋初的霸主和春秋末的大夫这些当时杰出人物。

《左传》所宣传的民本思想,本质上还是为统治者设计的理想治国方针,再通过书中一些人物的言或行来加以提倡褒扬。襄公五年季文子病死,入殓时勉强收集家中器物作葬具,"无衣帛之妾,无食粟之马,无藏金玉,无重器备"。这不能不使人感叹:"相三君矣,而无私积,可不谓忠乎?"襄公

十四年,当有人认为卫国人驱逐其国君是太过分了时,师旷讲了一通天、君、民之间的关系。他说:

> 其君实甚。良君将赏善而刑淫,养民如子,盖之如天,容之如地。民奉其君,爱之如父母,仰之如日月,敬之如神明,畏之如雷霆,其可出乎?夫君,神之主而民之望也。若困民之主,匮神乏祀,百姓绝望,社稷无主,将安用之?弗去何为?天生民而立之君,使司牧之,勿使失性。……天之爱民甚矣,岂其使一人肆于民上,以从其淫,而弃天地之性?必不然矣。

这番话无疑是后世孟子"民为贵,社稷次之,君为轻"思想的嚆矢。

执政者重民爱民,具体的表现就是"视民如伤","勤恤其民",使"民不罢劳,共其乏困",而不能"以民为土芥","艾杀其民"(哀公元年)。襄公二十九年,郑国发生饥荒,大夫罕虎给国人赠送粮食,每户一钟,"是以得郑国之民,故罕氏常掌国政,以为上卿"。宋国也发生了饥荒,大夫乐喜一方面向宋平公请求拿出公家的粮食借贷,一方面让各家大夫也都向百姓出借。乐喜自己家借出的粮食都不写借契,并且代替没有多余粮食的大夫家向百姓借粮,于是"宋无饥人"。对此，叔向评论说："郑之罕，宋之乐，其后亡者也，二者其皆得国乎！民之归也。"昭公十四年，楚平王刚即位，采取了一系列"分贫、振穷、长孤幼、养老疾、救灾患、宥孤寡"等抚民措施，并和邻国友好，以使百姓休养生息。这种"好于边疆，息民五年，而后用师"的做法，被《左传》认为是利民的表现，称之为"礼也"。

文公十三年，小国之君邾文公准备迁都，占卜是"利于民而不利于君"。邾文公说："苟利于民，孤之利也。天生民而树之君，以利之也。民既利矣，孤必与焉。"他把"利民"放在首位，坚持迁都，而左右人却劝他："命可长也，君何弗为？"这位小君却以一种浩然正气回答说："命在养民。死之短长，时也。民苟利矣，迁也，吉莫如之。"迁都之后，他果然很快就死了，但《左传》所褒扬的这种重民精神，却成为中国政治文化传统中的宝贵财富而影响后代。

简册典范：
《左传》与中国史学

古人言必"祖述尧舜，宪章文武"，说中国的传统是一种史官文化，虽不尽全面，也不为错。中国是历史悠久的古国，上下五千年有着世界上体例最完备、内容最详尽而且连续不断的历史记录。史家、史作和史学如一条长河，繁衍绵延，《左传》和《史记》为其中挺拔巍峨的两座高峰，令后人难以追攀。尤其是《左传》，它在中国史学的发展中具有开创和奠基意义，影响是重大和深远的。宋人叶盛曾说："六经而下，左丘明传《春秋》，而千万世文章实祖于此。继左丘明者，司马子长。子长为《史记》而力量过之，在汉为文中之雄。"（《水东日记》卷二十三）此虽是谈为文，但用于史亦可，故人称《左传》为"百史襟袖",欲学作史,必先精此书。

作为一部体例完备的先秦历史著作,《左传》的产生也不是孤立的社会现象,而是有着深刻的文化背景。在《左传》产生的前后,体现中国"轴心时代"文化成果的数十部杰出著作相继问世,如《论语》《老子》《孙子》《墨子》《国语》《管子》《晏子春秋》《商君书》《庄子》《孟子》《列子》《吕氏春秋》《荀子》《战国策》等。面对"高岸为谷,深谷为陵"这样急剧的社会变化,诸子百家用逻辑思辨的形式来申明自己的观点和主张。而《左传》的作者作为史家,却是通过真实具体地记录历史事件,"历记成败存亡祸福古今之道",来为当代的和后代的统治者提供经验和教训。这正是历史学的功能和价值所在。

编年之祖

《六家》和《二体》

第一位从史学角度对《左传》予以高度评价的,是唐代史评巨著《史通》的作者刘知幾。他自幼喜读《左传》,自述说:

> 予幼奉庭训,早游文学。年在纨绮,便受《古文尚

书》。每苦其辞艰琐,难为讽读。虽屡逢捶挞,而其业不成。尝闻家君为诸兄讲《春秋左氏传》,每废《书》而听。逮讲毕,即为诸兄说之。因窃叹曰:"若使书皆如此,吾不复怠矣。"先君奇其意,于是始授以《左氏》,期年而讲诵都毕。于是年甫十有二矣。(《史通·自叙》)

刘知幾进士出身,长期担任地方官后,四十二岁始任史官,撰修国史。《史通》是他数十年钻研史学的结晶,也是中国最早的一部史学理论著作,在中国史学史上占有突出地位。

《史通》开篇《六家》,总论史书的六种体例,即记言的《尚书》家,记事的《春秋》家,编年的《左传》家,国别史的《国语》家,通史的《史记》家和断代史的《汉书》家。在分述各种体裁的源起流变和优劣长短之后,刘知幾认为,就后代而言,"《尚书》等四家,其体久废,所可祖述者,唯《左氏》及《汉书》二家而已。"

刘知幾敢于"降经为史",把"五经"中的《尚书》《春秋》与《史记》《汉书》并列为"史",表现了他的胆量和卓识,也开启了清代章学诚"六经皆史"之说。但他的这种分类标准并不一定十分准确,如说《左传》为编年体,《春秋》就不是编年体吗?但刘知幾在《载言》篇中对二者的不同加以解释说:

> 古者言为《尚书》，事为《春秋》，左右二史，分尸其职。盖桓、文作霸，纠合同盟，春秋之时，事之大者也，而《尚书》阙纪。秦师败绩，穆公诚誓，《尚书》之中，言之大者也，而《春秋》靡录。此则言、事有别，断可知矣。逮《左氏》为书，不遵古法，言之与事，同在传中。然而言事相兼，烦省合理，故使读者寻绎不倦，览讽忘疲。

平心而论，从后人的标准来看，无论是《尚书》记言还是《春秋》记事，都失之简略，至多作为史料，称为史学则不够格。《尚书》记言，"年月失序，爵里难详"，不编年，不纪传，背景不明。上古书写不便，所记务简，于此可为体谅，而后代仿效之作只能画虎不成，《书》体遂废。《春秋》记事也难称意，因其简质很难让后人了解历史事件的原貌。如宣公二年经文："秋九月乙丑晋赵盾弒其君夷皋。"其实，杀晋灵公的是赵穿，赵盾可能并不知情。若没有《左传》对这一事件的详细叙述，谁又能知道其中的底蕴曲折？又如《春秋》庄公二十六年经文："曹杀其大夫。"僖公二十五年经文："宋杀其大夫。"由于无传文记载，谁也不知道杀人者是君是臣，被杀者是谁，为什么要杀，如何被杀，杜预也只能注说"其事则未闻"。类似这样的纪事很难称得上是编年体史书，无怪乎宋朝王安石讥讽《春秋》是"断烂朝报"。所以，真正能标为编年体之"祖"的，还是《左传》。

刘知幾在《史通》次篇《二体》中，就主要分析纪传和编年这两大主流史撰形式。他说："丘明传《春秋》，子长著《史记》，载笔之体，于斯备矣。后来继作，相与因循，假有改张，变其名目，区域有限，孰能逾此！"事实也正是这样。秦汉以后，中国的史学著作主要是编年和纪传二体，编年以《左传》为祖，纪传仿《史记》之式。不过后来者因作者才力和官设史局等原因，通史少有成功之作，而多取《汉书》这种纪传断代史的形式。

编年和纪传各有长短。所谓编年体，"系日月而为次，列时岁以相续。中国外夷，同年共世，莫不备载其事，形于目前。理尽一言，语无重出，此其所以为长也"。但它的缺点也很明显。由于一件事往往延续多年，分散于各节，造成史事的割裂支离，使人难于把握其前因后果的连续过程。另外，在编年有限的空间内，许多与政治事件无关的人物、制度、言论都无法容纳而造成"丘山是弃"。所谓纪传体，是以本纪"包举大端"，以列传"委曲细事"，以表"谱列年爵"，以志"总括遗漏"，规模宏大，显隐皆录。其缺点是同样的一件事牵涉多人，则可能"分在数篇，断续相离，前后屡出"，既隔离又重复。又由于人物分类编次，则会打乱时序地域，使后来人的事迹居前,而"先辈抑归末章"。正由于如此,刘知幾认为编年、纪传二体"考兹胜负,互有得失"。"欲废其一,固亦难矣,后来作者,不出二途"(《史通·二体》)。

《左传》开创了史著的编年体

编年体早于纪传体,这是由史籍形态的发展演变决定的。"史"字之义本为记事,《说文》:"史,记事者也,从又持中,中正也。"又为手形,中当作冊,"册"字的本形。据清人江永说,凡官署文书谓之册.好像后代的案卷,"史"就是以手持簿书也。册又通策,单独的竹片谓之简,编连诸简谓之册,古人又有大事书之于策、小事记之于简的说法。后来"史"又称典文书之职,"左史记言.右史记行",根据分工的不同,还有内史、外史、御史、太史、小史、守藏史等各种职称的区分,可统称为史官。史官的任务很宽泛,除占卜星历的神职和起草代宣王命的行政职责以外,另外的重要工作就是记录各种事件见闻并编缀成册,然后作为档案收藏起来,这就是后代所称的"作史"。比如我们今天所看到的殷墟卜辞,其记占卜之事虽极简略,但已包括时间、地点、人物这样的必备要素,其编连集中而收藏,已经是原始的编年史了。又如战国秦、赵二王会于渑池,各命其御史书"某年月日秦王与赵王会饮令赵王鼓瑟"和"秦王为赵王击缶"云云。这种见于简册的记载，周王室和各国都有，因为是史官所记．泛名为史记。把"史"转称为记事的策籍，已是偏后之事。先秦各国最初除了这种官文书之外，别无典籍．因为它是按时间顺序收载，皆名之为《春秋》，《墨子》所说"百国春秋"即指此。春秋时代各国史册也许还有别名，如晋之《乘》，楚之《梼杌》，但鲁国的国史即以《春秋》名之。《左传》昭公二年说："晋侯使韩宣子来聘，且告为政而来见，礼也。观书于大史氏，见《易》、《象》与《鲁春秋》。"其时孔子方幼，这里的《鲁春秋》无疑是指鲁国久已存在的以编年形式汇编的国史。今天我们所见的《春秋》经文，不管是否经过孔子的删修改造，都是非常接近鲁史的原始形态的，也只能以编年体的形式出现。

《春秋》以一种记账的形式来记事，简单至极。每条记事的文字少则一字，如"雨""螽"等；也有二三字的，如"城郓""宋灾""狄伐晋""公如齐"等。一般记事约十个字左右一条，最多的一条也仅有45个字。这样的记载根本不能说明历史事件发生的原因、经过和结果，也不可能给人以深刻的历史认识。《左传》也以鲁史《春秋》为基础，并且采取了"以事系日，以日系月，以月系时，以时记年"这种编年体的记事法，但其内容之宏富广博却远非那些官方简册所能比拟。刘知幾在《史通·采撰》中说："丘明受经立传，广包诸国，盖当时有《周志》《晋乘》《郑书》《楚杌》等篇，遂乃聚而编之，混成一录。向使专凭鲁策，独询孔氏，何以能殚见洽闻，若斯之博也？"看《左传》明言所引用的书，就有《周志》《周制》《周秩官》《周书》《郑书》《商书》《夏训》《夏书》等。其提到的书名还有"三坟、五典、八索、九丘"，《国语》涉及的春秋典籍有《世》《令》《诗》《礼》《故志》《训典》等（《楚语上》）。《左传》所载周王室以及列国诸大夫的族姓世系，也是本之于《春秋历谱牒》诸书。《左传》正是凭借了这些繁富的资料而编纂成书，确定了编年体这种史书形式的体制规模。

《史记》的纪传体中蕴含着编年体

战国时代学者所编撰的书籍，多与《左传》有渊源关系，有些也以"春秋"名之，但不一定就是编年体的史书形式。如"铎椒为楚威王傅，为王不能尽观《春秋》，采取成败，卒四十章，为《铎氏微》"（《史记·十二诸侯年表序》）。这里所说的《春秋》，实指《左传》。因为刘向《别录》曾说到《左传》的传授系统，是由吴起"授其子期，期授楚人铎椒。铎椒作《抄撮》八卷，授虞卿"（《左传序》孔颖达疏引）。可知铎椒因《左传》篇幅太大（《春秋》仅一万六千字，不能称此，而《左传》字数十八九万），而节抄原文编成八卷四十章。《铎氏微》在《汉书·艺文志》中有著录,同时著录还有《左氏微》《张氏微》等,想必都是《左传》节本,体例仍是编年,"微"和"抄撮"应为同义。后来赵相"虞卿上采《春秋》,下观近势,亦著八篇,为《虞氏春秋》"(《史记·十二诸侯年表序》)。另据《史记》本传,八篇之名为节义、称号、揣摩、政谋等,被《汉书·艺文志》著录于诸子"儒家类",看来此书是将《左传》史事分门别类辑录,明显非是编年。虞卿所著《虞氏微传》,在汉志中与《左氏微》列在一起,当为《左传》抄本,可惜这些书在唐以前都已亡佚。司马迁在《表序》中还说:"及如荀卿、孟子、公孙固、韩非之徒,各往往捃摭《春秋》之文以著书。"这是他们利用《左传》提供的历史资料,所著皆为"诸子"而非史书。另有《晏子春秋》,是战国人搜集齐国大夫晏婴的言论行事而编成;《李氏春秋》,估计与战国初政治家李悝有关;《吕氏春秋》,秦相吕不韦集宾客而作,今仍存世,性质也不是严格意义上的史书,而是杂家子书。值得一提的是汉初陆贾所作的《楚汉春秋》,以编年的形式记述刘邦和项羽长期战争的史实,司马迁曾据此撰述《史记》中的相应部分。由于作者为当事人,所记应为第一手的可靠资料,《汉书·艺文志》著录为九篇,可惜早已散佚。今辑录本仅有逸文一卷,其中有关刘邦、项羽、樊哙、萧何之间关系的记载等便有多处《史》《汉》未记者。这是汉代已知最早的编年体史书。

纪传体是司马迁的天才创造,也是他对中国史学的伟大贡献。这种史体奠定了中国古代封建王朝"正史"的格局,从唐代官修史书确立制度,绵延两千年而不坠。但文化上的突然创始之例甚少,司马迁体制所本,当以受《左传》和《国语》影响最大。《史记》本纪、年表、书、世家、列传五种体裁,其中本纪实是上承《左传》,下启《汉纪》的编年体。刘知幾《史通》说:"盖纪之为体,犹《春秋》之经,系日月以成岁时,书君上以显国统。""又纪者既以编年为主,唯叙天子一人。有大事可书者,则见之于年月;其书事委曲,付之列传。"(《本纪》)《史记正义》引裴松之《史目》也说:"天子称本纪,诸侯曰世家。本者系其本系,故曰本。纪者理也,统理众事,系之年月,名之曰纪。"这种既能清楚显示帝王世系,又能在同一个帝王的统治范围内提供统一的空间,然后按时间序列展示流动发展的事件过程,不正体现了编年体的特点吗?所以纪传体中蕴含有编年体,而且作为全书的纲维主线,从某种程度上说,《史记》体是《左传》体的发展和扩大。

从《汉纪》到《资治通鉴》

《史》《汉》之后,虽然纪传体大行,但由于其繁杂重复等缺点，并未能完全将编年体取而代之。相反常常是二者并行，成为辉映史坛的双璧。据《隋书·经籍志二》：

> 自史官放绝，作者相承，皆以班、马为准。起汉献帝雅好典籍，以班固《汉书》文繁难省，命颍川荀悦作《春秋左传》之体，为《汉纪》三十篇。言约而事详，辩论多美，大行于世。

荀悦的编年体《汉纪》，是把《汉书》里的资料按时间先后加以适当剪裁，糅入到各个帝纪之中。全书30卷，凡西汉一朝的重要人物、重大事件以及典章制度等，都有条不紊记载下来，仅十八万字，只占《汉书》篇幅的四分之一，故有"言约事详"之誉，甚至"历代褒之，有逾本传"。梁启超称《汉纪》为"善钞书者"。它不是简单地抄，一是必要时增益《汉书》所无的内容；二是叙事能突破时间界限，或补叙前因，或备述后果，或兼及同类，在编年体中吸收了纪传体成功的记叙方法，弥补以前编年体记人记事支离破碎的毛病。荀悦还仿照《左传》中"君子曰"之例，在每篇帝纪之后加进了"荀悦曰"的史论，都用心撰写。《汉纪》和《汉书》被视为古代断代编年史和纪传史最早的代表作，也因此有"班、荀二体"之称。荀悦在《史记》之后把编年体重新恢复，在其影响下的魏晋南北朝出现了一个编年体史撰的新高潮。

魏晋乱世，社会板荡，而史学却十分兴盛，私人史著令人目不暇接。除传统上以史"明乎得失之迹"的政治目的外，受时代思潮影响，文人士大夫多要"赖有著述，流声于后"，以求"没而不朽"。仅编年体史著，看《隋书·经籍志》所著录，就不下三十种。其原因一是如刘知幾所说："大抵作者，自魏已前，多效三史，从晋已降，喜学五经。"（《史通·摸拟》)。所谓"五经"实指《春秋》与《左传》所代表的编年体。二是西晋出土"汲冢书"，即《竹书纪年》，"盖魏国之史记也，其著书皆编年相次，文意大似《春秋经》。诸所记事，多与《春秋》《左氏》扶同。学者因之，以为《春秋》则古史记之正法，有所著述，多依《春秋》之体"（《隋书·经籍志》)。这些史书，除晋代袁宏的《后汉纪》外，其他多已不存。举其大者，如晋人乐资《春秋后传》31卷（续接《左传》至秦）、张璠《后汉纪》30卷、孙盛《魏氏春秋》30卷和《晋阳秋》32卷、干宝《晋纪》23卷、南朝宋人徐广《晋纪》45卷、梁人裴子野《宋略》20卷、吴均《齐春秋》30卷、陈人何之元《梁典》30卷、王劭《齐志》10卷、袁晔《献帝春秋》10卷、孔衍《汉魏春秋》9卷、习凿齿《汉晋春秋》47卷、王琰《宋春秋》20卷等。袁宏《后汉纪》是继荀悦《汉纪》之后又一部断代编年史名著，记载了从公元23年至220年共

198年的历史,体例形式一如《汉纪》。此书取材广泛,用八年始完成,共30卷,基本内容同于范晔《后汉书》,但也有记载歧异甚至完全相反之处。东汉史书今存只有袁、范二书,正可以相互参证。袁宏在《后汉纪》序中对左丘明、司马迁、班固、荀悦都一一称赞,自称是"末吏区区注疏而已",态度非常谦虚谨慎。

唐代史著编年体远逊于纪传。主要是官修"正史"制度的确立,强化了纪传体的主导地位,突出的成果如《晋书》《梁书》《陈书》《北齐书》《周书》《南史》《北史》《隋书》等,被后代赫然列入"二十四史",而用编年体著书者则寥寥无几。据《新唐书·艺文志》所列48部编年类史书,大部分是魏晋南北朝旧作,其他如《隋大业略记》《唐春秋》《两汉至唐年纪》等,影响有限,只有马揔《通历》10卷为今日仅存。

《左传》之后影响最大的编年体史书是北宋司马光所作《资治通鉴》。北宋重视史鉴,当时又缺少一部贯通古今的通史,要从《史记》读到《五代史》,1500卷的篇幅不但很费时间精力,而且难寻线索要领。司马光立志用编年体撰写一部简明扼要的通史,并注意网罗"善可为法,恶可为戒"的史实,历19年而终于完成。全书共294卷,记载从公元前403年至公元960年共1362年的兴衰推演,宋神宗看后极为欣赏,以其书"博而得其要,简而周于事",命名为《资治通鉴》。该书采用《左传》的形式,按年、时、月、日的次序记事,年和月以数序,日以干支,时书春、夏、秋、冬,时间概念非常清晰。叙事根据事件发生、发展、了结的过程,分先后层次叙述,时间不甚分明者,则概括地叙述在年终或月末,又常用追叙或附叙的方式,以减少史实的分散性。特别是魏晋南北朝的史事,头绪纷繁,《通鉴》就以时间先后为序,年经国纬,显得井井有条。该书体大思精,网罗宏富,文字精练,言必有据,条理清晰,功力极深。《资治通鉴》是中国第一部编年体通史,并在继承《左传》范式的基础上,使编年体史书的修撰水平达到一个新的高度。

《资治通鉴》影响所及,是出现一大批编年体史书,其中也不乏仿续之作。南宋人李焘作《续资治通鉴长编》,接续司马光写北宋一代历史,共1048卷。司马光写《通鉴》,是先写"长编",然后再采择删繁。李焘谦虚,认为自己的书不能与《通鉴》比肩,就以"长编"待之。但他为写好此书,广泛搜集资料,历40年始成,记载完备,为治宋史者所必读。李心传作《建炎以来系年要录》,以编年形式记述南宋高宗36年统治的历史,共200卷,引用史料非常丰富。该书全仿《通鉴》体例,按年月编定史事次序,"文虽繁而不病其冗,论虽歧而不病其杂"(《四库全书总目提要》),内容充实又笔法精审。人说李焘学司马光而或不及光，李心传学李焘而无不及焘。另有徐梦莘作《三朝北盟会编》250卷，记载徽宗、钦宗、高宗三朝与金和战之事，都按事件始末的年月顺序进行编辑。

南宋时，编年体史书又发展出一种名为"纲目体"的新体裁，创自于朱熹的《资治通鉴纲目》。该书起讫皆依《通鉴》，也按编年的形式叙事，每一事先以大字提要称纲，以小字叙事称目，比单纯的编年体眉目更为清晰，便于查检阅读。其体例是大字之"纲"仿效《春秋》，力求谨严；小字叙"目"仿效《左传》，以说明事实为度。这种纲目体因有突出的政治倾向性，大得提倡，如陈均的《皇朝编年纲目备要》、无名氏的《中兴两朝编年纲目》、《两朝纲目备要》、明陈桱《通鉴续编》等皆为仿效之作。

围绕着《资治通鉴》，元代有金履祥的《资治通鉴前编》，明代有王宗沐的《宋元资治通鉴》和商辂的《续资治通鉴纲目》，清初有徐乾学等人的《资治通鉴后编》，都非成功之作。谁能接续《通鉴》并写出一部质量上乘的编年体史书来呢？清朝中期毕沅的《续资治通鉴》220卷比较好地完成了任务。该书起自宋太祖建隆元年（960年），讫元顺帝至正二十八年（1368年），历26帝，凡408年，与司马光的《通鉴》紧密衔接。尽管这本书仍多有不令人满意之处，但资料丰富，又特别是矫正旧作详两宋而略辽、金、元的弊病,多补缺漏,达到后来居上的水平。它仍用《通鉴》体例,如按年月探索某一问题,更能给人明晰的印象。

清代还有专门记述明朝历史的编年体史书,如谈迁的《国榷》108卷,陈鹤的《明纪》60卷,夏燮的《明通鉴》100卷。一直到近代明清史著名专家孟森,还在1934年出版《明元清系通纪》一书,"以明代之纪元,叙清代之世系",用编年的形式叙述清朝先世在满洲时的历史。惜因作者去世而本书仅刊15卷,叙事由洪武时起至嘉靖三年为止。

编年体这种史书形式,源远流长,之所以在几千年中其体制规模不断发展,影响也不断扩大,固然有其客观上适应社会文化需要的一面,但也与《左传》一书的典范作用密切相关。

直书和曲笔

《左传》叙事不曲隐

《左传》成公十四年在谈到《春秋》的写作特点时说:"《春秋》之称,微而显,志而晦,婉而成章,尽而不汙,惩恶而劝善,非圣人,谁能修之?"也就是说,《春秋》的记事用词精练而意义显明,述说史实而含蓄深远,婉转其辞而顺理成章，穷尽事实而不迂曲，惩罚邪恶而奖励善良，如果不是圣人谁能编写出这样的书？对于其中的"尽而不汗，惩恶而劝善"，杜预注说："谓直言其事，尽其事实，无所迂曲。善名必书，恶名不灭，所以为惩劝。"在《春秋左传集解序》中，杜预也提到"发传之体有三而为例之情有五"，又把《左传》赞美《春秋》的五条加以阐释，其中第四条是"尽而不汗，直书其事，具文见意"。虽然杜预述及每一类都用经文举例，但最后总结说："推此五体，以寻经传，触类而长之，附于二百四十二年行事，王道之正、人伦之纪备矣。"可见在杜预眼中，这"五体"既指《春秋》，也指《左传》，是总合经传而言的。

但杜预之言也是有局限性的。所谓"五体"对《左传》而言基本准确（如前述《左传》有时也要为尊者讳），但对《春秋》未必尽然，杜预之所以这样说，是因为他在那个时代还不敢公然诋经非圣。如《春秋》"异内外"，在鲁僖公以前，称楚国为"荆"而不称"楚"，《公羊传》说"荆者何，州名也"，即不承认其封国地位。而《左传》则称"楚"不避。《春秋》称楚王一律贬为"子"，而《左传》虽在正式叙述中作"楚子"，但在借别人言谈或文告中用语时则称之为王，如"楚武王侵随"。尤其是《左传》对《春秋》经文中"为尊者讳""为贤者讳"的曲笔敢于正面披露，讲出事实真相。如僖公二十八年《春秋》书"天王狩于河阳",《左传》则说:"是会也,晋侯召王,以诸侯见,且使王狩。仲尼曰:以臣召君,不可以训。故书曰:天王狩于河阳。"又如成公十年,鲁国国君入晋,正赶上晋景公去世,就被强留下来送葬,这是大国欺侮弱国的非礼行为。《春秋》经文仅写"晋侯獳卒,公如晋",而《左传》指出:"秋,公如晋(杜预注:亲吊非礼),晋人止公,使逆葬。""冬,葬晋景公。公送葬,诸侯莫在。鲁人辱之,故不书,讳之也。"诸如此类,不胜枚举。对于记事五体,钱钟书先生说:"窃谓五者乃古人作史时心向神往之楷模,殚精竭力,以求或合者也。虽以之品目《春秋》,而《春秋》实不足语于此。"(《管锥编》第1册第161页,中华书局1979年版)言外之意,《春秋》不足语此,《左传》实足当此。

刘知幾的《史通》在总结以往史书撰例的基础上,提出了一些著史的原则,其中最重要的就是"善恶必书","不掩恶,不虚美",不"饰非文过""曲笔诬书",以"实录直书为贵"。他专门辟有《直书》《曲笔》二篇,从正反两面论述这个问题,并把"若南、董之仗气直书,不避强御"作为良史的典型加以褒扬。而此二人的事迹,都见之于《左传》。

据宣公二年记载,晋灵公暴虐荒淫,"从台上弹人,而观其辟丸也;宰夫胹熊蹯不熟,杀之,寘诸畚,使妇人载以过朝",执政的赵盾屡谏而不改。晋灵公厌恶赵盾,先派刺客去暗杀,未能成功,就在宫中"饮赵盾酒,伏甲将攻之"。赵盾侥幸脱险后,出奔未出国界,其族人赵穿于桃园攻杀晋灵公。这时赵盾闻讯急忙赶回,而晋国太史董狐书曰"赵盾弑其君",并公布于朝廷。赵盾解释曰:"不然。"董狐曰:"子为正卿,亡不越竟(境),反(返)不讨贼,非子而谁?"董狐并不因赵盾是正卿而隐讳其罪责,显示了古代史官的优良品德。对此,孔子曰:"董狐,古之良史也,书法不隐;赵宣子,古之良大夫也,为法受恶(名)。惜也,越竟(境)乃免。"虽然赵盾值得同情,但史法的原则性是高于人情并必须维护的。

另据《左传》襄公二十五年,齐庄公被权臣崔杼所杀,崔杼把他的弟弟即齐景公立为国君,自己做了国相。齐国太史在简册上直书:"崔杼弑其君。"崔杼杀掉太史,太史的两个弟弟也都因为直书其事而相继被杀。先秦的史职都由家族世传。这时太史家还剩最后一个弟兄,毫不畏惧,仍续写不顾。崔杼虽大权在握,但传统的力量仍使他不能不有所顾忌,"乃舍之",即任凭史载,而不再杀第四个史官。齐国在外的史官南史氏听到太史尽死的传闻,"执简以往,闻既书矣,乃还"。这种前赴后继敬职而不畏死的精神,受到历代传颂,称"南史不曲笔以求存","名垂后世"(《后汉书·臧洪传》)。刘知幾也说南史、董狐,"俱称良直者矣"。

直书良史是儒家教化的基石

古人为什么要求历史著作应"据直而书",这自然是当时的统治者所赋予史学的重大职责所决定的。《左传》昭公三十一年载,君子曰:"《春秋》之称微而显,婉而辨。上之人能使昭明,善人劝焉,淫人惧焉,是以君子贵之。"就是说《春秋》记事主要是使统治者即"上之人"受到教育,从而倡善惩恶。刘知幾在《史通·载文》中也说:"昔夫子修《春秋》,别是非,申黜陟,而贼臣逆子惧";"其理说而切,其文简而要,足以惩恶劝善,观风察俗者矣。"并说:"史之为务,申以劝诫,树之风声。"这种史籍不但要在当代而且也能流传后世,作用都是一样,即为一种理想的社会秩序的建立而示范、垂戒和纠偏。从上古以来"惩恶劝善"就是史官崇高而神圣的职责,他们一方面继承传统,参与龟筮占卜,解释天象,预言祸福,参与神的审判这一庄严使命;另一方面是观察和记录礼戎大事,著成、保管史策典籍,以备咨询,教育太子。据《国语·楚语上》,申叔时在谈到如何对太子进行教育时说:"教之《春秋》,而为之耸善而抑恶焉,以戒劝其心;教之《世》,而为之昭明德而废幽昏焉,以体惧其动";"教之《语》,使明其德,而知先王之务,用明德于民也;教之《故志》,使知废兴者而戒惧焉;教之《训典》,使知族类,行比义焉。"由于"史"在贵族教育中具有重要地位,梁启超甚至说古代史书只是"皇帝教科书"。

正是影响了中国传统文化走向的孔子,不把他对人类理想社会的构建,诉之于概念性的"空言",不让中国文化的发展走上以思辨为主的西方哲学道路,而是从人类历史实践事实中去启发理性,让孔门之道与万人万世的生活同在,"史"的传统在中国就有了特殊的重要性。在这种背景下,记载下真实的历史,反映人类生活的实态,就成为儒家教化的出发点和基石。只有用谨严客观的文字记录下历史事实,才能从中发现因、革、损、益的历史发展的纲维法则。这虽然会遭到权贵势家们"罪之",但崇高的对人类命运关怀的使命感,使著史者产生一种无所畏惧的勇气。丑恶并不可怕,可怕的是掩饰丑恶,那便是一种更大的丑恶。史之良莠,由此得判。

直书与礼教"尊讳"的矛盾

从道理上讲,应该"工为史者,不选事而书","言无美恶,俱传于后"(《史通·言语》)。但由于古人著史的目的是为了维护"礼教"即贵族等级的上下秩序,这就必然在目的和手段之间产生一种内在矛盾,手段服从于目的,在某种情况下"直书"就对"曲笔"作了让步。刘知幾又说:"肇有人伦,是称家国。父父子子,君君臣臣,亲疏既辨,等差有别。盖子为父隐,直在其中,《论语》之顺也;略外别内,掩恶扬善,《春秋》之义也。自兹已降,率由旧章。史氏有事涉君亲,必言多隐讳,虽直道不足,而名教存焉。"(《史通·曲笔》)这里所说的"《论语》之顺"见《述而》篇,陈司败当面问孔子:"昭公知礼乎?"孔子对这位身为君父的鲁昭公评价说:"知礼。"实际上鲁昭公从同姓吴国娶了夫人,这在当时是严重的违礼败德之行。对孔子明显的袒护之言,陈司败就批评说:"吾闻君子不党,君子亦党乎?君取于吴,为同姓,谓之吴孟子。君而知礼,孰不知礼?"但在孔子看来,这就是"子为父隐,直在其中",小道理要服从大道理。至于《春秋》之义,可以鲁桓公之死为例。据《史记·鲁世家》,鲁桓公于十八年携夫人文姜到齐国去,齐襄公与其妹文姜通奸,鲁桓公责骂文姜,文姜又把这事告诉了齐襄公。齐襄公设宴"飨公,公醉,使公子彭生抱鲁桓公,因命彭生摺其胁,公死于车"。对这件事,《春秋》仅记"公与夫人姜氏遂如齐,夏四月丙子公薨于齐"。这里完全不提鲁桓公的死因,而且按《春秋》义例,"凡自内虐其君曰弑,自外曰戕"(《左传》宣公十八年),这里反而按正常死亡之"薨"处理,正是"为尊者讳"的做法。《左传》对此事的记载是:"公会齐侯于泺,遂及文姜如齐。齐侯通焉,公谪之,以告。夏四月丙子,享公。使公子彭生乘公,公薨于车。"这里虽较《春秋》为详,

144 | 《左传》与中国文化

但也没有完全按事实真相直书，反不如《公羊传》庄公元年"齐侯怒，与之饮酒，于其出焉，使公子彭生送之，于其乘焉拉干而杀之"的记载来得直率。可见，在古代要完全做到直书是何等困难，即便是以求真精神自励的《左传》也要在事实上有所折扣。

曲笔著史的社会原因

因服膺于礼教的价值观而在著史时有意让步，这可以看做是一种"主观自觉"的曲笔掩饰，以区别于另外一种被迫屈服于外界压力的史之不直。后一种压力在春秋时代也有，如前举晋国董狐和齐国南史所遇到的境况，《左传》中也有"盗憎主人，民恶其上，子好直言，必及于难"（成公十五年）和"恶直丑正，实蕃有徒，无道立矣，子惧不免"（昭公二十八年）这样的警戒之言。但一般来说，由于原始贵族民主制的遗存和传统史官的特立独行，先秦时期的史学尚未遇到政治势力的严重侵蚀。而到秦汉以后专制集权体制的确立和官修史局的垄断遂对史学形成倾盖合围之势，著史者奉旨而行，史书的曲与直只能相对而言了。这时，唯一还能够约束无道君主们的，便只有圣人之书《春秋》和《左传》所开启的道德传统和求真精神的感召力了。

《左传》的成书明显晚于《春秋》。《春秋》尚从维护旧的统治秩序出发，不敢正视旧制度的种种矛盾及其分崩离析的趋向，极力"为尊者讳，为贤者讳，为亲者讳"，虽也记载了褒贬之言，但目的还在于"存亡国，继绝世"，使"乱臣贼子惧"，"以达王事而已矣"。而《左传》不管写春秋前期的霸业还是春秋后期的"政在家门"，目的却是为新的"僭主"寻找历史上、政治上、道德上的依据。因此它不仅揭露"乱臣贼子"，更是针砭"暴君残父"，对元凶巨慝、民贼国蠹，都如实以录，加以批判。它对于衰落败亡的周王室不寄予同情，如"王取邬、刘、芴、邘之田于郑，而与郑人苏忿生之田：温、原、缔、樊、隰郕、欑茅、向、盟、州、陉、隤、怀。君子是以知桓王之失政也"。"己弗能有而以与人，人之不至，不亦宜乎？"（隐公十一年）。所以《左传》对周郑交质，周郑交恶，晋侯召王，王室向诸侯求车、求金等事实都如实记录。《左传》也不隐讳大国兼并小国的事实。如鲁国侵杞，晋平公之母为杞国之女，晋就要鲁归杞田。对此，晋国司马说："虞、虢、焦、滑、霍、扬、韩、魏，皆姬姓也，晋是以大。若非侵小，将何所取？武、献以下，兼国多矣，谁得治之？""以杞封鲁犹可"，"何必瘠鲁以肥杞？"（襄公二十九年）大国兼并小国是一种历史趋势，小国的灭亡多是咎由自取，并非违天不道。通过战争实现统一，是新政治势力的不二法门。《左传》一方面揭露战争所造成的"室如悬磬，野无青草","易子而食,析骸而爨"惨状;另一方面又通过一系列事实的描述,指出"弭兵之盟"是不可能真正实现的。《左传》襄公二十七年宋臣子罕说:"天生五材,民并用之,废一不可,谁能去兵?兵之设久矣,所以威不轨而昭文德也。圣人以兴,乱人以废,废兴存亡昏明之术,皆兵之由也。而子(指发起弭兵的向戍)求去之,不亦诬乎!"这不仅是否定弭兵之盟,也是为战国霸主张目。正因为敢于求实求真,《左传》写鲁国季氏、齐国陈氏等新势力"民归之如流水",又把旧贵族们种种贪婪、骄佚、阴谋、私通、残忍、兼并、诛杀、争权的丑态尽数暴露,对下层群众开山林辟草莱和反抗黑暗统治的事迹也能给予一定程度的反映。对于《左传》,宋代朱熹曾指责说:"左氏之病,是以成败论是非,而不本于义理之正。尝谓左氏是个滑头熟子、趋炎附势的人";"不知大义,专去小处理会。"(《朱子语类·春秋一》)理学家自然有他们的立场,但站在史学鉴往知来的角度,这正是《左传》值得肯定的地方。

修史是史官的职责,实事求是、秉笔直书是史官的美德,阴阳倒错、歪曲事实则是史官的恶行。中国古代有无数良史,为"使骄君贼臣知惧",刚正不阿,表现了"宁为兰摧玉折,不作瓦砾长存"的高尚气节。但也有人假修史之便,党同伐异,公报私仇,或夸大其词,或无中生有。刘知幾对曲笔深恶痛绝，称之为"记言之奸贼，载笔之凶人，虽肆诸市朝，投畀豺虎可也"（《史通·曲笔》）。但这种并不少见的曲笔现象，主要是社会原因造成的："直如弦，死道边；曲如钩，反封侯。故宁顺从以保吉，不违忤以受害也。""足以验世途之多隘，知实录之难遇耳。"（《史通·直书》）

司马迁作《史记》，"其文直，其事核，不虚美，不隐恶，故谓之实录"（《汉书·司马迁传》）。司马迁是汉武帝时人，以当代人写当代史，可谓难矣。他在肯定汉武帝雄才大略的同时，也讥评这位君主的迷信方术、信用酷吏、奢侈铺张、内多宠嬖等，并借汲黯之口，指出其"内多欲而外施仁义"的虚伪本性。无怪乎东汉末年王允要杀续写"汉史"的蔡邕时说："昔武帝不杀司马迁，使作谤书，流于后世。方今国祚中衰，神器不固，不可令佞臣执笔在幼主左右，既无益圣德，复使吾党蒙其讪议。"（《后汉书·蔡邕列传》）司马迁对历史人物的褒贬当然不是无可讨论，但总是有自己一以贯之的标准，即抱着实事求是的实录笔法，既不专为尊汉，也不排斥远人，更不是像《春秋》一样曲笔为尊亲而讳。他自己就曾对壶遂说："余所谓述故事，整齐其世传，非所谓作也，而君比之于《春秋》谬矣。"（《史记·太史公自序》）比如他对与汉高祖同时的项羽，既指责他的杀降、专愎和不会用人，也称颂其功绩和人格，说："吾闻之周生曰：舜目盖重瞳子。又闻项羽亦重瞳子,羽岂其苗裔邪,何兴之暴也!""然羽非有尺寸乘势起陇亩之中。三年,遂将五诸侯灭秦,分裂天下,而封王侯,政由羽出,号为霸王。位虽不终,近古以来未尝有也。"(《史记·项羽本纪》)他把项羽归之舜的后代,列入"本纪",与高祖并列,其推崇之意显然。他又列陈涉为"世家",与孔子并等,并称"陈胜虽已死,其所置遣侯王将相竟亡秦,由涉首事也"(《史记·陈涉世家》)。对秦始皇,认为"秦取天下多暴,然世异变,成功大"(《史记·秦始皇本纪》),既批评其残暴,又充分肯定其一统天下的历史功绩。对吕后,司马迁既揭露其残害戚姬诸王酿成诸吕之乱,又不讳言女主称制"天下晏然,刑罚罕用,罪人是稀,民务稼穑,衣食滋殖"(《史记·吕太后本纪》)的政理之绩。尽管司马迁褒扬节义,贬低阿顺苟合,肯定仁爱百姓,鞭挞武健严酷,带有自己的感情色彩,而这种感情又可能与他自身屈辱不幸的经历有关,但《史记》的记事或"述汉之非",正是实录精神的体现,而非其他。

史官能否直书,都和统治者是否开明和宽容有直接关系。如起居注和实录,都是围绕着皇帝的言行动止,由当代人记当代事,应该是最可信的原始史料。自唐朝官修史书制度的确立和健全起,历朝视实录为必备之作,前赴后继,殆无虚时。为保证其真实可靠,各朝似有"天子不观起居注"的定规。据赵翼《廿二史劄记》："唐太宗尝欲观《起居注》,朱子奢曰:'恐开后世史官之祸。史官全身畏死,悠悠千载,尚有闻乎!'后至文宗,益重其事。""帝尝与宰相议事,适见郑朗执笔螭头下,谓曰:'向所论事,亦记之乎?朕将观之。'朗引朱子奢事对曰:'史不隐善讳恶,人主或饰非护失,见之则史官无以自免,即不敢直笔。'后帝欲观魏謩《起居注》。謩曰:'陛下若一见之,自此执笔者须有回避,后世何以示信乎。'乃止。"正因为如此,唐代实录常可订正其他史书讹误。

如历代都把李世民说成是太原起兵的主要谋划者,乃父李渊不过一庸人。但据温大雅《大唐创业起居注》,李渊"素怀济事之略,有经纶天下之心,接待人伦,不限贵贱";"山川冲要,一览便忆",又礼贤下士,"得士庶之心,无不至者"。温为李渊记室参军,所记多亲身见闻,自然更可信。但到了文化专制主义大盛的明清时代便不同了。万斯同《群书疑辨·读太祖实录》抨击明代实录不"实"说:

> 高皇帝以神圣开基,其功烈固卓绝千古矣。乃天下既定之后,其杀戮之惨一何甚也!当时功臣百职,鲜得保其首领者。迨不为君用之法行,而士子畏仕途甚于阱坎,盖自暴秦以后所绝无而仅有之行。此非人之所敢谤,亦非人之所能掩也。乃我观《洪武实录》,则此事一无

所见焉。纵曰为国讳恶,顾得为信史乎?至于三十年间,荩臣硕士,岂无嘉谟嘉猷,足以传之万祀者,乃一无所记载。而其他琐屑之事,如千百丈长之祭文,番僧土酋之方物,反累累不绝焉。是何暗于大而明于小,详于细而略于巨也?

明朝如此,清朝更甚。从雍正到乾隆初,就曾改篡过太祖努尔哈赤、太宗皇太极和世祖福临三朝实录,不仅对甲申入关后清朝一系列暴行讳莫如深,对其入关前祖先的所作所为也多有回护。这也体现在清人所修《明史》上,凡建州三卫、晚明遗事及崇祯时清兵三次入关大肆屠掠等史实,一概付诸阙如。以后清朝历代实录,也都在皇帝授意下多次修改,已根本没有"天子不观"的遗风了。

刘知幾在《史通·直书》中感叹说:"董狐之书法不隐,赵盾之为法受屈,彼我不忤,行之不疑,然后能成其良直,擅名今古。至若齐史之书崔弑,马迁之述汉非,韦昭仗正于吴朝,崔浩犯讳于魏国,或身膏斧钺,取笑当时;或书填坑窖,无闻后代。世事如此,而责史臣不能申其强项之风,励其匪躬之节,盖亦难矣。"韦昭为三国吴臣,末帝孙晧即位,欲为其父孙和作"本纪"以列史册。韦昭认为孙和没有当过皇帝,只能记入"列传"。结果引起孙晧恼怒,遂诛杀韦昭。

崔浩是北魏大臣，以三朝元老佐助太武帝拓跋焘，为北魏的发展做出很大贡献。他奉诏监修国史，欲彰直笔，把鲜卑先祖的一些"丑事"照录不讳，又刻石立于大路之旁，触怒了北魏贵族统治者。结果本人被诛，"尽夷其族"，死前还备受侮辱，"置之槛内，送于城南，使卫士数十人溲其上"（《魏书·崔浩传》）。在这种氛围之下，许多假恶丑的作为，反而要裹上"真善美"的外衣，以欺骗后人。从王莽、曹魏一直到晋宋齐梁陈的"禅位"之举，明明是欺人孤儿寡母武力逼宫，却总是要粉饰以"三禅三让"和大臣劝进的虚礼浮文，掩人耳目。至于隋文帝"血溅御屏，冤痛之声闻于外"、唐太宗以弟杀兄的"玄武门之变"、宋太祖赵匡胤临终之死的"斧声烛影"、晚明"梃击、红丸、移宫"等三案和清朝雍正即位等宫闱秘事，都因史记缺伪而成为千古之谜。

也有少数良心未泯的史家采取变通的办法，如"张俨发愤，私存嘿记之文；孙盛不平，窃撰辽东之本，以兹避祸，幸获两全"（《史通·直书》）。据《隋书·经籍志》，吴大鸿胪张俨撰《嘿记》三卷。所谓嘿（默）记，即暗中所记，当时文字并不公开。今天该书内容不详，但诸葛亮的《后出师表》之文不见于《三国志》和《诸葛亮集》。又据《晋书·孙盛传》，孙盛曾为东晋权臣桓温帐下参军，参与入蜀北伐诸战役。公元369年桓温进攻前燕，被慕容垂大败于枋头。后孙盛作史书《晋阳秋》，"词直而理正，咸称良史焉"。而桓温见书大怒，威胁孙盛儿子说："枋头诚为失利，何至乃如尊君所说。若此史遂行，自是关君门户事。"这时孙盛年老归家，其子请求删改之，"共号泣稽颡，请为百口切计"。孙盛不得已，原书由儿子"遂尔改之"，另外"写两定本"，寄给割据辽东的慕容儁，以求存真于后世。到南朝宋，有人从辽东拿回定本《晋阳秋》，与传世之书"相考校，多有不同，书遂两存"。

史之曲直的个人因素

是直书还是曲笔，也和著史者的个人品德有密切关系。陈寿作《三国志》，历来有毁有誉。在批评的声音中，除认为对西晋统治者多所回护隐恶溢美外，还涉及陈寿的人品。据《晋书·陈寿传》："丁仪、丁廙有盛名于魏，寿谓其子曰：'可觅千斛米见与，当为尊公作佳传。'丁不与之，竟不为立传。寿父为马谡参军，谡为诸葛亮所诛，寿父亦坐被髡，诸葛瞻又轻寿。寿为亮立传，谓亮将略非长，无应敌之才；言瞻惟工书，名过其实。议者以此少之。"

更恶劣的还有北朝人魏收。魏收出身官宦世家，很有文华，"然性偏，不能达命体道"，历北魏、东魏、北齐三朝，官至尚书右仆射，位特进。他曾出使南梁，"遂买吴婢入馆，其部下有买婢者，收亦唤取，遍行奸秽，梁朝馆司皆为之获罪，人称其才而鄙其行。"后魏收受命撰修国史。权倾一时的高欢、高澄父子非常重史，有人对高澄说："国史事重，公家父子霸王功业，皆须具载，非（魏）收不可。"高欢一次在宴席上半开玩笑地说："魏收为史官，书吾等善恶。闻北伐时，诸贵常饷史官饮食。""我后世身名在卿手，勿谓我不知。"魏收既为高氏信任，也以修史报效，在写魏齐禅代过程中，对高氏曲笔掩饰。《魏书》修成，由于魏收以修史为个人感恩报怨的手段，曾公开说："何物小子，敢共魏收作色，举之则使上天，按之当使入地。"即以个人好恶决定史书人物的弃取褒贬，引起众人不满，因此被视为"秽史"。首先他招纳一些依附于自己而并无史才的人参与修史，这些人假公济私，"诸公祖宗姻戚多被书录，饰以美言"。其次视人下笔。如魏收曾得阳休之好处，因而谢阳休之说："无以谢德，当为卿作佳传。"阳休之之父阳固，任北平太守时以贪婪暴虐被免职处罪，已记载于《魏起居注》，魏收在《魏书》中却记"固为北平，甚有惠政，坐公事免官"。原中尉李平曾弹劾阳固，魏收却记："李平深相敬重。"最后曲笔善恶。尔朱荣是北魏末年军阀，制造"河阴之变"，直接导致北魏灭亡。魏收"以高氏出自尔朱，且纳（尔朱）荣子金，故减其恶而增其善"。他在评论时竟然为尔朱荣开脱说，"苟非荣之致力，克夷大难，则不知几人称帝几人称王也"；若"修德义之风，则彭、韦、伊、霍，夫何足数"(《北齐书·魏收传》)。

《魏书》一出，时论喧哗，前后向皇帝投诉百余人，称著史不平。如卢斐说："臣父仕魏，位至仪同，功业显著，名闻天下，与收无亲，遂不立传。博陵崔绰，位止本郡功曹，更无事迹，是收外亲，乃为传首。"不得已，高齐下令《魏书》暂不发行，要魏收加以修改。但最终《魏书》仍不令人满意。魏收死后，"既缘史笔，多憾于人，齐亡之岁，（魏）收冢被发，弃其骨于外"(《北齐书·魏收传》)。同时，我们也要注意另外的情况。魏晋南北朝实行门阀政治下的九品官人法，一家族故去祖先的历史地位直接关系到活着后人的现实政治利益。因此不论史书对历史人物的门第、郡望、谱系、功业如何记述，都不能令所有"诸家子孙"完全满意，往往会演变为政治风波。魏收撰写《魏书》，在没有完整的纪传旧史作资料基础的情况下，大族旧姓的谱牒就成了其重要的材料来源，"若一人立传，而其子孙、兄弟、宗族，不论有官无官，有事无事，一概附入，竟似代人作家谱"(赵翼《廿二史劄记·南北史子孙附传之例》)。正是《魏书》的这种谱牒特点，使它在当时受到众多门阀子弟的交口攻击并被赠以"秽史"的恶评。因此有的学者认为《魏书》是一部经得起历史检验和选择的优秀史学著作，后人袭用门阀子弟"秽史"一词对之进行学术评价是不妥当的（李传印：《北朝谱学与北朝政治》，载《史学月刊》2003年第4期)。此亦可备一说。

应该说，在私人修史时，那种以私憾入史的情况非独一二。如萧子显写《南齐书》，按通例其父萧嶷列入附传写几十字足矣，而萧子显却将他单独成传，铺陈一篇长达九千文。姚思廉写《陈书》，也破例为其父姚察单独设传，"纤屑皆入"，达三千余言。到了唐以后官修史制确立，这种以恩怨记史之事大为减少，史家所面对的就主要是官方正统和意识形态的压力了。

经史和王朝正闰

经与史的合与分

《春秋》和《左传》是中国古代真正意义上史学著作的开山，西汉以后又被以儒家经典视之，从而确立了其在史学上至高无上的典范地位。两汉时期经史不分，《汉书·艺文志》中没有史学的独立地位，只在"六艺略"的"春秋类"中附带著录，其中西汉人的历史著述包括《史记》在内不过六种。汉代史著尚少，未能在目录学上廓开一类，在实际生活中人们也常以经学包容之。如东汉卢植少从马融受古文经学，后在东观"校中书五经记传，补续《汉记》"(《后汉书·卢植传》)。这里经与史是合一的。大约在汉魏之际，开始出现

"经史"一词,如《三国志·尹默传》:"益部多贵今文而不崇章句,(尹)默知其不博,乃远游荆州,从司马德操、宋仲子等受古学,皆通诸经史。又专精于《左氏春秋》。"在《晋书》中"经史"一词更频繁出现,如王衍"不治经史",卢钦"笃志经史",邵续"博览经史",王珣"经史明彻"等,证明经与史既连类相从又发生了某种分离的趋向。

在目录学上,西晋荀勖作《中经新簿》,分书籍为四部,史学为单独一类,属丙部。这是中国古代"四部"图书分类法之始。东晋李充为著作郎,重新划分四部,经、史、子、诗赋分列甲、乙、丙、丁,史部排在乙部,史先于子,"经、史、子、集之次始定"(钱大昕:《潜研堂文集》卷一三《答问十·经史子集之名何防》)。这种图书分类上的变化,标志着经与史的正式分离。史书由附庸而为大国,其重要原因,是史书数量上的极快增长。梁朝阮孝绪作《七录》,经典录为一,纪传录为二,尽管未用四分法,但经与史各自为独立门户。他解释说:"刘氏之世,史书甚寡,附见《春秋》,诚得其例。今众家纪传倍于经典,犹从此志,实为繁芜。"(《七录序》)与《汉书·艺文志》比较,《隋书·经籍志》以经、史、子、集划分四部,史部共列13类计867种史书,16558卷,除极少数量外,都是魏晋南北朝时期的作品。当然,史学的独立除了由于史籍数量的增多,也由于人们对史学功能认识的深入。在汉代,人们认为经学对历史的演进已经给出了答案,对于社会生活中的具体问题,汉儒也每每以经义断之。赵翼《廿二史劄记》说:"汉初法制未备,每有大事,朝臣得援经义,以折衷是非。"魏晋之后,社会剧烈变动,因烦琐、僵化而失去活力的经学未能积极回应人们所遇到的问题,而从近代历史中总结兴败得失就成为当时人们的急切之事。如诸葛亮说:"亲贤臣,远小人,此先汉所以兴隆也;亲小人,远贤臣,此后汉所以倾颓也。先帝在时,每与臣论此事,未尝不叹息痛恨于桓灵也。"(《三国志·诸葛亮传》)孙权也让孙登"读《汉书》,习知近代之事",让吕蒙和蒋钦"急读《孙子》《六韬》《左传》《国语》及三史"(《三国志·吕蒙传》注引《江表传》)。更早的王充在《论衡·谢短》中已说:"夫儒生之业,五经也。南面为师,旦夕讲授章句,滑习义理,究备于五经可也。五经之后,秦汉之事,不能知者,短也。夫知古不知今,谓之陆沉。"陆沉即迂腐而不知变,故不能达宜,当然应以读史弥补之。

早期史书对《左传》的模拟

史学初立门户,早先依傍经学的痕迹依然很重,仅就书名和语言形式上,刘知幾《史通·摸拟》已举出很多例证。比如这时的一些编年体史书书名常命以"春秋":袁晔《献帝春秋》、孔衍《汉魏春秋》、孙盛《魏氏春秋》、习凿齿《汉晋春秋》、王琰《宋春秋》、吴均《齐春秋》等皆是。在史书语言的使用上，更是生搬硬套。如"干宝撰《晋记》，至天子之葬，必云：'葬我某皇帝。'时无二君，何我之有？"又如"谯周撰《古史考》，思欲摈抑马《记》，师仿孔经，其书李斯之弃市也，乃云'秦杀其大夫李斯'。夫以诸侯之大夫名天子之丞相。"再如"吴均《齐春秋》，每书灾变，亦曰：'何以书？记异也。'夫事无他议言从己出，辄自问而自答者，岂是叙事之理邪？"（《史通·摸拟》）对于这些模仿，刘知幾都讥为"貌同而心异"者，加以排摈。除以上所举，另如《三国志·武帝纪》载曹操语为"夫刘备，人杰也，今不击，必为后患"。孙盛作《魏氏春秋》，就把它改为："刘备，人杰也，将生忧寡人。"对此，裴松之批评说："凡孙盛制书，多用《左氏》以易旧文，如此者非一。嗟乎，后之学者将何取信哉？且魏武方以天下励志，而用夫差分死之言，尤非其类。"（《三国志·武帝纪》裴松之注）

刘知幾对《左传》有所偏爱，除特作《申左》篇之外，把某些史书对《左传》的模拟称为"貌异而心同"者，加以首肯。他认为"《左氏》为书，叙事之最，自晋已降，景慕者多"。如"君父见害，臣子所耻，义当略说，不忍斥言。故《左传》叙桓公在齐遇害，而云：'彭生乘公，公薨于车。'干宝《晋记》叙愍帝殁于平阳,而云:'晋人见者多哭,贼惧,帝崩。'以此而拟《左氏》,所谓貌异而心同也。"又如"凡列姓名,罕兼其字,苟前后互举,则观者自知。如《左传》上言羊斟,则下曰叔牂;前称子产,则次见曰侨,其类是也。至裴子野《宋略》亦然。何者,上书桓玄,则下云敬道;后叙殷铁,则先著景仁。以此而拟《左氏》,又所谓貌异而心同也"。凡此刘知幾所举一共七则,除以上师《左传》不忍斥书和书人名字互见二法之外,第三则叙事前后照应先伏后应之法,举《宋略》之拟;第四则叙事在对话中省略"对曰""问曰"字眼,举《宋略》之拟;第五则效法《左传》在应对中附带彰美善人君子之事,举《三十国春秋》之拟;第六则论叙事预张其本而使读者不感突兀之法,举《齐志》之拟;第七则谈《左传》叙事以片言蔽全形之法,举《齐志》所拟为例。总之,刘知幾以《左氏》作为史书典范,"经文意深而难拟","盖貌异而心同者,摸拟之上也;貌同而心异者,摸拟之下也"。前者为"真史",后者为"似史",而"拟古而不类,此乃难之极者"(《史通·摸拟》)。

"正统观"对后代史著的影响

比起以上史学对经书叙述形式的模仿来说,《春秋》与《左传》对后代更久远更深刻的影响,还在于内在精神方面。

其表现之一，就是贯穿于中国古代所有史著中的"正统观"。一般认为，所谓王朝的"正统"观念，来源于《春秋》公羊学的核心政治理念"大一统"。它在解释《春秋》"元年春王正月"时说："何言乎王正月？大一统也。"徐彦疏曰："王者受命，制正月以统天下，令万物无不一一皆奉之以为始，故言大一统也。"汉代经学家说得更明白："《春秋》所以大一统者，六合同风，九州共贯也。"（《汉书·王吉传》）所谓大，尊重也；一统，指天下诸侯皆统系于周天子。后代就称封建王朝统治全国为大一统。《左传》虽未明言，但在记载史实中也同样强调正统，即王朝统治的合法性。如鲁宣公三年，"楚子伐陆浑之戎，遂至雒，观兵于周疆。定王使王孙满劳楚子。楚子问鼎之大小轻重"。王孙满回答说："天祚明德，有所底止。成王定鼎于郏鄏，卜世三十，卜年七百，天所命也。周德虽衰，天命未改，鼎之轻重，未可问也。"这里楚国虽然强大，且早已称"楚王"，但天命无二，只能有一个周天子，故贬楚王为"楚子"。隐公元年："公及邾仪父盟于蔑，邾子克也。未王命，故不书爵。"一个小小的邾国国君，因为没有正式受到周王的册命，故不记载他的爵位，称邾仪父而不称邾子克。按《春秋》的正统观，强调"立元正始"，以王朝开端之纯正为旨要，即"天祚明德"，王朝统治的合法性来源于天命；强调"尊王攘夷"，华夏为正，夷狄为伪，文化也成为王朝统治合法性的因由。在后代的历史记载中，王朝建立的正和伪、合法与不合法就成为判断其历史地位和社会价值的主要标尺。

司马迁自认是继承《春秋》的传统来作《史记》，如《十二诸侯年表》内容以鲁、齐、晋等国为主，但领格记以周王年号。《六国年表》以《秦记》内容为主，领格亦记以周王年号，直至周赧王五十九年之死。赧王死后，天下无天子，领格虚列八年，直至秦始皇元年，由秦升为领格。尽管在春秋战国周天子早已有名无实，处于虚位，但仍为正朔所在。而与周王朝相衔接的，则是后来统一中国的秦始皇。司马迁的这种安排，正体现了经学的正统观念。但是司马迁的某些做法，如把项羽列入本来只有帝王才有资格进入的"本纪"，就受到后人的质疑。刘知幾《史通·列传》责难说："如项羽者，事起秦余，身终汉始，殊夏氏之后羿，似黄帝之蚩尤，譬诸闰位，容可列纪？方之骈拇，难以成编。"闰位就是非正统的帝位，好像历法上的置闰，虽然在正统帝绪中断时（如夏初后羿）某些人为实际统治者，但不被以正统视之。王莽在西汉灭亡后建立新朝，在位近二十年，班固《汉书》仍称其为"余分闰位"。服虔注曰："言莽不得正王之命，如岁月之余分为闰也。"骈拇又称骈指，手大拇指傍又生一指成第六指，比喻多余无用之物。如黄帝与蚩尤同时，皆为古天子，但正统只有一个,如尊黄帝,蚩尤即为骈拇。正如梁启超所说:"盖凡史必有纪年,而纪年必藉王者之年号,因不得不以一为主,而以余为闰也。"(《新史学·论纪年》)

在中国古代,评断王朝政治的主要价值尺度就是正统观,凡一系相承统一全国的王朝为正统,与之相对的是"偏安"和"僭窃"。凡帝王易姓受命,必新颁历法,即改正朔。在西方,使用铸有国王形象的货币,就等于承认和服从其统治;而在中国古代,使用谁颁布的年号历法就等于以谁为正统。如东晋十六国时期,前凉、西凉与前秦、前燕等政权并无性质上的不同,都割据一方,称帝称王。但前者因是汉族,用晋朝年号;后者蛮夷,不奉建康正朔。在唐人所修《晋书》中,张祚、李暠被作为晋臣列传有记,而苻坚、慕容隽则列入载记。"载记"就是曾立名号但非正统者的传记,"《晋书》于僭伪诸国数代相传者,不曰世家,而曰载记"(《廿二史劄记》卷一)。

"正闰之辨"的不同标准

在古代史家看来,"正闰之辨"是一个重大而严肃的问题,但标准并不一致。陈寿作《三国志》,以魏为正统,其帝皆入本纪,而孙、刘二帝,一方面用其年号,一方面载之列传。其原因当然在于"寿则身为晋武之臣,承魏之统,伪魏是伪晋矣！其能行于当代哉？"(《四库提要》卷四五《正史类一》)东晋人习凿齿不满于陈寿，另作《汉晋春秋》，帝蜀以继汉，认定曹魏非正统所在。这也是有原因的，"盖凿齿时晋已南渡，其事有类乎蜀，为偏安者争正统，此乎于当代之论也"(《四库提要》同上)。中国古代正伪之争，其实都着眼于现实政治。习凿齿又有《晋宣越魏继汉论》，唐·皇甫湜作《东晋元魏正闰论》，宋·欧阳修撰《正统论》，司马光、朱熹也各有论说，立场不同，观点各异。尽管实质上是胜王"奉天承运"为正统，败寇"不贰逆贼"为僭伪，但其划分正、闰的标准，还是一派着眼于功业之实，一派依据于道德评价。

欧阳修曾作《新唐书》和《新五代史》，号称宋代的"韩愈"，秉孔子修《春秋》之意，在书中十分重视所谓"忠奸顺逆"的褒贬。他的《正统论》试图改变过去修史中过多的道德评判，主张以每一王朝的实际贡献和功业作为评判正统的依据。他说："《传》曰：'君子大居正。'又曰：'王者大一统。'正者，所以正天下之不正也；统者，所以合天下之不一也。由不正与不一，然后正统之论作。"(《欧阳修全集·居士外集》卷九)这里所依据的既有《公羊传》"大一统"，又有《左传》的实录精神。进一步发展完善欧阳修这一观点的是同处北宋的司马光。司马光作《资治通鉴》，为总结古代以政治理论为中心的史著。他仍以曹魏为正朔所在，称曹丕为"世

祖文皇帝",列《魏纪》;称刘备为"汉主",记事于《魏纪》中。他在黄初二年记事中曾就正闰说:

> 天生烝民,其势不能自治,必相与戴君以治之。苟能禁暴除害以保全其生,赏善罚恶使不至于乱,斯可谓之君矣。……汉兴,学者始推五德生、胜,以秦为闰位,在木火之间,霸而不王,于是正闰之论兴矣。……臣愚诚不足以识前代之正闰,窃以为苟不能使九州合为一统,皆有天子之名而无其实者也。虽华夏仁暴,大小强弱,或时不同,要皆与古之列国无异,岂得独尊奖一国谓之正统,而其余皆为僭伪哉!若以自上相授受者为正邪,则陈氏何所受?拓跋氏何所受?若以居中夏者为正邪,则刘、石、慕容、苻、姚、赫连所得之土,皆五帝三王之旧都也。若以有道德者为正邪,则蕞尔小国,必有令主,三代之季,岂无僻王!是以正闰之论,自古及今,未有能通其义,确然使人不可移夺者也。臣今所述,止欲叙国家之兴衰,著生民之休戚,使观者自择其善恶得失,以为劝戒,非若《春秋》立褒贬之法,拨乱世反诸正也。正闰之际,非所敢知,但据其功业之实而言之。……然天下离析之际,不可无岁、时、月、日以识事之先后……故不得不取魏、宋、齐、梁、陈、后梁、

后唐、后晋、后汉、后周年号,以纪诸国之事,非尊此而卑彼,有正闰之辨也。

司马光不愧为史学巨擘。他认为"正闰"之说矛盾百出,根本就讲不清,不如"据其功业之实而言之",只要能"叙国家之兴衰,著生民之休戚"就自然完成了史学的劝诫目的。

朱熹是理学家,又身处偏安江南的南宋,自然不满于司马光的观点和做法。他另撰《资治通鉴纲目》,改以蜀汉为正统。对此,《四库提要·三国志》解释说:"宋太祖篡立近于魏,而北汉、南唐迹近于蜀,故北宋诸儒皆有所避而不伪魏。高宗以后,偏安江左近于蜀,而中原魏地全入于金,故南宋诸儒乃纷纷起而帝蜀。"这种着眼于现实政治,确实是正统说的出发点,但其说也并非全无理论承袭,那就是公羊学的"立元正始""以元统天""尊王攘夷"之说。朱熹在《纲目》中说:"岁周于上而天道明矣,统正于下而人道定矣。"即衡量一个王朝是否正统时,不以其功业为主,不论其是否统合天下,合九州为一,仅以其开端授受之正与不正,行政施治仁暴与否,是华夏族所建还是少数民族所建作为判断依据。于是,能统一天下者未必就是正统,偏据一隅者也未必就不是正统。

为了证明自己王朝的开端之正,有天命在身,《汉书》把刘氏说为尧后,刘邦是赤帝之子,其母交龙而生,有拔剑斩蛇的瑞应。王莽为了夺权，也说自己为黄帝直系，编造了《自本》叙王氏由来，谓春秋时已有"沙麓崩""圣女兴"的预兆。刘秀以武力中兴，不仅以刘邦九世孙自诩，更以《赤伏符》为天命之应。他不甚畏惧公孙述的兵力，却患公孙述编造的符命鬼神瑞应之事，写信一一驳斥且自署"公孙皇帝"，以夺人利器为己用。至于曹操自认曹参后代，司马懿上溯祖先至颛顼之子重黎，刘裕说自家祖先为刘邦的弟弟楚元王刘交，连建立北魏的鲜卑族拓跋部也谓自己系黄帝少子昌意"受封北土，国有大鲜卑山，因以后号"，然后一脉相传。如此等等，不一而足。中国古代再往后的统治者实在找不到像样的祖先时，就说自己出生时"赤光绕室，异香经宿不散，体有金色，三日不变"，以证明天命在身，"非常人"(《宋史·太祖本纪》第一)。

实际上，正如王夫之所说："正与不正，存乎其人而已矣"(《读通鉴论·叙论》)，即"正统"纯粹是一个主观的命题，并没有一个客观的标准。于是"曹魏指吴蜀为寇，北朝指东晋为僭；南谓北为索虏，北谓南为岛夷。《齐史》称梁军为义军，谋人之国可以为义乎"(郑樵:《通志·总序》)。《左传》有"戎狄豺狼，不可厌也"；"戎，禽兽也"之语，后代史书就大力宣扬"华夷有别"，"内诸夏而外夷狄"，这也成为正统观念的另一表现。凡周边少数民族进入中原，皆为"寇""叛""作乱"；

而汉族政权经略边疆,则书以"击""平""征"。宋、辽、金、夏本为当时中国并立的几个封建政权,元人修史,因为蒙古族执政,断辽、金、宋都是正统,设局修《宋史》《辽史》《金史》三书,并不重此轻彼。到了明代,受正统观念影响,王洙《史质考》、柯维骐《宋史新编》、王惟俭《宋史纪》等书重新改撰那段历史,极力抬升两宋王朝的正统地位,而贬黜辽、金、夏等少数民族政权。这里有明朝驱逐蒙古人而建立政权的背景,借"夷夏之辨"以巩固专制统治。而到清代修《明史》,对涉及女真部与明朝关系的史实讳莫如深,不惜隐没删削。对学者文字中有"夷夏之防"的言论,也不惜大兴文字狱,这都是史学政治化的反映。

史书的断限和书例

与史学正统论相连带的,是史书的断限问题。刘知幾《史通·断限》说:"丘明之传鲁史也,以隐为先,而云:'惠公元妃孟子。'此皆正其疆里,开其首端。"也就是说,《左传》以隐公开篇,首言其继承的是鲁惠公的君位,这就是以名正实,史书必须有正确裁断。而三国时代,曹操并没有即位为天子,但其子曹丕却追尊其父为魏武帝,《三国志》也以《武帝纪》开端。如果说"魏武乘时拨乱,电扫群雄",与魏朝建立关系密切,《三国志》如此记述还有情可原的话,如董卓、臧洪、陶谦、公孙瓒诸人"生于季末，自相吞噬，其于曹氏也，非唯理异犬牙，固亦事同风马，汉典所具，而魏册仍编"，这就是不明断代为史的裁断了。又如《晋书》应该从司马懿开始，还是应从正式即位的晋武帝司马炎开始？人们还在西晋时就有讨论：中书监荀勖认为应从齐王曹芳正始（240年）起年，王瓒认为应从嘉平（250年）灭曹爽时开始，贾谧认为应从泰始（265年）为断。更早的还有主张从黄初元年（220年）的司马懿开始，这实质上就是"越魏继汉"论。据《晋书·潘岳传》，陆机对《晋书》断限议曰："三祖（指司马懿、司马师、司马昭）实终为臣，故书为臣之事，不可不为传，此实录之谓也。而名同帝王之籍，不可以不称纪，则追王之义也。"这实际是两可调停之论，最终还是实录让位于名分。因晋武帝司马炎追谥其父祖为宣帝、景帝、文帝，《晋书》也就在晋武帝司马炎之前列帝纪三篇，把晋朝的历史从曹魏继汉的黄初元年开始，时42岁的司马懿实际还仅为魏之太子中庶子。其后刘裕夺晋，也牵涉《宋书》断限。徐爰认为，既然《三国志》起以魏武，《晋阳秋》始于晋宣，"明黄初非更姓之本，泰始为造物之末"，那么南朝刘宋的历史也应从晋安帝义熙二年（406年）封刘裕为豫章郡公开始。以后，这就成为断代史的一种惯例沿袭下来。

后代史书，继承了《春秋》和《左传》的书法义例，实际上也是正统观的一种反映。帝例《本纪》，自称"朕"，命令为"制诏"，印称"玺"，临为"幸"，器用为"御制"，生病为"不豫"，死为"驾崩"，墓为"陵"，触犯为"大不敬"，反叛之为"大逆不道"等，这些本来极普通的字眼在史家笔下都具有了特殊的名分意义。对帝王的名字要避讳，不管是官名、地名、人名凡是与之抵触的，都要避让。如避刘邦讳改"相邦"为"相国"，避汉景帝刘启讳改"启封"为"开封"，避汉文帝刘恒讳改"恒山"为"常山"，避汉宣帝刘询讳改"荀卿"为"孙卿"。东汉明帝名刘庄，班固《汉书》记西汉丞相庄青翟改为"严青翟"。不仅皇帝本人，对皇帝的父祖和皇后也得避讳。如唐高祖的祖父名李虎，《晋书》记后赵皇帝石虎，一律写作"石季龙"。又如东晋简文帝皇后名"春"，晋人避讳，孙盛记晋史，不写《晋春秋》而作《晋阳秋》，典故"皮里春秋"也常说成"皮里阳秋"。这种改字的避讳方法正来源于《左传》。如桓公六年："晋以僖侯废司徒，宋以武公废司空。"杜预注："僖侯名司徒，废为中军；武公名司空，废为司城。"为了对帝王有所褒贬，后代也继承周代为君王授谥号的办法，在每位帝王死后议定一个谥号，记载在史书上。谥号分为美谥、平谥和恶谥三类。如文、武、景、惠、昭、宣、元、成、平、明、桓、献、康、穆为美谥，意在对死者生前事迹品德的肯定褒扬。哀、愍、怀、悼等为平谥，表示一种同情。炀、厉、灵等则为恶谥，意在批评。这种做法和《左传》对帝王诸侯的记载是一脉相承的，它所体现的正是所谓《春秋》大义。

书例是著史者表爱憎、显褒贬的文字形式，"《春秋左氏传》每有发论，假君子以称之"（《史通·论赞》）。《左传》这种以"君子曰"的方式对史事或人物的评论，也为后代史家继承下来：如司马迁《史记》为"太史公曰"，《汉书》为"赞曰"，《后汉书》为"论曰"，《东观汉记》为"序曰"，《三国志》为"评曰"，《晋书》为"史臣曰"，司马光《资治通鉴》为"臣光曰"，《明史》为"赞曰"等，"其名万殊，其义一揆，必取便于时者，则总归论赞焉"。同《左传》一样，编年体史书于记事之中随发议论，而从《史记》之后，这种论赞则置于每篇之末。论赞为文长短深浅不一，也体现了著史者的见识才器，要在通过发论，提倡自《左传》沿袭下来的那种道德精神。范晔在《后汉书》中之论历来为人推重，如他在《荀彧传》中记载荀彧心不背汉，反对曹操爵魏公，加九锡，被曹操逼迫饮药自尽。篇末"论曰"：

> 自迁帝西京，山东腾沸，天下之命倒悬矣。荀君乃越河、冀，间关以从曹氏。察其定举措，立言策，崇明王略，以急国艰，岂云因乱假义，以就违正之谋乎？诚

仁为己任，期纾民于仓卒也。及阻董昭之议，以致非命，岂数也夫！世言荀君者，通塞或过矣。常以为中贤以下，道无求备，智算有所研疏，原始未必要末，斯理之不可全诘者也。夫以卫赐之贤，一说而毙两国。彼非薄于仁而欲之，盖有全必有丧也，斯又功之不兼者也。方时运之屯邅，非雄才无以济其溺，功高势强，则皇器自移矣。此又时之不可并也，盖取其归正而已，亦杀身以成仁之义也。

以"仁为己任，期纾民于仓卒"，"取其归正"，"杀身以成仁"，这就是史家所要提倡的春秋大义。尽管史官论赞不能像圣人"一字之褒，荣于华衮；一字之贬，严于斧钺"，但后代读史者通过其是非爱憎，还是把形成于先秦哲人之手的道德火种光大炬传。观《春秋》与《左传》对后代中国史学的影响，也正在于其"信圣人之羽翮，而述者之冠冕"；"为不刊之言，著将来之法，故能弥历千载，而其书独行"（《史通·六家》）。

文章正宗：
《左传》与中国文学

"文章千古事，得失寸心知。"

这是杜工部的名句，极言世人为文之不易。古人的"文章"，指独立成篇的文辞，与今天的"文学"概念并不是完全吻合。新版《辞海》"文学"条说："中国先秦时期曾将哲学、历史、文学等书面著作统称为文学。现代专指用语言塑造形象，以反映社会生活，表达作者思想感情的艺术，故又称'语言艺术'。"如孔门教以四科，其弟子杰出者："德行：颜渊、闵子骞、冉伯牛、仲弓。言语：宰我、子贡。政事：冉有、季路。文学：子游、子夏。"（《论语·先进》）这里的"文学"，就指的是熟悉典籍博学善文。最初的"文学"概念远较后代宽泛笼统,不是说最初没有文学,而是它(特指诗歌以外的散文)与史学混融在一个"文史"的框架内,还没有独立为一个文化门类。大概是到南朝宋明帝泰始六年,设置儒学、玄学、文学、史学四学科以教授官学生徒,文与史才分立门户。

史前的历史,是被曲折地反映在神话传说和世代相传的口头诗歌中,人间现实大多被赋予非人间的形式,人神不分。文字出现,也就出现了记载历史的散文。这种历史散文约为两类:一是记载重要人物对话、命令的诏诰语录,即所谓记言之史,对事实仅有片断简要的述说。从文体上看,这是后代论说文的雏形。二是记述重大事件和政治举措的年代记,即所谓记事之史,长期累积以备查考。这种文体经过著作史官的加工,就演变成后代的编年体史书。

同是编年体的历史散文,由于对原始档案进行不同的加工,《春秋》与《左传》的记事方法和文体性质有很大不同。有人说史学叙述人类的生活,文学则叙述人的生活;史学叙述社会生活,文学则叙述个人生活。此言虽嫌绝对化,但也指明了两个领域的不同特点。《春秋》在提纲式的事件记载中,以何年、何月、何日、何地、何事及结果如何的结构,采用合乎逻辑的句法,选用朴素而精简的语言,给读者以准确的认识。它的特征,是通过概念记录事件,并不是以形象反映现实;是正确地说明事件,而不是具体形象地描写生活感受。既然是借记录事件的因果关系来体现概念,那么《春秋》就不是文学作品。《左传》显然与此不同。它是在各国文献资料的基础上,广泛搜集野史遗闻和口头传说;不仅详尽记录了历史事件和社会生活,而且借助作者的想象和生活感受,在事件铺排、合理夸张、形象描绘等方面对社会状态进行了文学加工,风格富赡多彩。《左传》不仅是一部经学典籍和历史巨著,而且富有文学价值,因此对后代中国文学的发展也产生了极大的影响力。

《左传》的文学成就

孔子说:"文胜质则史。"(《论语·雍也》)故知史之为务,必借于文方可行世。《左传》作为一本历史巨著,不仅在于如实准确地记载史实,而且在于其形象化的美学特征和突出的艺术成就。自古文章之美,难于兼擅,长于说理的未必长于叙事,长于叙大事的未必长于叙小事,而《左传》却是应有尽有。在中国文学的领域内,《左传》也是一座光耀万代的灯塔。

从文学的角度看,《左传》的成就主要体现在叙事、写人和鲜明的语言特色三个方面。

生动细微的情景叙事

《左传》叙事的特点,首先是富于故事性、戏剧性,有紧张动人的情节。《左传》用编年体的形式记述一些重大历史事件,如果仅此而已,如后世编年体的《资治通鉴》《续资治通鉴》等那样,就不一定能既是历史著作又是文学作品。它是通过对社会情态和生活细节的绘声绘影的描写,抓住事件的重要环节或有典型意义的情景来叙述勾勒,而不是毫无选择地平铺直叙,因此使我们能通过《左传》看到一幅幅栩栩如生的历史图画。这种精描细绘,从后世刻板的史著要求来看常常被归于"遥体人情、悬想时势"的揣摩之作,被认为有欠周密。但年代久远的上古,原始史料不足,正是在《左传》作者这样的大手笔运作之中,依靠逻辑想象来拼接具体的细节对话,使《左传》既是翔实的历史记录又是充满鲜明生活实感的文学佳作。钱钟书先生说:"史家追叙真人真事,每须遥体人情,悬想时势,设身局中,潜心腔内,忖之度之,以揣以摩,庶几入情合理,盖与小说、院本之臆造人物,虚构境地,不尽同而可相通。"(《管锥编》第一册第166页)文史同有"虚构",但史学不是捏造,而是逻辑必然的真人真事的推想补充。

例如《左传》僖公二十三年记载晋公子重耳的出亡,时间既跨有近二十年之长,中间所涉地点人物又十分曲折复杂,要平铺直叙,必然冗长无味,又浪费笔墨,所以剪裁布局至为重要。作者在有限的篇幅内,精选了重耳奔狄、告别季隗、土块之赐、醉遣离齐、曹人窥浴、约避三舍等小故事,把重耳从一个不谙世事、只图享乐的贵介公子磨炼成勇智双全、度量阔大的英雄的性格变化,表现得合情合理跃然纸上。在戏剧性的细节描写中,《左传》在次年又穿插进寺人披告密和竖头须请见以及介之推辞赏隐居等几件事,使人读之有变幻莫测之感,既凸显了丰富了各类社会人物的形象,又增强了作品的文学观赏性。后代人认为这实际上是一篇首尾完整、结构严密、条理井然、脉络贯通的可作为典范的记叙文。其实类似这种戏剧性的故事描写在《左传》中俯拾即是:如宣公二年晋灵公与赵盾之间的矛盾斗争,通过鉏麑行刺、提弥搏獒两个情节,使人惊出冷汗。又如襄公十年郑国西宫之难,襄公二十五年齐国崔杼之乱,襄公二十八年齐国人攻庆氏,昭公十三年楚灵王之死,昭公二十七年吴国公子光刺杀王僚,哀公十四年宋国桓魋之乱等,无不如此。春秋是一个纷杂动乱的时代,如何把错综繁复的矛盾关系处理得纵横分明井然有序,是对《左传》作者功力的严峻考验。作者以敏锐的观察力抓住各国政权变更这一主导线索,着重于记叙谋杀、行刺、政变、攻伐等急剧变化的冲突事件,再辅之以画龙点睛式的故事情节,使贵族上层之间的虚伪、密谋、颠覆、贪婪、丑恶、冷酷等不可对人言告之态昭然若揭,从而批隙导窾,提纲挈领,把一幅幅生动明晰的社会画图呈现于读者面前。

丰富神奇的趣味性

《左传》叙事的另一特色,与它注重事件的故事性有关,就是常常把历史事实与民间传闻、神话传说结合起来,增加了历史记载的神奇色彩,对历史作了较多的文学加工。《左传》一方面遵循严格的时空观念,以简明的文字交代事件的时间、地点和参与人物,按本来顺序记叙包括事件发生、发展和结局在内的全过程;一方面采集民间的传说传闻,以烘托气氛,写活整个场面。比如庄公八年齐国连称、管至父杀齐襄公一事的记述:

> 齐侯使连称、管至父戍葵丘,瓜时而往,曰:"及瓜而代。"期戍,公问不至。请代,弗许。故谋作乱。僖公之母弟曰夷仲年,生公孙无知,有宠于僖公,衣服礼秩如嫡。襄公绌之,二人因之以作乱。连称有从妹在公宫,无宠,使间公,曰:"捷,吾以汝为夫人。"冬十二月,齐侯游于姑棼,遂田于贝丘。见大豕。从者曰:"公子彭生也。"公怒,曰:"彭生敢见!"射之。豕人立而啼。公

惧，队于车，伤足，丧屦。反，诛屦于徒人费。弗得，鞭之，见血。走出，遇贼于门，劫而束之。费曰："我奚御哉？"袒而示之背。信之。费请先入，伏公而出斗，死于门中。石之纷如死于阶下。遂入，杀孟阳于床。曰："非君也，不类。"见公之足于户下，遂弑之，而立无知。

这里参与谋反的几个人物如连称、管至父、公孙无知和连称之妹各有不同的动机，他们结合在一起就使事件的发生具有了逻辑上的必然性。但事件的具体引发点却又在公子彭生的"鬼魂复仇"（事见桓公十八年公子彭生受齐襄公指使害死鲁桓公，齐襄公为推卸责任让彭生做了替罪羊），造成齐襄公伤足而最终被杀。这里的叙述尽管包含有一些神秘思想的成分（反映了作者时代的社会认识水平），但比起《春秋经》"齐无知弑其君诸儿"这样简单至极的记录来，哪个更有助于后人获得丰富的历史认识不是显而易见吗？《左传》能够把"百忙事叙得极清晰又极变换"（冯李骅、陆浩：《左绣》卷三），正是这种出人意料的"变换"才造成跌宕起伏的文学效果。

《左传》每每描写重大战役、重大事变或者上层人物之死，都伴以灾祥、物兆、卜筮、夜梦等"虚妄"的奇闻轶事。如宣公十五年秦晋之战，晋将魏颗俘获了秦国的大力士杜回，从而取得辅氏之役的胜利。之所以能如此,却由于非常荒诞的原因:魏武子生前有一爱妾,魏武子临死嘱咐儿子魏颗将此妾殉葬于己。后魏颗不从父命,将妾嫁人。战斗中,魏颗见有一老人结草绊倒杜回,所以才使自己俘虏了他。夜里魏颗又梦老人说:"我就是你所嫁妇人之父,特意来报答你。"这种本不是信史的传闻,却被《左传》记载下来。又如襄公十九年记晋国荀偃之死,"卒而视,不可含",死不瞑目,口紧闭而不能含玉。士匄以为荀偃不放心其子荀吴,就抚摸着他的尸体说:"我们事奉荀吴怎敢不像事奉您那样尽心!"荀偃仍不瞑目。栾盈说:"难道是为了未能竟功于齐国的缘故吗?"便又抚摸着尸体说:"如果您死去以后,我不能继续完成您对齐国的大功,让河神惩罚我!"这样荀偃才瞑目受含。对这类"虚妄"之事的记载,我们今天当然不能简单视为作者的有意欺骗。从主观上说,作者是为了增加作品的神奇趣味色彩而广泛采撷;从客观上说,作者也是囿于对偶然性奇闻的不理解,曲折反映了春秋时代人们对自然、社会及自身的认知能力。如对荀偃之事,唐朝陆德明《经典释文》说:"桓谭以为荀偃病而目出,初死其目未合,尸冷乃合,非其有所知也。《传》因其异而记之耳。"

至于后世经学家对《左传》多引传闻的非议,则是另一角度。如范宁说:"左氏艳而富,其失也诬。"(《穀梁传集解·自序》)韩愈说:"《春秋》谨严,《左氏》浮夸。"(《进学解》)崔之方说:"《左氏》失之浅。"(《春秋经解》)其实从文学的角度看,"艳而富"说明记事的全面而丰富多彩,"浮夸"说明描写有合理夸张和人物动态创造,"浅"说明通俗易懂,这正从一个侧面显现了《左传》的文学性,而并非经学所需。

缓急有节的战争描写

《左传》叙事还有一个最为后人所称道的特色,就是对战争的记述。春秋乱世,几乎"无日不战",据统计有483次军事行动。对此《左传》不是平均笔墨琐屑记录,而是有选择地详细描述了其中十三次比较重要的战争。它们是桓公五年的繻葛之战,庄公十年的长勺之战,僖公十五年的韩原之战,僖公二十二年的泓之战,僖公二十八年的城濮之战,僖公三十二年的殽之战,文公十二年的河曲之战,宣公十二年的邲之战,成公二年的鞌之战,成公十六年的鄢陵之战,襄公十八年的平阴之战,定公四年的柏举之战,哀公十一年的艾陵之战等。对这些战争,《左传》作者不仅记述得条理井然,脉络贯通,而且都能抓住其胜负关键,从高处着眼于政治因素,使之各不雷同,都能精彩生动。后人冯李骅评论说:"左氏极工于叙战,长短各极其妙";"篇篇换局,各各争新。"(《左绣·读左卮言》)例如齐鲁长勺之战,战争始终是围绕着曹刿这个人物的言和行来展开的。从曹刿请见开始，由于鲁弱齐强，曹刿开口就问："何以战？"直到听见鲁庄公说察狱以情的话，才说："可以一战。"这不但体现了春秋时期的民本思想，也预示了双方胜败的结果。接着写曹刿与庄公同乘指挥车，待对方三鼓，又确信敌无伏兵，然后追击取胜。最后总结出："夫战，勇气也。一鼓作气，再而衰，三而竭。彼竭我盈，故克之。"这种对战争的描写角度，由于是超越了战争表象而深入腠理，所以使这篇战记不但决然不同于其他战记，而且使主题升华更富于哲理意义。又如秦晋的殽之战，秦穆公极想利用晋文公新死之时，出兵郑国，以寻找称霸中原的机遇。但老臣蹇叔却以为："劳师以袭远，非所闻也。师劳力竭，远主备之，无乃不可乎！师之所为，郑必知之。勤而无所，必有悖心。且行千里，其谁不知？"坚决反对这次行动。结果秦穆公完全漠视蹇叔的正确分析，在秦军东进的过程中，《左传》作者围绕着蹇叔的预测，一步一步地展现出秦军"劳师以袭远"的失败过程，不费笔墨而又极富说服力。

《左传》的作者确为叙事高手，其写战争不仅是泛泛把起因、准备、经过、影响告之而已，还能在事件行进中穿插入曲折生动的细节描写，使得行文疏密相间，缓急有节，读者也感到新鲜有趣。如成公二年的齐晋"鞌之战"：

齐高固入晋师，桀石以投人，禽之而乘其车，系桑本焉，以徇齐垒，曰："欲勇者，贾余馀勇！"……齐侯曰："余姑翦灭此而朝食！"不介马而驰之。郤克伤于矢，血流及屦，未绝鼓音，曰："余病矣！"张侯曰："自始合，而矢贯余手及肘，余折以御，左轮朱殷，岂敢言病？吾子忍之。"缓曰："自始合，苟有险，余必下推车，子岂识之？然子病矣。"张侯曰："师之耳目，在吾旗鼓，进退从之。此车一人殿之，可以集事。若之何其以病败君之大事也？擐甲执兵，固即死也，病未及死，吾子勉之！"左并辔，右援枹而鼓。马逸不能止，师从之，齐师败绩。

这一段先写齐方的骄横轻敌：高固自称"馀勇可贾"，齐侯声称"灭此朝食"，不介马而驰。晋方郤克前一年出使齐国曾因跛足被"妇人笑于房"，发誓报复："所不报此，无能涉河。"所以他在此时虽已受伤，血流到脚后跟还不停止击鼓。在解张和郑丘缓的激励之下，晋人郤克终因沉着顽强而取得胜利。这样在大战中穿插"闲笔"，反而有力地表现了战争的艰苦和紧张。又如成公十六年的鄢陵之战，作战尚未开始，先写楚王阵前眺望：

楚子登巢车，以望晋军。子重使太宰伯州犁侍于王后。王曰："（晋）骋而左右，何也？"曰："召军吏也。""皆聚于中军矣！"曰："合谋也。""张幕矣。"曰："虔卜于先君也！""彻幕矣！"曰："将发命也。""甚嚣，且尘上矣。"曰："将塞井夷灶而为行也。""皆乘矣，左右执兵而下矣。"曰："听誓也。""战乎？"曰："未可知也。""乘而左右皆下矣。"曰："战祷也。"

这些琐细的内容，一般的史家不会这样写，顶多概括地平叙。而《左传》作者确是大手笔，把参差错杂的情节通过楚王之眼和伯州犁之口严整生动地表现出来，一支笔写出两家事，极尽"手挥五弦，目送飞鸿"之妙。同时由于精心设计了摄取场景的角度，鲜明描画出两军紧凑部署和人奔马驰的气象，给读者以想象的空间，从而很好地烘托了大战以前的紧张气氛。叙事的细微生动，这是《左传》不同于后代许多史著的特点之一。

形象鲜明的人物塑造

《左传》中也广泛描写了各种人物，从天子诸侯到宰竖盗贼，大大小小约1400多个，其中形象较为鲜明者约三分之一。由于《左传》是编年体史书，既不同于小说可以自由塑造，也不同于纪传体可以集中展现，而主要是通过分年连续叙述的方式，融会而成人物形象。这样，《左传》中的人物形象可分为"累积型"和"闪现型"两类（孙绿怡：《〈左传〉与中国古典小说》）。前者如晋文公、郑庄公、楚灵王、晏婴、子产等，他们的事迹的描述往往要在《左传》中延续多年；而后者多为地位低下的小人物，往往仅记一事就表现出其性格特征。

《左传》作者的高明之处，在于捕捉住历史人物独有的气质和精神面貌，写出有鲜明个性的"这一个"，从而树立起生动的人物形象。比如同是暴君，楚灵王就不同于晋灵公、晋厉公等，而是集残暴、奢侈、贪婪、无赖、天真于一身。这个人物出场于襄公二十六年"城麇之战"，穿封戌俘获了郑大夫皇颉，这时还是王子的楚灵王要和穿封戌争功，让伯州犁裁断。于是找来俘虏，伯州犁"上下其手"，让俘虏说出"谁获子"，结果功劳反归王子，气得穿封戌抽剑追赶。这时的楚灵王表现出其无赖的一面。三年之后他继任令尹，作者借郑人子羽"松柏之下，其草不殖"的一句话暗示他有弑君自立的野心。昭公元年他聘妻于郑，又僭用国君的服饰仪仗与诸国会盟，通过各国大夫讥讽的言辞，楚灵王的蛮横性格和野心进一步明朗化，当年他果然入宫缢王自立。即位后的第一件事竟是杀掉长期维护他的伯州犁，后来又把当年与他拼命争功的穿封戌委任为陈公,谓"城麋之役不谄"。更让人不可理解的是,在一次宴会上,楚灵王问穿封戌,当年你假如知道我今天能为王,会退避而不和我争功吗?穿封说,如果知道今天,我一定会为了楚国的安宁把你干掉!对此楚灵王竟宽宏容之,这也许就是他天真的一面。楚灵王即位之后,轰轰烈烈,显赫一时。他会诸侯于申,两次率领诸侯伐吴,灭赖取鄀灭陈,与晋国联姻,作章华之台,这又是其叱咤风云的一面。他和晋国联姻,晋国派上卿韩起、上大夫羊舌肸送女。他想要"以韩起为阍,以羊舌肸为司宫"来侮辱晋国。当楚大夫对他分析此举的利害和晋国的实力后,他马上承认错误并对晋大夫厚加优礼,这显示了他"知过"的可爱一面。昭公十二年,楚灵王狩猎于州来,这时他的穿着是:

> 王皮冠,秦复陶(秦赠送的羽衣),翠被(翠羽披肩),豹舄(豹皮鞋),执鞭以出。

不但衣饰华丽,而且此时他正率军包围徐国,心里想的是让周天子给楚国宝鼎,让郑国给楚国"旧许"之地,让所有诸侯"畏我"。圭玉很贵重,楚灵王命令将其破开作为斧柄的装饰。这一切都显示了他的"汰侈"和志得意满。但盛极而衰,就在第二年,楚国国内发生政变,楚灵王众叛亲离,被逼自杀。《左传》写他听到儿子们在兵变中被杀之况：

> 王闻群公子之死也，自投于车下，曰："人之爱其子也，亦如余乎？"……王曰："余杀人子多矣，能无及此乎？"

这最后一笔深沉的慨叹，也许包含有楚灵王对过去残暴的悔意，从而最终完成了对这个复杂人物的形象塑造。

像这样笔酣墨饱的人物刻画，还可以举出晋文公、子产、晏婴、赵盾、子玉等例子来。《左传》中记人和记事是密不可分的，一方面在历史事件的发展中展现人物，一方面又通过人物的语言举止来体现历史事件发展的必然逻辑。但对《左传》中出现的大多数人物，还属于"闪现型"描述，即只用寥寥几笔，如同绘画中的速写，就勾勒出来其形象。如晋灵公派刺客鉏麑暗杀赵盾，《左传·宣公二年》写道：

> 晨往，寝门辟（打开）矣。（赵盾）盛服将朝，尚早，坐而假寐。麑退，叹而言曰："不忘恭敬，民之主也。贼民之主，不忠。弃君之命，不信。有一于此，不如死也。"触槐而死。

鉏麑这个人物虽然在全书中仅此一见，但通过这几十字的记载，已把他性格中的闪光点和忠、信两难冲突中的悲剧命运鲜亮地表现了出来，使人感到震撼。这类人物相当一批是"士"的典型，如《左传》隐公四年中的石碏、庄公十四年的原繁、僖公九年的荀息、宣公十五年的解扬、襄公三十三年的华还、文公二年的狼瞫、文公六年的臾骈、襄公十七年的臧坚等，他们性格多有真诚尚公、忠于职守、信诚勇敢的特点。但由于篇幅所限，《左传》往往只能表现其事迹中最突出的某一点，因而难免使其形象单薄且有明显的伦理化倾向。

　　《左传》在观察、认识及表现人物方面，不但已经超越了早期神话传说中那种夸张的粗线条的勾勒，也超越了《逸周书》和《国语》那种类型的表现方式。《左传》中没有对人物直接的容貌和心理的描写，但又能让人物活生生地站到读者面前，这主要是以行动性的细节来表现的，由此形成了中国古典文学有别于西方文学中依赖大段心理描写表现人物的优秀传统。比如襄公二十六年卫献公流亡于齐 12 年后重新返国，"大夫逆于境者，执其手而与之言；道逆者，自车揖之；逆于门者，颔之而已"。通过这样一个细节，卫献公对在不同地点迎接他的大夫给予不同的对待，反映出这位言如"粪土"的君主的浅薄短视和恃权傲下。又如宋国向戌是一个有权势的大夫，弃是宋平公的侍妾，因为儿子佐刚被立为太子，母以子贵，可以成为君夫人，但需要得到贵族们的承认。《左传》对此有一段描写：

> 左师（即向戌）见夫人之步马者，问之，对曰："君夫人氏也。"左师曰："谁为君夫人？余胡弗知？"圉人归，以告夫人。夫人使馈之锦与马，先之以玉，曰："君之妾弃，使某献。"左师改命曰"君夫人"，而后再拜稽首受之。

仅仅是因为接受了别人馈送的贵重礼品，左师向戌就先倨而后恭。不需明言，此人卑污的心理品格也就十分清楚了。另如大家都很熟悉的"郑伯克段于鄢"，作者是想要表现郑庄公对弟弟共叔段欲擒故纵的阴毒心理，但并不是用判断方式直接说明，而是通过人物的语言行动来暗示。当段被庄公允许占有京邑而且日益僭越典制向危险方向发展时，大夫祭仲十分担心，说："君将不堪。"郑庄公先是装糊涂："姜氏欲之，焉辟害？"祭仲似乎不懂庄公用心，继续谏阻。庄公这才说："多行不义必自毙，子姑待之。"后来段在庄公的有意纵容下"命西鄙、北鄙贰于己"，公子吕十分着急，担心国家和庄公所面临的危险。谁知庄公心里有数，只淡淡地说："无庸，将自及";"不义不昵,厚将崩。"在共叔段问题解决之后,郑庄公又以假作真演出了一场与母亲姜氏由反目不见到母子如初的戏剧。这一切都描画出了郑庄公老谋深算、狡诈伪善的性格特征。

《左传》不仅在先秦著作中首次提供了如此众多生动感人的人物形象,而且创造性地开启了描写人物的基本方法和路径,影响十分深远。

词约义丰的语言技巧

《左传》鲜明的语言特色,主要体现在叙述语言、人物语言和行人辞令几个方面。关于行人辞令,前面已有涉及,这里仅谈另外两个方面。叙述语言是《左传》叙述事件、展开情节、交代人物、描写场面以及表达作者观点的语言。在这方面其娴熟的技巧历来被后人所推崇,如刘知幾在《史通·杂说上》中说:

> 《左氏》之叙事也,述行师则簿领盈视,哤聒沸腾;论备火则区分在目,修饰峻整;言胜捷则收获都尽,记奔败则披靡横前;申盟誓则慷慨有余,称谲诈则欺诬可见;谈恩惠则煦如春日,纪严切则凛若秋霜;叙兴邦则滋味无量,陈亡国则凄凉可悯。或腴辞润简牍,或美句

入咏歌。跌宕而不群,纵横而自得。

这是说叙事状物形象生动,富于感染力。但这种内容和观感上的"丰润"又不是靠词句上的堆砌,其在修辞上又十分经济简练。如刘知幾在《史通·叙事》中又说:

> 言近而旨远,辞浅而义深,虽发语已殚,而含意未尽,使读者望表而知里,扪毛而辨骨,睹一事于句中,反三隅于字外。晦之时义,不亦大哉!

用精确凝练的文字,通过形象,显示丰富的生活内容,给读者以想象回味的余地,这就是"词约义丰"。《左传》这种高超的语言表现技巧,在全书中例证很多,俯拾即是。如宣公十二年晋楚"邲之战",描写晋军败退,因为晋军统帅下令先渡河撤退的人有奖赏("先济者有赏"),于是:

> 中军、下军争舟,舟中之指可掬也。

这里并未详细描述晋军士兵争抢渡河,局面失控混乱,后来者攀船争渡,船上的人恐怕人多船沉,便用刀乱砍攀船者的手指,结果船中被砍断的手指竟多得可以用双手掬捧等

等细节,而只用此12字表现晋军的仓皇窘迫,何其"言止而意不尽"也。此后,再描写晋军的溃退:

> 晋之余师不能军,宵济,亦终夜有声。

换成一般的史家,可以铺叙晋军如何部伍散乱,人声嘈杂,争抢渡船,唯恐楚军追赶的情景。这样不仅行文拖沓,而且没有了读者想象的余味。《左传》仅以"终夜有声"四字述之,确为文章妙手。战后,楚军伐萧,天气寒冷,《左传》又有一段精彩的细节描写:

> 申公巫臣曰:"师人多寒。"王巡三军,拊而勉之。三军之士,皆如挟纩(谓披上丝绵)。

三军之士虽然身体寒冷,但受到精神上的鼓励,感到"温暖人心"。这里用了"皆如挟纩"四字,由于贴切形象及笔意含蕴耐人寻味,从而成了修辞史上的著名比喻。其他如宣公十六年说士会执掌晋政之后国家治理得好,仅用"于是晋国之盗逃奔于秦"一句表现之;闵公二年说齐桓公扶助弱小邻国,以"邢迁如归,卫国忘亡"来概括;庄公十二年描述陈国应宋国的请求归还宋国叛臣南宫长万,整个过程仅

"陈人使妇人饮之酒,而以犀革裹之,比及宋,手足皆见"一句。这些都可被称为"言近旨远"的典范。

当然,能做到行文既生动又简洁,是以语言使用的准确为前提的。这种准确一是表现在使用语数量的丰富并具有层次可比性。比如有关战争的专门术语,《左传》使用了诸如战、伐、取、入、袭、讨、侵、围、灭、挑战、致师、横击、覆要、驰、奔、疾进、退避、从、治兵、合谋、发命、聚、誓、败绩、鼓等,其中有些词语只有细微的差别,看《左传》的行文却非常准确谨严。如"袭"和"击"都是进攻,但僖公二十二年宋楚"泓之战",宋襄公用的是堂堂正正的战法,故"既陈而后击之,宋师败绩";而在襄公二十三年齐国却是"遂袭莒",杜预注曰:"轻行掩其不备曰袭。"二是《左传》采用了大量生动的俗语、谚语和民谣,经过琢磨润色,变成规范的书面语言,其中许多具有警句的性质,在后世进一步演化为成语。如"馀勇可贾""上下其手""甚嚣尘上""欲加之罪,何患无辞""众怒不可犯""皮之不存,毛将焉附""唇亡齿寒""贪天之功""数典忘祖""退避三舍""政出多门""一鼓作气""食肉寝皮""风马牛不相及""铤而走险""宾至如归""信不由中""象齿焚身""楚材晋用""室如县罄""方城以为城,汉水以为池"等等,这种现成熟语的准确运用,既形象生动,又节省笔墨,也形成了《左传》鲜明的语言特色。

个性化的人物对话

关于《左传》中的人物语言,其特色主要表现在个性化的人物对话中。如僖公二十三年晋国落难公子重耳到楚国之后与楚成王的对话:

> 及楚,楚子飨之曰:"公子若反晋国,则何以报不谷?"对曰:"子、女、玉、帛,则君有之;羽、毛、齿、革,则君地生焉。其波及晋国者,君之余也。其何以报君?"曰:"虽然,何以报我?"对曰:"若以君之灵,得反晋国,晋、楚治兵,遇于中原,其辟君三舍。若不获命,其左执鞭、弭,右属櫜、鞬,以与君周旋。"

这里所展现的,一方面是楚王的恃恩望报、借机敲诈勒索的行径,态度骄横;一方面是重耳巧妙周旋,自重自信,显示了一个成熟政治家的风采。又如昭公元年楚公子围(即后来楚灵王)与各国大夫在虢地会盟,他穿着君王之服、陈设国主仪仗以自炫耀,诸国使节议论纷纷,或讥笑,或辩解,或置身事外,十来个人的对话都有自己的立场和个性,惟妙惟肖。因物赋形,作者文学化的剪裁经营在先秦作品中是独树一帜的。

《左传》中的人物对话，自然是在原始档案材料基础上经过作者统一的加工润色，但这种加工也充分考虑到不同的场景和人物身份，尤其是具有高度礼乐教养的贵族，要充分展现其文化上的典雅风度。如僖公二十八年晋楚"城濮之战"前，楚帅子玉派斗勃向晋文公下战书说：

> 请与君之士戏，君冯轼而观之，得臣与寓目焉。

明明是生死搏杀，却说成"戏"；明明是阵前指挥，却说成"观赏"；明明是斗智斗勇，却说成轻巧的"看热闹"（寓目）。晋文公派大夫栾枝回应致辞说：

> 寡君闻命矣。楚君之惠，未之敢忘，是以在此。为大夫退，其敢当君乎？既不获命矣，敢烦大夫，谓二三子："戒尔车乘，敬尔君事，诘朝将见。"

回答也同样彬彬有礼、委婉含蓄：敝君知道您的教谕了。楚君对我们的恩惠，我们从来都不敢忘记，所以才退避三舍停在这里。对于子玉大夫我们尚且退让，又怎么敢抵挡楚君呢？现在既然得不到让我们受到原谅的命令，那就斗胆来麻烦阁下转告贵同僚，装备好贵方的战车，敬重执行贵君主交付的任务，明天早上我们前往谒见。这种即使被看做"外交辞令"的语言，也是特定人文环境下的产物，也是紧扣对话人的身份并表现了人物的性格特征。

《左传》与中国古典小说

在《左传》产生的时代，学术分科尚不明显。由于它以古代人类知识的综合形式出现，因此它的价值是多方面的，对后代的影响也是多方面的。在文学史上，由于它的突出成就，正如《荷马史诗》之于西方文学一样，《左传》也深深影响到中国古典文学。这主要表现在小说和散文发展两大方面。

在中国，"小说"之名沿用了两千年之久。《庄子·外物》："饰小说以干县（悬）令，其于大达亦远矣。"这里的"小说"是指与大道理相对而言低微琐碎的言论。《汉书·艺文志》言："小说家者流，盖出于稗官。街谈巷语，道听途说者之所造也。"这时"小说家"被列入诸子十家，但所指仅是记录异闻，叙述杂事琐语的丛杂之作，性质接近于野史，还不是现代文学体裁之一的小说。古代真正意义上的小说开始于唐之传奇。以前的神话、传说、寓言、志怪等皆其先河，因为这些著作总还竭力以真实的史事或人物作为背景，即大多与"史"有千丝万缕的联系，即便是离奇的故事，也要让人们相信是"真事"。因此，可以说史传文学是中国古典小说的前身。不仅是《史记》，而且更早还有《左传》，对古代小说的创制和形成都产生了巨大的影响。无论是魏晋志怪、唐宋传奇话本，还是明清长篇白话小说，在其思想内容、结构形式和表现手法等方面，都可以看到源自《左传》的身影。关于此一问题，孙绿怡《〈左传〉与中国古典小说》一书曾进行过细致深入的研究，并提出许多为学术界所称道的精辟见解，本节的主要观点即由此书采撷而得。

关于《左传》对中国古典小说的影响，可以从作品的结构、思想和技巧手法三个方面来进行分析。

结构形式上的仿史化

在结构形式方面，《左传》作为一部编年体史书，它是严格按照以年系月、以月系日、以日系事的框架来展开内容的。中国古典小说大多继承了这一传统，有明显的时间标志，并随着自然时间的推移来串联作品事件。在流传至今的上万部古代小说中，以历史事件或历史人物为题材的作品，大约要占到全部总量的十之七八，每一部都是以历史发展的时间为线索的。如《三国演义》，自"建宁二年四月望日帝御温德殿"叙起，至咸宁六年司马炎"降孙晧三分归一统"，书中处处都有准确的纪年。明代小说《水浒传》严格按宋朝纪年，第一章开头即是"话说大宋仁宗天子在位，嘉祐三年三月三日五更三点"，以后又从英宗、神宗、哲宗一直写到"徽宗皇帝"。全书采用史书中人物列传的方式，以时间先后，一百单八英雄的事迹被款款叙出。金圣叹《读第五才子书法》说："一个人出来，分明便是一篇列传。至于中间事迹，又逐段逐段自成文字，亦有两三卷成一篇者，亦有五六句成一篇者。"

非历史题材的小说也不例外，本来作者完全不必标明年代的也非要刻意仿效史传作品。如神魔小说《西游记》开篇即是："彼时是大唐太宗皇帝登基，改元贞观，已登极十三年，岁在己巳。"市井小说《金瓶梅》，开篇也是"话说宋徽宗皇帝政和年间，朝中宠信高杨童蔡……"明明描写的是明代社会生活，但全书一律用宋代纪年，"甲子次序排得一丝不乱"。张竹坡《批评第一奇书〈金瓶梅〉读法》将之比作"一部《史记》"，说："《史记》中有年表，《金瓶》中亦有时日也。开口之西门庆二十七岁，吴神仙相面则二十九，至临死时则三十三岁。而官哥则生于政和四年丙申，卒于政和五年丁酉。……看其三四年间，却是一日一时，推着数去。……真千古至文，吾不敢以小说目之也。"讽刺小说《儒林外史》，写的是清朝事，全书却显标明朝纪年。第一回记事从"元朝末年"，"吴王削平祸乱，定鼎应天，天下一统，建国号大明，年号洪武"写起,直写到"洪武四年"。第二回又从"成化末年"开始,一直写到五十五回"话说万历二十三年"。全书情节一环套一环,人物一拨挨一拨,没有贯串始终的主角,很像编年体史书中的人物设置,随出随逝,绝不重现。而且作者书名就用"史"字,即按史书模式来写小说。其他如《平妖传》标明背景是"大唐开元年间",《女仙外史》从"明太祖开国"写起,《玉娇梨》的故事发生为明"正统年间",《镜花缘》写自唐朝"中宗嗣圣元年甲申即位"以后,《三侠五义》首言:"话说宋朝自陈桥兵变,众将立太祖为君,江山一统,相传至太宗,又至真宗。"《施公案》开头则是"清康熙年间风调雨顺,国泰民安"。

除了长篇小说,有些短篇作品也被看做"其体仿历代志传"(《聊斋志异》蒲立德跋),每篇皆有明确的时间,且详细介绍人物的姓氏、乡里和出身。如唐人所作《补江总白猿传》《离魂记》《任氏传》《柳毅传》《东阳夜怪录》等本是虚空无根之事,却要标明"梁大同末""天授三年""天宝九年夏六月""仪凤中""元和十三年春"等时间背景。比较典型的如《王度古镜记》,篇幅不长却有"大业七年五月""大业八年四月一日""大业九年正月朔旦""大业十三年七月十五日"等11处时间坐标,真像是一篇编年记事的史书。

开篇标明朝代年号,已成为古典小说的一种习见形式。

它的来源正是《左传》等纪年史著的强大影响，也符合长期以来读者求真求实的欣赏习惯。这样做可以加强作品的可信度，提高作品的感染力。

中国古代小说喜欢从历史中选取事件或人物，以构成作品的内容，不仅以"史"或"传"来给小说命名的特别多，而且把本不相干的内容也要涂抹上一层史实的色彩，从而引发出来历史演义中"虚实"关系的长期争论。郑振铎先生《插图本中国文学史》说：

> 中国的小说，以讲史为最多，即非讲史，而所取的题材往往是"古已有之"的。在当代的日常生活里取材的实在是寥寥无几。

这一点首先从以"史"或"传"来给小说命名即可看出，如《汉武帝内传》《飞燕外传》《列异传》《霍小玉传》《长恨歌传》《南柯太守传》《李娃传》《绿珠传》《杨太真外传》《水浒传》《好逑传》《平妖传》《铁花仙史》《儒林外史》《儿女英雄传》《海上花列传》《醒世姻缘传》等，以至到现代还有《阿Q正传》《吕梁英雄传》《创业史》等著名作品。其次有的小说虽然内容离奇庞杂，也总归于历史人物。如托名班固实为魏晋人所撰的《汉武帝内传》《汉武故事》，尽管有西王母降临、上元夫人盛宴的瑰丽情节,却还要用标明年月日的史传写法。王嘉《拾遗记》所记,多为上古伏羲氏、神农氏以至东晋各代的历史异闻。宋代"说话"四家,专有"讲史"一家,"讲说前代书史文传、兴废争战之事","以一朝一代故事顷刻间提破"。元代讲史话本种类繁多,如《新编五代史平话》《新刊大宋宣和遗事》《全相平话武王伐纣书》《吴越春秋连象平话》《薛仁贵征辽事略》等,它们都是取材于历史而杂采民间传说。《封神演义》本来是写佛道人神斗法的,却假借武王伐纣的故事,末以姜子牙封神和武王封诸侯为结,人神杂糅,"封国以报功臣,封神以妥功鬼,而人神之死,则委之于劫数"(鲁迅《中国小说史略》)。《万花楼杨包狄演义》把虚构人物杨宗保和历史人物包拯、狄青强为捏合。《三宝太监下西洋记通俗演义》描写郑和下西洋,充斥的却是神仙妖魔斗法故事。这些内容与史实风马牛不相及,却都要披上历史的外衣,好像非如此就不是小说。

讲史话本到明代就发展成为长篇历史演义,以后从《东周列国志》《前后七国志》《西汉通俗演义》《东汉通俗演义》《东西晋演义》《隋唐演义》《说唐演义全传》《两宋志传》一直到《洪秀全演义》《袁世凯演义》,几乎演尽了中国历史。中国古代的"四大奇书"(《三国演义》《水浒传》《西游记》《金瓶梅》),前半都是历史题材,而且深入人心,影响广泛。

即使《西游记》，里面的玄奘、唐太宗、魏徵、秦叔宝、尉迟恭、李淳风都是历史人物；《金梅瓶》中也有金人灭辽、入侵中原的描述。由于中国古代史官文化的深刻影响，小说作者也以补史自任。如作《聊斋志异》的蒲松龄在书中自号"异史氏"，就是把自己写作的小说当"史"来看待。熊大木称自己写《大宋演义中兴英烈传》是"按《通鉴纲目》而取义"，"至于小说与本传互有同异者，两存之以备参考"，"稗官野史实记正史之未备"。李卓吾（贽）称施耐庵、罗贯中"尽是史笔"。《新列国志·序》说此书"本诸《左》《史》，旁及诸书，考核甚详，搜罗极富。虽敷演不无增添，形容不无润色，而大要不敢尽违其实"。这样，一部小说的内容是否有史料依据，甚至成了人们对其评价的标准之一。考证小说人物的真实原型也成为中国文学评论的一大课题，一直到今天，人们不是还在为曹雪芹和贾宝玉的关系而争论不休吗？金丰《新镌精忠演义说本岳王全传序》就历史演义的虚实关系说：

> 从来创说者不宜尽出于虚，而亦不必尽出于实。苟事事皆虚则过于诞妄，而无以服考古之心；事事皆实则失于平庸，而无以动一时之听。

尽管理论上是这样，但在具体作品的对待上仍会有激烈争论。如上个世纪关于新编历史剧《武则天》《蔡文姬》《海瑞罢官》等的讨论，依然与这个问题有关。

在古典小说的结构形式上，仍然可以看到《左传》的影响，即重视故事发展的全过程，讲求因果和完满结局。前面曾谈到，《左传》的叙事总是按本来顺序记述包括事件发生、发展和结局在内的全过程，以达到"惩恶而劝善""福仁而祸淫"的教谕宗旨。我们注意到中国古典小说都要有完整的叙事结构，每个人每件事都要有"起"有"合"，在结尾都要有清楚的交代。而且这种结局往往是行善的封妻荫子，积德的福禄无限，受害的报仇申冤，离散的重逢团圆，作恶的不得好死，淫乱的阴间审判。如唐代传奇《霍小玉传》，李益遗弃霍小玉使之愤激而死，但结局是霍小玉变为厉鬼作祟使李益受到报应。《李娃传》写李娃救护落难书生，最后二人结为夫妻，李娃被封汧国夫人，"有四子，皆为大官"。公案小说的最后总是冤狱平反，坏人被惩，是非曲直昭如天日。而对于历史小说，作者虽无法改变历史的真实，但每每借助于鬼神迷信加以补救。如《三国演义》写关羽被斩后阴魂追索吕蒙一命，诸葛亮病故后一尊木像惊退魏军追兵。《水浒传》众好汉先后被害，于是托梦向皇帝"细诉衷曲柱死之冤"，使皇帝悔悟，敕封宋江为"忠烈义济灵应侯"，并建"靖忠之庙"。《说岳全传》在岳飞被害之后让奸臣秦桧到阴间下油锅等等。

这些作品的结局,并不是来自于内在情节或人物性格的必然逻辑发展,而是作者在某种观念的指导之下硬贴上去的。如《左传》等历史著作长期灌输的"惩恶劝善"的观念逐渐形成为民族的性格心理,表现在古典小说上就是完满的结局,使人们相信善行不仅可爱,恶行不仅可憎,而且终究会有报偿。佛教"因果报应""来生轮回"等教义的传入,更推波助澜,使这种观念得到加强。

思想倾向上的伦理化

在思想倾向方面,《左传》是以"礼"为标准来衡量历史人物的言行和事迹,人物描写有明显的伦理化倾向,这一审美原则也影响到中国古典小说中人物形象的塑造。如《三国演义》中的刘备、关羽、张飞是以"忠义"被联结在一起,也是被作者赋予理想价值的"正面人物"。忠就是忠于汉室,天子即使不行了,皇帝也应由姓刘的来做,这是正统,别姓就是篡窃。所以第八十回:"曹丕废帝篡炎刘,汉王正位续大统。"它所表达的正是这样一种封建伦理。关羽是作者塑造的正面典型,其性格特征是"重义"。从桃园结义,到降汉不降曹,忠于故主,"千里走单骑",再到"关云长义释曹操",都表现了他知恩图报的"义"。诸葛亮是"忠臣"的形象化身:足智多谋,能文能武,未卜先知,呼风唤雨,最重要的还是忠于刘氏，为复兴汉室鞠躬尽瘁、死而后已。曹操的形象也塑造得很成功，但是一个"奸雄"，极力写他的奸诈残忍。书中也写了曹操的雄才大略，知人善任，豁达大度，足智善谋，但因为曹氏父子篡了汉朝天下，于是成了"国贼"，道德评断压倒了一切。又如《水浒传》中的宋江，《说岳全传》中的岳飞，《杨家府演义》（全称《杨家府世代忠勇通俗演义》，明人作，与由《北宋志传》改编的《杨家将》内容略有不同）中的杨家父子，都被以"忠义"来概括和肯定他们的一生行事，而且每部小说中都有忠臣和奸臣的斗争贯串始终。

　　文学本来应该多侧面多角度地表现丰富而复杂的社会生活，作为作品中的人物形象也应该具有多层次的性格特征。但在中国古典小说中，往往以简单的道德规范来区分人物，善恶邪正，泾渭分明，必然导致人物形象的单一色彩。正如鲁迅在《中国小说的历史的变迁》中所说："写好的人，简直一点坏处也没有；而写不好的人，又是一点好处都没有。"这也造成中国人读小说习惯于把书中人物简单分为好人、坏人两大类。在人物形象塑造上对传统写法有重大突破的是《红楼梦》。贾宝玉、林黛玉都是不能用忠、义、仁、孝来概括的复杂的新人典型，"和从前的小说叙好人完全是好，坏人完全是坏的，大不相同"；"自有《红楼梦》出来以后，传统的思想和写法都打破了"（鲁迅语，同前）。

要使古典小说起到社会教化效果,除作品中类型化的人物塑造之外,作者往往还在小说中加上议论文字,这也是受《左传》等史书的直接影响。《左传》中有"君子曰"或"孔子曰""仲尼曰"的形式,对人物言行事迹进行褒贬品评,《史记》则有"太史公曰"表达司马迁的好恶爱憎。从此之后,史学著作几无例外地以这种"论赞"的方式在人物传后进行评论。古典小说也继承这一文化传统,好像史官评述历史一样,小说作者以旁观者的角度对作品人物和故事加以理性的认识和评述。如唐代《谢小娥传》末尾君子曰:

> 誓志不舍,复父夫之仇,节也。佣保杂处,不知女人,贞也。女子之行,唯贞与节能终始全之而已。如小娥,足以儆天下逆道乱常之心,足以观天下贞夫孝妇之节。余备详前事,发明隐文,暗与冥会,符于人心。知善不录,非《春秋》之义也。故作传以旌美之。

又如《杨娼传》篇末说:

> 夫娼,以色事人者也,非其利则不合矣。而杨能报帅以死,义也;却帅之赂,廉也。虽为娼,差足多乎。

明人拟话本在每一卷的最后有四句诗,更像史书末尾以韵文形式体现的"述赞"(如《史记》《后汉书》等)。清代《聊斋志异》是文言短篇小说集,有些篇后作者以"异史氏曰"的形式对故事加以评论。如《画皮》篇"异史氏曰":

> 愚哉世人!明明妖也,而以为美。迷哉愚人!明明忠也,而以为妄。然爱人之色而渔之,妻亦将食人之唾而甘之矣。天道好还,但愚而迷者不悟耳,可哀也夫!

这些议论性文字,都是作者唯恐读书的人不能参透作品中潜在的教化意义,于是点明封建伦理"贞节""忠孝""廉义""洗心"等主题,以维护礼教。古代人要突出小说的正面性,克服可能带来的负面作用,还常常利用作品前面的《序》以引导读者。如《三国志通俗演义序》庸愚子说:"读到古人忠处,便思自己忠与不忠;孝处,便思自己孝与不孝。"张尚德认为:"不待研精覃思,知正统必当扶,窃位必当诛,忠孝节义必当师,奸贪谀佞必当去。是是非非,了然于心目之下,裨益风教,广且大焉。"即使一些常被人们视为"诲盗诲淫"的作品,也要硬将其拉入正途。如李贽《忠义水浒传叙》说:

> 《水浒传》者,发愤之所作也。……夫水浒之众何以

——皆忠义也？所以致之者可知也。故有国者不可以不读，一读此传，则忠义不在水浒而皆在于君侧矣。贤宰相不可以不读，兵部掌军国之枢，督府专阃外之寄，是又不可以不读也。

《金瓶梅》有大量淫秽描写，长期被禁，但欣欣子《序》也把它说成"明人伦，戒淫奔，分淑慝（慝），化善恶"之作，其"关系世道风化，惩戒善恶，涤虑洗心，无不小补"。

总之，重视古典小说思想内容方面教化作用和社会效果，古人是把它同经籍史书等量齐观的。

技巧手法上的白描化

在技巧手法方面，中国古典小说继承了《左传》注重通过人物的言与行来表现形象，注意选取典型性的细节描写来凸显人物个性，注重叙事的故事性等优良传统，而很少作主观静态的外貌刻画和心理描写，从而使中国古典小说与西方小说比较，有突出的民族特色和风格。

纵观古典小说中的一些著名形象，如唐人传奇中的霍小玉、李娃、崔莺莺，如《三国演义》中的关羽、张飞、曹操，如《水浒传》中的鲁智深、李逵、武松，如《西游记》中的孙悟空、猪八戒等，作者并没有成篇大段地描写其容貌、衣饰、神情，只是随着故事情节的发展，通过一系列生动而具体的言行，使人物立体地呈现在我们眼前，鲜灵活现。比如关羽，其出场时仅有简单勾勒："身长九尺，髯长二尺，面如重枣，唇若涂脂，丹凤眼，卧蚕眉，相貌堂堂，威风凛凛。"但仅靠此我们所认识的还是一个比较概念化的人物。以后通过"屯土山关公约三事""美髯公千里走单骑""汉寿侯五关斩六将""华容道义释曹操""关云长单刀赴会""受毒箭刮骨疗毒""关云长败走麦城"等章节，这个人身上"忠""义""勇"的性格特征才逐渐清晰起来。尤其是他身居曹营时，通过曹操送袍、送马两个细节，使得关羽高官厚禄不足以动其心，金帛美女不能移其志，一诺重千金的品格具体化。如关公从曹操受战袍，"穿于衣底，上仍用旧袍罩之"。曹操怪问之，他回答说："某非俭也。旧袍乃刘皇叔所赐，某穿之如见兄面，不敢以丞相之新赐而忘兄长之旧赐，故穿于上。"曹操送他赤兔马，他喜而再拜，并说出让曹操愕然而悔的话："吾知此马日行千里，今幸得之，若知兄长下落，可一日而见面矣。"这种言行只能出自关羽，而关羽的形象也由此而活在读者脑际中。

通过选取典型性的细节来塑造个性鲜明的人物，是中国古典小说的常用手法。比如关羽、武松、李逵同是武勇之人，但读者不会将其混淆，那就是不同性格决定其不同的行事特点。关羽是有勇有谋。如单刀赴会,他明知东吴不怀好意,但又不能示人以怯。他一方面为稳便之计布置关平接应,一方面在宴后"右手提刀,左手挽住鲁肃手……扯到江边",使吕蒙、甘宁等伏军"恐肃被伤,遂不敢动"。而武松之勇表现在惊人的酒量和力气,"带一分酒便有一分本事",连吃十八碗上景阳冈打虎,吃四十碗醉打蒋门神。打虎时哨棒打断,他便赤手空拳与虎搏斗。李逵的勇是天不怕、地不怕、皇帝老儿也不怕。陈太尉来招安,一百七人皆"跪在堂上,拱听开读",惟有李逵"从梁上跳将下来,就萧让手里夺过诏书,扯的粉碎,便来揪住陈太尉,拽拳便打",一面还破口大骂。又如李逵和张飞同是莽撞直性的人,但二人的特点也有不同。李逵是憨直有余,"喉急"之下什么也不管不顾,连宋江也敢用斧来砍。张飞却是粗中有细,莽而不乱。如关羽伴二嫂千里单骑来到古城,张飞认为他降曹不义,"圆睁环眼,倒竖虎须,吼声如雷,挥矛向关公便搠"。关羽和皇嫂的解释他都不听,直到关羽斩杀曹将蔡阳,张飞又"将关公在许都时事细问小卒",才"兄弟释疑"。可以说,没有细节描写就没有具体的艺术形象,在《左传》中是这样,在古典小说中也是这样。

所谓"春秋笔法",是"不待贬绝而罪恶见",即以人物言行而不是第三者的评说来表现这个人物的特点,也就是司马迁在《太史公自序》中所引孔子语曰:"载之空言,不如见之于行事之深切著明也。"由此形成中国古典小说的民族特色,不借助于人物外貌描写和心理描写,没有华丽的形容性描述,没有人物独白式的内心描绘,而是用白描技术在人物动作中表现人物形象性格。如《水浒传》第62回"劫法场石秀跳楼"描写石秀打探卢俊义消息,在酒楼上看到法场上要处斩卢俊义的一刹那间:

> 人丛里一声叫道:"午时三刻到了!"一边开枷,蔡庆早拿住了头,蔡福早掣出法刀在手。当案孔目高声读罢犯由牌,众人齐和一声。楼上石秀只就那一声和里,掣着腰刀在手,应声大叫:"梁山泊好汉全伙在此!"蔡福、蔡庆撇了卢员外,扯了绳索先走。石秀从楼上跳将下来,手举钢刀,杀人似砍瓜切菜。走不迭的,杀翻十数个;一只手拖住卢俊义,投南便走。

这里没有容貌、衣着、神情的描述,也没有用文字说明心理活动,只通过石秀的一声大喊和一连串令人目不暇接的动作,便把他当机立断、临危不惧的个性表现得极为传神。像这样成功的描写片段在古典小说中非常多,追求"神似"远远超过"形似",这符合中国传统的美学思想。

如果说许多白话小说在叙述事实和刻画人物方面都继承了《左传》和《史记》的传统，许多评点家也动辄用"盲左腐迁"来比拟，但这种影响还是间接的。同《左传》关系最密切的还是后世的文言小说，从唐宋传奇到蒲松龄的《聊斋志异》都在语言、内容和写法上揣摩《左传》，影响可能更为直接。首先从内容上看，它们多写上层社会的糜烂生活，描写重大的社会问题，反映妇女婚姻和家庭不幸，也写神鬼怪异民间传闻，这都和《左传》有相似之处。当然时移世异，同是妻妾不和、嫡庶相争，《左传》所写主要是贵族们政治联姻等级差异造成的，而在《聊斋》中控诉的则是父母包办婚姻制度的不合理。而且蒲松龄笔下那些朦胧的渴望爱情自由的青年妇女形象，也不可能出现在《左传》中。其次从语言和写法上看，蒲松龄对《左传》是下过研究工夫的。冯镇峦《读〈聊斋〉杂说》言："千古文字之妙，无过《左传》，最喜怪异事，予尝以之作小说看。此书（指《聊斋》），予以之当《左传》看。"他认为《聊斋》也和《左传》一样，"参差中寓整齐"，"篇篇变，句句变，字字变"。这对《聊斋》应是一个很高的评价。《聊斋志异》像画风俗画一样，广阔地描写了各种各样的社会生活，特别是中下层人们的生活和农村的生活，创造了众多的风采各异的人物形象，具有泥土的芳香气，令人感到亲切、生动、真实、朴素。这同蒲松龄继承《左传》

的朴素的审美观有着密切联系。《聊斋》立志在写人，又重情节，尚文词，故能通过委婉曲折的故事来吸引和打动读者。为了动人，就造异立奇，并且造得让人感到像真的一样。这不同于单纯的宣扬迷信，而是发展文学的想象力，用浪漫主义的表现手法给后人留下许多生动的人物形象。这也正是取法于《左传》那种把历史真实与神话传闻结合后所产生的神奇色彩。

《左传》与中国古典散文

从更广泛的意义上来说，《左传》对后世古典散文的影响更超过古典小说。它尽管不是一部解释《春秋》的著作，但在汉代以后，就被官方定为《春秋》"三传"之一，唐代成为"九经"之一，宋代以后成为"十三经"的重要部分。于是，《左传》就成为"士人"的必读之书，人们从童蒙即开始诵习。在历代王朝的推广之下，凡立言著书的文化人，下笔之前，脑海中先就有了一把尺子放在那里。陆游《杨梦锡集句杜诗序》说：

> 前辈于《左氏传》、《太史公书》、韩文、杜诗，皆通读暗诵。虽支枕据鞍间，与对卷无异。久之，乃能超然

自得。

这里所说当然不仅仅把《左传》作为经书看待,因为将之与《史记》、韩文、杜诗并列,所以是一种文学范本。

《左传》对古典散文的影响,可包括对历史散文(史传文学)和对一般散文(议论、抒情、游记、小品等)两大方面。

《史记》对《左传》文学经验的继承发挥

史家记事是中国古典散文发展的重要原因之一。战国以后的历史散文直接受《左传》的影响,史学家在记事的同时,也注意作品中的形象描写和语言润饰,人们称此为"史传文学"。这些著作往往具有史学和文学的双重身份,混然而不分。《左传》是这样,司马迁的《史记》也是这样。

从《左传》到《史记》,虽然历史编纂的体例不同,但从文学的角度看,后者却是前者的最大继承者。《史记》许多脍炙人口的篇章,文笔生动,语言精练,刻画人物的个性特点栩栩如生,这些都是吸取了《左传》的文学经验并进行新的发展和创造。班固在《汉书·司马迁传》中说:"司马迁据《左氏》《国语》,采《世本》《战国策》,述《楚汉春秋》,接其后事,讫于天汉。"顾炎武《日知录》也认为司马迁"凡世家多本之《左氏传》"。吴汝纶也说:"太史公录《左氏》书可谓多矣。"(《桐城吴先生文集》卷四）这说明，司马迁《史记》的"世家""列传"部分都最大限度地利用了前代文献也包括《左传》提供的材料，如《赵世家》不仅史料而且在语言风格、写作技巧上都与《左传》有相似之处。但《史记》毕竟有自己的纪传体例，它要以人物为中心来选择、提炼和组织材料，在"实录"的基础上，用典型事例来塑造性格鲜明的历史人物形象。正如扬雄《法言》所说："仲尼多爱，爱义也；子长多爱，爱奇也。"章学诚《湖北通志·凡例》说："（后人）记事出左氏，记人原史迁。"这恰恰说明《史记》与《左传》之间的继承发展关系。

《史记》像《左传》一样，善于选择典型事例来表现人物的性格。如同用一系列小故事来塑造重耳形象一样，司马迁用会稽起兵、巨鹿之战、鸿门宴、成皋挑战、垓下之围、乌江谢渡等情节鲜明生动地表现了项羽豪勇盖世又英雄气短的悲剧性格。《魏公子列传》记信陵君谋划救赵的活动，重点却是放在他与夷门监者侯嬴、屠者朱亥交往的故事情节上，显示了他的礼贤下士、守信重义和勇于改过的性格特色。《李将军列传》写李广，也是通过他在与匈奴作战中的一系列故事如百骑惊退敌数千骑、射箭中石、被俘以智脱逃等显示他的勇敢、智慧、善射、多力等"飞将军"的一面，又通过功不封侯、爱护士卒及至最后引刀自刭等的细节描写，表现他使人"皆为垂泣"的悲剧命运,从而在历史人物画廊中留下了令人印象深刻的一个名将形象。

《左传》善于通过对故事化情节的展开和描绘来展现人物个性的叙事手法也为《史记》所沿袭。例如《史记》中有关"鸿门宴"一段的记述:先有范增设计,项伯私告以为铺垫,接着是宴会中"范增数目项王,举所佩玉玦以示之者三",但项羽不忍,"默然不应"。于是"项庄舞剑","樊哙拥盾入",对项羽一顿数落,"项王未有以应"。最后刘邦"起如厕",留张良善后,献璧献玉斗。范增把玉斗"拔剑撞而破之",长叹"竖子不足与谋"。整个过程波澜起伏,戏剧性十分强烈。通过尖锐复杂的矛盾冲突,不但表现了各种人物之间的错综关系,也使项羽的仁义重信、刘邦的虚怯奸猾、樊哙的勇武兼智、张良的沉静多谋以及范增的因谋划不逞而毒酷多躁都逼真如生地体现无遗。又如《魏其武安侯列传》,通过田蚡"请考工地益宅","灌夫闯吴营",灌婴宴田蚡,田蚡"请魏其城南田",灌夫使酒骂座,窦婴田蚡东廷辩论,窦婴之死,田蚡受淮南王金等一个个小故事的描绘,表现了不同人物的性格特点。司马迁在最后论曰:"魏其、武安皆以外戚重,灌夫用一时决筴而名显。……然魏其诚不知时变,灌夫无术而不逊,两人相翼,乃成祸乱。武安负贵而好权,杯酒责望,陷彼两贤。"而这些并非"徒载空言",而是通过情节展开来实现的,此正是传记文学使历史记述故事化的特色。

《左传》中注意人物对话的特定身份、场景和生动有趣的特色也为《史记》所继承发展。如同是见到秦始皇出行的盛大仪仗,项羽感慨道:"彼可取而代之!"语气率直豪爽毫无隐讳;刘邦则喟然太息:"嗟乎,大丈夫当如此也!"语气在委婉中流露出羡慕贪求。联系到他入咸阳急于入居秦宫的做派,刘邦内心何其贪婪利欲。项羽与刘邦军前对阵,二人有两次对话。一次是:

> (项王)为高俎,置太公其上,告汉王曰:"今不急下,吾烹太公。"汉王曰:"吾与项羽俱北面受命怀王,曰'约为兄弟',吾翁即若翁,必欲烹而翁,则幸分我一杯羹。"

另一次是:

> 楚汉久相持未决,丁壮苦军旅,老弱罢转漕。项王谓汉王曰:"天下匈匈数岁者,徒以吾两人耳。愿与汉王挑战决雌雄,毋徒苦天下之民父子为也。"汉王笑谢曰:"吾宁斗智,不能斗力。"

文章正宗:《左传》与中国文学

从这里即可区分,项羽作为出身贵族的军将,有他的教养背景和处事态度;相比较之下,出身社会下层的刘邦自有其冷酷、狠毒、无赖的一面,二人的语言都符合其身份性格,相互换置则是不可想象的。同样,《陈涉世家》写陈胜之言:

> 陈涉少时,尝与人佣耕,辍耕之垄上,怅恨久之,曰:"苟富贵,无相忘。"庸者笑而应曰:"若为庸耕,何富贵也?"陈涉太息曰:"嗟乎,燕雀安知鸿鹄之志哉!"

这里道出了他的苦闷和向往。后来又写他为陈王之后,对贫苦故人如何"缚之""载与俱归""斩之""故人皆自引去"等情节,从而前后呼应,也完成了对陈胜这一特定人物形象的塑造。诸如此例,在《史记》中比比皆是。

为文与著史的混同和分途

宋人叶盛《水东日记》说:"左丘明传《春秋》,而千万世文章实祖于此。继左丘明者,司马子长。子长为《史记》而力量过之,在汉为文中之雄。"中国古代的史传文学,从《左传》到《史记》确为又一次阶段性跨越。有人说,先秦的《春秋》《左传》是经学的史书,即经史不分,《汉书·艺文志》把史著附庸于六经之中；从司马迁到六朝的史学著作，是文学的史书，即文史不分，大都把著史当成文章之业；唐代之后才文、史分途，各自独立。这里就牵涉到一个如何看待史著当中的文学性手法问题。

从我们今天的眼光来看，对史学的要求是冷静理智地如实记录史实，它可以进行选择组织但只能剪裁而不能附益。文学却不同，它有权利利用想象对现实进行再创造，合乎情理地作各种夸张虚构，作品应激情充沛。但这只是理论上的区判，事实并非完全如此。对先秦等年代久远之事，由于原始史料的缺乏，史学家在缀连事件的过程时，需要合乎"逻辑"地进行悬想渲染。比如《左传》所记载的那些个人独白、密室窃议、闺房私语之类，古人已有"谁闻而述之"的追索。但它和文学的主观有意虚构并不相同，即叙述必须在服从历史的真实这一前提之下进行。钱钟书先生在《管锥编》中谈到《左传》的记言特点时曾说，上古既无录音之具，又乏速记之方，而像僖公二十四年介之推与母偕逃前之问答，宣公二年鉏麑自杀前之慨叹，皆生无旁证，死无对证者，何所据依？于是后人把这种手法与文学创作混为一谈，如明清评点章回小说者，动以盲左、腐迁笔法相许。对此钱先生辨析说：

> 史家追叙真人实事，每须遥体人情，悬想事势，设

文章正宗：《左传》与中国文学

身局中，潜心腔内，忖之度之，以揣以摩，庶几入情合理。盖与小说、院本之臆造人物、虚构境地，不尽同而可相通；记言特其一端。(《管锥编》第一册第166页)

也就是说，史学的细节描绘和文学的虚构臆造是可相通而本质上不尽同。也只有在左丘明、司马迁这样的大手笔之下，才能恰如其分地把握住分寸，写出既是实录又富于文学感染力的传世杰作。但在两汉之后的六朝时期，史书的文学化倾向却在不同程度上损害了历史体裁的真实性原则，屡受后人诟病。

唐代以前，著史与为文是混同而不分，即刘知幾所责难"文非文，史非史"的状况。司马迁作《史记》，自己在《报任安书》中就说其目的是"鄙没世而文采不表于后也"。班固本人"能属文诵诗赋"，其所作《两都赋》就是传世的文学名篇。他所作的《汉书》，虽无《史记》的隽永、峭拔、奔放之气，但写得娓娓动人，于从容不迫中摹声绘形，也是古代传记文学的代表作品。特别是书中大量收载文章诗赋，具备多种文体，富于辞藻，为后来文章家所取资。柳宗元就说："由高帝迄于哀平王莽之诛，四方之文章盖烂然矣。史臣班孟坚修其书，拔其尤者，充于简册。"(《唐柳先生集》卷十九)在魏晋人眼中，班和马所著之史首先是文章好，而文章好才能"没而不朽",至于"明乎得失之迹"的史学政治功用反而居于次要位置。刘劭在《人物志·流业篇》中说"文章之材,国史之任也";"能属文著述,是谓文章,司马迁、班固是也"。当时人对文章的重视,也见于曹丕《典论·论文》中的一段名言:

> 盖文章,经国之大业,不朽之盛事。年寿有时而尽,荣乐止乎其身,二者必至之常期,未若文章之无穷。是以古之作者,寄身于翰墨,见意于篇籍,不假良史之辞,不托飞驰之势,而声名自传于后。

这里"不假良史之辞"是说不借助于史书为自己立传就能声名传后,而不是说史著不包括在文章之内。在当时人眼里,史是总括于文学的范围之内的,如刘勰作《文心雕龙》,将文体分为"明诗""诠赋"等20类,其中第11类就是"史传"。

既然六朝人以文求名声不朽,既然史著又在文中,于是魏晋以后文学家著史蔚然成风。如西晋陆机著《晋纪》,东晋袁宏著《后汉纪》,南朝范晔著《后汉书》,谢灵运著《晋书》,沈约著《晋书》《宋书》,萧子显著《晋史草》《南齐书》等,以至于像《隋书·经籍志》所说"一代之史,至数十家"。文士著史之风一方面造成史书数量大增,一方面也使著史者把注意力置于文字一端,给史学著作以很大影响。我们以范晔所著《后汉书》为例。

范晔《在狱中与诸甥侄书》曾自称其"耻作文士文","故当以意为主,以文传意",但实际上他所作史,最注重的是文,所自命不凡的也在于他的文章。他说自己的《后汉书》:

> 吾杂传论,皆有精意深旨,既有裁味,故约其词句。至于《循吏》以下及《六夷》诸序论,笔势纵放,实天下之奇作。其中合者,往往不减《过秦》篇。尝共比方班氏所作(班氏最有高名),非但不愧之而已。……赞自是吾文之杰思,殆无一字空设,奇变不穷,同合异体,乃自不知所以称之。此书行,故应有赏音者。……诸细意甚多,自古体大而思精,未有此也。

范书文笔确实不错,流畅彩丽,可以比美班汉,故此书一出,诸家后汉书都废,梁人萧子显后来又改写的《后汉书》也不能与之争胜。前人拿它和《史记》《汉书》并称"三史",推为名著,主要取其文章之美。但也正由于它太重于文,对历史真实就难免亏损。范晔之前已有十家之多记述后汉历史的著作，他因华峤之书文章较美，即用为蓝本。但结果如清人顾栋高《后汉书补注序》所说：范书"比谢承书、《东观记》所载人物，削去十之四五……是使可传者，不获显于后世矣！"再从内容方面看，如同是记述李固事迹，谢承《后汉书》说李固"改易姓名，杖策驱驴，负笈追师三辅，学五经"，"每到太学，密入公府，定省父母，不令同业诸生知是（司徒李）郃子"。范书《李固传》简略仅"少好学，常步行寻师不远千里"几字，就把这样一个有特操卓行的人变成了寻常好学之士了。再如记载虞栩的事迹，司马彪《续汉书》明详具体：

> 虞栩为武都太守，始到郡，谷石千五百，盐石八千，见户万三千。视事三岁，米石八十，盐石四百，流人还归，郡户数万，人给家足，一郡无事。……下辩东三十余里许，有峡，峡中当水泉生大石，障塞水流。每至春夏，辄渍溢没秋稼，坏败营郭。栩乃使人烧石，以醋灌之，石皆碎坼裂，因镌去石，遂无泛溺之患。

对此，范晔书《虞栩传》记载为："诩始到郡，户裁盈万。及绥聚荒余，招还流散，二三年间，遂增至四万余户。盐米丰贱，十倍于前。""自沮至下辩数十里中，皆烧石翦木，开漕船道。"比较起来，范晔的文字确实简练，但却比较抽象空泛，无怪后人讥论为"文人不可作史"。

编纂史著当然应讲求文辞表达，但应以历史的真实为前提。当时不独范晔，而是风气使然。除范晔《后汉书》外，有的史著受骈文盛行的影响，特别注意辞藻的华丽，使得史文浮艳有余而笃实不足，甚至连唐初所修《晋书》也不能免俗。对此，刘知幾深表不满并力图扭转。他在《史通·叙事篇》中说：

> 自兹（班马）以降，史道陵夷，作者芜音累句，云蒸泉涌。其为文也，大抵编字不只，捶句皆双，修短取均，奇偶相配。故应以一言蔽之者，辄足为二言；应以三句成文者，必分为四句。弥漫重沓，不知所裁。……其立言也，或虚加练饰，轻事雕彩；或体兼赋颂，词类俳优。文非文，史非史，譬夫龟兹造室，杂以汉仪，而刻鹄不成反类于鹜者也。

对于这种文史不分之风，刘知幾认为隆兴于范晔。他在《史通·序例篇》中说：

> （华）峤言辞简质，叙致温雅，味其宗旨，亦孟坚

之亚欤?爰泊范晔,始革其流,遗弃史才,矜炫文彩。后来所作,他皆若斯。于是迁、固之道忽诸,微婉之风替矣。

刘知幾主张以《左传》为标准来衡量史著行文,即"简约得实"。叙述史事应以"简要为主",要"文约而事丰",反对"虚加练饰"。记述人物的语言,要用"当世口语","从实而书",不要"怯书今语,勇效昔言"。以此来衡量一些浮华诡诞的史籍,刘知幾专作《浮词篇》以申诫之。而对于符合这一原则的《左传》及不为一般人所重视的王劭《齐志》《隋书》,刘知幾却屡屡表彰,倍加赞誉。隋人王劭作《隋书》八十卷,被认为"辞义繁杂,无足称道"。刘知幾却在《史通·载文篇》中推崇说:"唯王劭撰《齐》《隋》二史,其所取也,文皆诣实,理多可信;至于悠悠饰词,皆不之取。此实得去邪从正之理,捐华摭实之义也。"

学术史的流变往往是相反相成的。就在史书的文学化倾向达于极致的时候,史学与文学的两端分立也开始逐渐形成。从目录学上看,晋朝荀勖撰《中经簿》,有甲、乙、丙、丁四部,其中丙部为史,丁部为诗赋,两类图书已经分立。从教育上看,南朝宋官学中,教授生徒是以儒学、玄学、史学、文学四科分立,"凡四学并建"。从南北朝开始,人们频繁使用"文史"一词以取代原来宽泛意义上的"文章",这当然还意味着文与史的紧密联系,但同时也意味着文与史的逐渐分离。南朝梁人裴子野曾著《宋略》,《梁书》本传说他"为文典而速,不尚丽靡之词,其制作多法古,与今文体异"。萧纲评价说"裴氏乃是良史之才,了无篇什之美"。裴子野逆风而行,固守传统,所谓"法古"就是把著史拉回到《左传》的正确轨道上去。正是在这样的背景之下,才会有专门性史学批评著作《史通》的问世。唐朝人刘知幾批评六朝文人修史的藻饰无度,强调史书应是严肃淳朴的作品,文与史应该分途,从而宣告了文学与史学基于各自不同特性的原因而互相独立的完成。

魏晋骈俪和韩柳"古文"

《左传》对历史散文之外的一般性散文的影响,也十分宽泛和深远。对这种影响,一般学者比较注意唐宋以后散文诸家即古文家对《左传》的崇尚。这当然是由于这方面的材料突出确凿,但实际上如果烛微探幽,先秦诸子的散文成就也未必与《左传》没有关系。

据杨伯峻、林贞爱等先生的考辨,《孟子·滕文公下》所述"齐景公田,招虞人以旌"一段,是引用《左传·昭公二十年》的故事,仅词句稍有不同;《韩非子·奸劫弑臣》记

"楚王子围将聘于郑,未出境,闻王病而反,因入问病,以其冠缨绞王而杀之,遂自立也"一事,见于《左传·昭公元年》,只是改"楚公子围"为"楚王子围",改"弑"为"杀"。《荀子·君道》有"危削灭亡之情举积此矣,而求安乐,是狂生者也"一句,刘师培认为是《左传·闵公二年》"是服也狂夫阻之"的引意;《吕氏春秋·慎行》"左尹郤宛,国人说之"一段,与《左传·昭公二十七年》所记为同一件事;《战国策·楚策四》明言"臣闻之《春秋》于安思危,危则虑安",此正脱胎于《左传·哀公十一年》"居安思危,有备无患",而《春秋》正指《左传》。这说明,战国诸子皆深读《左传》,从而在叙事析理上也不能不受其影响。尽管诸子的语言风格各有特色,如孟子气势充沛笔带锋芒,庄子语言生动汪洋恣肆,荀子分析透辟冷静精确,韩非子锋利透彻直切要害,但其中都有《左传》语言某一方面的影子,是其进一步的扩充发展。特别是他们善用譬喻夹以寓言并使语言生动风趣的共同特色,正是滥觞于《左传》。

汉初政论家陆贾、贾谊、晁错等人尚有先秦纵横余风,其文章也可以看出《左传》递嬗之迹。陆贾《新语》论孔子夹谷之会,有"嘉乐不野合,牺象之荐不下堂"的话,来阻止设享,杨伯峻先生认为应来源于《左传·定公十年》的记载。贾谊《新书》中诸多语句,更是直接脱胎于《左传》。如

《审微篇》:"孔子闻之曰:惜乎!不如多与之邑。夫乐者所以载国,国者所以载君,彼乐亡而礼从之,礼亡而政从之,政亡而国从之,国亡而君从之。"这是孔子对卫国国君赏给有功大夫以诸侯所用乐器和马饰的评论。同一件事《左传·成公二年》记载为:"仲尼闻之曰:惜也,不如多与之邑。唯器与名,不可以假人。君之所司也,名以出信,信以守器,器以藏礼,礼以行义,义以生利,利以平民,政之大节也。若以假人,与人政也。政亡,则国家从之,弗可止也已。"由此明显可以看出二者的密切关系。又如《礼篇》贾谊说:"君仁则不厉,臣忠则不贰,父慈则教,子孝则协,兄爱则友,弟敬则顺,夫和则义,妻柔则正,姑慈则从,妇听则婉,礼之质也。"《左传·昭公二十六年》则有晏婴对齐侯说:"君令而不违,臣共而不贰,父慈而教,子孝而箴,兄爱而友,弟敬而顺,夫和而义,妻柔而正,姑慈而从,妇听而婉,礼之善物也。"二者也是义同而词句略有改变。类似这样的例子不但贾谊书中多有,而且据前辈学者的研究,汉人著书论文大量采撷《左传》的内容语句者可以排一个长长的名单。如《毛诗故训传》引用《左传》对诗的解释 7 则、《淮南子》引用《左传》之语 7 则、刘向《新序》采用《左传》叙事 8 则、刘向《说苑》采用《左传》例证 18 则、刘向《列女传》采用《左传》事例 3 则等等,不胜枚举。另外,仅从《汉书》有关记载来看，西汉人张敞、翟方进、师丹、龚胜、梅福、谷永等在书奏中都明征暗引《左传》多处之文。桓谭《新论》说："刘子政、子骏、伯玉三人珍重《左氏》，教子孙下至妇女无不读诵者。"王充《论衡·案书》也说："刘子政玩弄《左氏》，童仆妻子皆呻吟之。"这也从一个侧面看出《左传》对汉代读书人影响之深。后人往往将先秦两汉之作同视为古文，它们文脉一系，风格相沿袭。从某种意义上说，两汉散文确为《左传》之"支与流裔"。

魏晋文风大变。《北史·苏绰传》说："自有晋之季，文章竞为浮华，遂以成俗。"本来西汉、东汉文体已有奇、偶之分，可分别以《史记》《汉书》为代表。司马迁的文章全用单笔的散文，称为奇；班固的文章近于用偶。刘师培《论文杂记》说：西汉之时，"大抵皆单行之语，不杂骈俪之词。或出语雄奇（如史迁、贾生之文是），或行文平实（如晁错、刘向之文是），咸能抑扬顿挫，以期语意之简明。东京以降，论辨诸作，往往以单行之语，运排偶之词，而奇偶相生，致文体迥殊于西汉。"后来蔡邕、范晔、潘岳、陆机以至于沈约、任昉，皆以班固为师，沿着《汉书》论赞的体系发展；唐宋八大家则是以司马迁为师，沿着《史记》体系发展，终于演成我国古代文坛上的骈、散斗争。

建安七子为文，皆以对偶易单行，内容上增加了抒情的成分,形式上增加了华藻的色彩,易于讽诵,于是形成骈体文。自魏晋以至刘宋,潘岳、陆机、颜延之、谢庄等人踵事增华,对偶逐渐严格,字句精于研练,辞采更加华丽,用典日趋繁密。南齐永明时期,王融、谢朓、沈约等人大倡声律之说,又把平仄用之于诗文,骈文多用四言六言的对偶排比。梁、陈及隋皆沿此发展。本来魏晋南北朝是一个"文学的自觉时代"(鲁迅《魏晋风度及文章与药及酒之关系》),一方面是文学的社会作用为人们所认识而开始成为专门的学问,一方面是文学摆脱经学的束缚而向抒情化、个性化的方向发展。文学之士大胆革新,将长期积累的某些修辞手法与艺术形式集中起来并加以定型化,从而形成一种特定格律的骈俪文体。骈文词藻华丽,对偶工整,音韵优美,有其艺术价值和特色。问题在于一格掩盖多体的绝对化,骈文几乎占有一切文学领域。人们片面追求文章艺术的形式美,"全借古语,用申今情",属对越来越严,声律又有四声八病的拘束,堆砌辞藻,意少词多,不仅无助于文学的发展,而且往往以华丽纤巧的形式掩盖空虚贫乏的内容。显然,这种"六朝争尚骈俪,即序事之文亦多用四字为句,罕有用散文单行者"(赵翼《廿二史劄记》)的文风,有悖于《左传》"简约得实"的传统路径。也正是在这种背景之下,唐代韩愈、柳宗元等人倡导古文运动,以纠骈文之偏弊,"道济天下之溺,文起八代之衰"。

所谓"古文"的概念由韩愈最先提出。他把讲求声律、辞藻、排偶的骈文视为"俗下文字",以上继先秦两汉文体者称为古文,以儒家经典为依归,主张"文从字顺",惟陈言之务去,崇尚《左传》等文章传统。古文运动是学古道,习古文,以古文传古道,以复古为旗帜,以革新为内容。韩愈等人在文体上力求变排偶为散体,不仅提出明确具体的主张,而且亲身实践,写出许多优秀作品,大大提高了古文的水平。韩愈的古文雄奇奔放,风格鲜明,众体兼备,论叙皆长。其成就多受先秦历史散文的影响,如他的《平淮西碑》被认为是模仿《尚书》。他虽说过"左氏浮夸"之言,而《董公行状》的辞命则又和《左传》的风格极为接近。柳宗元自己也承认著文"稍采取《左氏》《国语》之辞"(《报袁君陈秀才书》)。所以刘熙载《艺概·文概》说他们"盖惟善用古者能变古,以无所不包,故能无所不扫也"。在韩愈、柳宗元等人的领导与影响下,造就了一大批古文作家,形成了后世所称以"唐宋八大家"为代表的新的古文传统。一种清新流畅、舒卷自如、比较接近日常语言的散文蔚然成风,不仅基本取代了几百年来骈文在文坛上的统治地位,也对后世产生了深远影响。唐宋散文继承了先秦两汉文体传统,又具有题材更广、与现实生活联系更密切、文学性更强的新特点。新的古文传统形成后,支配中国文坛近千年,直到五四新文化运动以后，它才被现代语体文所代替。

文章范本和清代"桐城"

真正发现《左传》在中国古典散文史上的地位，并且自觉广泛地把它作为散文范本来诵习的却是始于宋朝。唐代古文运动之后，新的散文和六朝骈辞俪藻不同，和先秦两汉的简奥古朴也不同，而是趋向讲究作法和腔调等。这种古文家在继承先秦两汉散文优良传统的同时，也创造性吸取骈文的长处，使文章散骈相间，声调优美，节奏铿锵，句式整饰匀美又错综多变，贯注一种雄浑疏宕之气，文学语言也更丰富多彩，尽量做到内容与形式的完美统一。在这方面，《左传》和《史记》的文学特色正好有可供揣摩把玩之处。清人程延祚《青溪集》卷十说："《左氏》不独修饰安顿有痕迹，且有腔调蹊径，于三代之文，特为近时。"文字修饰，谋篇布局，声律格调，这都是宋代以后古文家所孜孜以求的东西，所以他们特别崇尚《左传》并竭力取法之。

吕祖谦是宋代著名经学家和散文家。他著有《春秋左氏传说》《春秋左氏续说》《东莱左氏博议》等书，和其他经学家不同，其论说《左传》常取"文"的角度。如他论《左传》"郑伯克段于鄢"一段说：

> 序郑庄公之事，极有笔力。写其怨端之所以萌，良心之所以回，皆可见始言亟请于武公"亟"之一字，母子之相仇疾，病源在此。后言"姜氏欲之，焉辟害"，此全无母子之心。盖庄公材略尽高叔段也，在他掌握之中，故祭仲之徒愈急而庄公之心愈缓，待段先发而后应之。……公之与段，始如处女，敌人开户，后如脱兔，敌不及拒者也。……此《左氏》铺叙好处，以十分笔力，写十分人情。

此外，吕祖谦在为"诸生课试之作"的《东莱左氏博议》一书中，精选《左传》论议168篇，用为教授生徒习作史论的入门书，即示范性的议论文。如卷一论"臧僖伯谏观鱼"说：

> 进谏之道，使人君畏吾之言，不若使人君信吾之言；使人君信吾之言，不若使人君乐吾之言。戒之以祸者，所以使人君之畏也；喻之以理者，所以使人君之信也；悟之以心者，所以使人君之乐也。

除吕祖谦外，宋代也有一些以《左传》文字为对象的著作，如徐晋卿《春秋经传类对赋》、李宗道《春秋十赋》、毛友《左传类对赋》、李涂《春秋事对》等。

作为文章范本,南宋真德秀第一次选录《左传》文字列入《文章正宗》一书。《文章正宗》正续集各二十卷,其正集选录《左传》《国语》以下至唐末的文章,分"辞命""议论""叙事""诗歌"四类,在前三类中,《左传》之文都占有重要地位。与此书类似也很有影响的古文选本是《古文观止》。此书清初由吴楚材、吴调侯两人编选,共分12卷,选文上起东周,下迄明末,共选文220篇。其中卷一、卷二共34篇全为《左传》文,数量之巨、地位之显赫,无书可比。篇中有注评,篇末有总评,在"明义理"的同时,编者也很注意文章的写作技巧。

如《吕相绝秦》一篇,编者评曰:

> 秦晋权诈相倾,本无专直。但此文饰辞驾罪,不肯一句放松,不使一字置辨,深文曲笔,变化纵横,读千遍不厌也。

在《季札观周乐》篇后,作者评曰:"读之者,细玩其逐层摹写,逐节推敲,必有得于声容之外者。如此奇文,非《左氏》其孰能传之?"推崇之意真是无以复加。

清代文坛上很有影响的桐城派,也极为看重《左传》的文学价值。桐城派是由桐城人方苞开创,刘大櫆、姚鼐进一步发展的散文流派,他们主张学习《左传》《史记》和韩愈、欧阳修等人作品,作文讲究"义法",要求语言"雅洁",以阳刚阴柔分析文章风格。方苞在《又书〈货殖传〉后》中说:

> 夫纪事之文,成体者莫如《左氏》,又其后则昌黎韩子,然其义法,皆显然可寻。

按他的解释,"义"就是"言有物","法"就是"言有序"。文章有内容,讲究谋篇布局,结构停当,层次分明,义法俱备,方为"成体之文"。按此标准,《左传》正是值得后人仿效的典范之作。为此方苞专门作有《左传义法举要》一书,以伸张《左传》的文学价值。刘大櫆还强调散文的情致韵味即文学感染力,他在《论文偶记》中说:"《左氏》情韵并美,文彩照耀。"即《左传》不仅把一件事原原本本叙述出来,而且写得饶有风姿,富有韵味,使人联想不绝。《史记》就继承了《左传》所开创的这一传统,文章很有"风神",使人"一唱而三叹"。

清代有许多评点《左传》的读本,专讲辞章之学,如《左绣》《左传快读》《左传微》《左氏评》《左传撷华》等。李绍崧《左传快读·序》说:"《左氏》一书,实为天地间不朽文字。细按其篇字句无法不备,秦汉国策诸公矜奇炫异之作,皆此公先为之开山也。"冯李骅、陆浩《左绣》一书,书分上下栏,下栏为《左传》原文,上栏为作者评语。正文之前,有冯氏《读左卮言》的长文,极论《左传》"极巧穷工,为千百世文章俎豆"的方方面面。如论《左传》篇法,作者写道:

> 篇法最重提应。或单提,或双提,或突提,或倒提,或原提,或总提,或分提。或直起不提,却留于中间,以束为提,乃是变法。或顺应,或倒应,或分应,或总应,或正应,或反应,或借应,或翻应,或明应,或暗应。或应过又应,或不应而应,亦是变法。逐篇比对,始知其变化不穷。

如此种种,虽不免带有时文即八股文的影响,但人们将《左传》视为写作典范的情况还是可想而知的。

现代以来,许多学者更是以科学的方法来探讨《左传》的文学价值。除大量论文以外,选本有王伯祥的《春秋左传读本》、朱东润的《左传选》、徐中舒的《左传选》。另外,钱钟书《管锥编》第一册关于《左传正义》部分共列有67条专论《左传》，涉及字义训诂、作文笔法、民俗伦理等许多方面，多独到精见。《左传》为后代文学创作提供了丰富的可资借鉴的经验，正由于其"文章鼻祖"的地位，它的文学成就在中国文学史上具有开创性的奠基意义。

宽猛相济：
《左传》与中国政治文化

什么是政治文化？

在现代，这是政治学中的一个学科分支。作为一个学术概念，它的出现最早始于1956年美国政治学家加布里埃尔·阿尔蒙德在《政治学报》上发表的《比较政治系统》一文。关于它的学术界定，今天仍是见仁见智，难有明确的一致。如阿尔蒙德在《比较政治学：体系、过程和政策》（曹沛霖等根据美国波士顿利特尔—布朗出版公司1978年第2版译，上海译文出版社1987年版第29页）一书中将其表述为"一个民族在特定时期流行的一套政治态度、信仰和感情"。另一国外学者维巴把政治文化的涵义界定为政治行动所发生的环境的经验信念、表征符号与价值,即人们对政治行动的感觉、认知、评价和情感等取向(《政治文化与政治发展》,美国普林斯顿大学出版社1965年版)。国内学者如徐大同认为政治文化是"政治体系的基本倾向或心理方面",它包括特定时期奉行的一整套政治态度、信仰、情感、价值等基本取向,是深藏于政治显秩序之下的隐秩序。政治行为是它的外部表现,政治制度是它的凝固形态,政治学说是它的理性升华(《西方政治文化传统·序言》,大连出版社1996年增订本第3页)。另一学者任军在《论中国传统政治文化的结构》一文中则界定得更为宽泛一些:"政治文化应当包括所有以改造和治理人类社会为目的的精神活动、实践活动及其由此造成的一切文明成果,它们共同构成了庞大的政治运行系统。"并且就中国而言,"传统政治文化中最主要的政治关系乃是以君主为核心的政治集团与社会大众之间的统治与被统治、管理与被管理之间的互动关系"(《人文杂志》1997年第2期第81页)。

尽管在概念上有种种不同的规定,但大多数学者还是趋向于认为政治文化属于人类政治生活中的主观意识范畴,是仅仅能以符号表示的非物质文化,它与政治系统是应该有所区别的。在这方面我比较同意孙家洲先生在《两汉政治文化窥要》一书中所表达的意见:政治文化的内容应该是"对特定时期的国家政体、制度、法律等政治层面发生影响的价值观念、政治理想、个人信仰等文化心理层面,以及两个层面之间的互动关系"(泰山出版社2001年12月第1版第4页)。

说"政治文化"是现代舶来物,中国传统文化中也确实没有这个概念,但这并不等于说中国历来就没有政治文化。相反,古代中国是一个"泛政治化"的社会,"天下一致而百虑,同归而殊涂。夫阴阳、儒、墨、名、法、道德,此务为治者也"(《史记·太史公自序》)。这个"治"和它的反向物"乱",所谓治乱之道,不仅先秦诸子,而且两千年的读书人所思所论都围绕着它,这就是政治文化。在中国古代,几乎不存在不受政治影响的纯文化和纯学术。特别是史官文化,"欲知治道,必先为史",述往事,思来者,以通"古今之变",与政治密不可分。《左传》既是编年史巨擘,也是历朝历代的政治教典。司马迁在《太史公自序》中坦陈"有国者不可以不知《春秋》"和"为人臣者不可以不知《春秋》"的种种理由。由此我们可以说,《左氏春秋》也是周代政治文化传统的主要薪火相传者和发扬光大者。

天道远　人道迩

周代对殷商天人观的改造发展

在中国古代,天道、神道和人道之间的关系,即所谓

"天人之辨",并不能简单视作一个关于人与自然的哲学问题,更是一个事关政权统治合法性的政治问题。

同世界上其他民族一样,中华民族的宗教精神也起源于原始氏族社会,也经历过"自然崇拜"和"祖先崇拜"。如《尚书·舜典》说虞舜"禋于六宗",贾逵注曰:"天宗三:日、月、星也;地宗三:河、海、岱也。"《国语·鲁语》说:"有虞氏禘黄帝而祖颛顼,郊尧而宗舜。夏后氏禘黄帝而祖颛顼,郊鲧而宗禹。"在迈入文明时代的过程中,为了产生政治权威,先民就从对自然神和祖先神的崇拜中,派生出了"天帝"观念和"敬天"思想。由氏族首领转化而来的政治首长,既能代天立言表达天命,又能受天委托管理民事,借神权来巩固政权。从本质上说,政权是武力征服的结果,但武力不足以收拾人心证明政权"合法",这种合法性必须来自于文化,来自于集体记忆中的积累性取向。

殷商具有绝对权威的至上神是上帝,它统管一切自然现象,也主宰人间的一切事物,同时也是商王的保护神和象征。因此,商王对天帝要虔诚祭祀,一行一动都要请示,"恪谨天命","天其永我命于兹新邑"。既然商王"有命在天",同时也就拥有统治万民的权力,"予迓续乃命于天,予岂汝威,用奉畜汝众",万民就要拥戴商王的权威,"勉出乃力,听予一人之作猷"(《尚书·盘庚》)。这就是"敬天"的真谛。殷商不受限制的神权政治导致周人的取而代之，也使中国古代的"天人"观念有了重大发展。

首先，周王朝继承了商代关于上帝为至上神的信仰，并且坚定不移地认为，周人之所以得天下，靠的仍然是天命。如《大盂鼎》："丕显文王，受天有大命，在武王嗣文王作邦。"《尚书·大诰》："予惟小子，不敢替上帝命。天休于宁王，兴我小邦周。"上帝在周人更多被称为"天"，它可以"命哲、命吉凶、命历年"，其权威性丝毫不减。但是，周人必须要解决的一个矛盾是，殷商也曾经得有天命，为什么突然就灭亡了呢？周人在理论上提出"惟命不于常"的观点来作为天命论的修正补充，即上帝所赐予的大命不是固定不变的，可以改易变革。《诗·大雅·文王》说："殷之未丧师，克配上帝。宜鉴于殷，骏命不易。""文王在上，於昭于天。周虽旧邦，其命维新。有周不显，帝命不时。文王陟降，在帝左右。""侯服于周，天命靡常。"这就是说，原来商人的确曾得到上帝的眷顾，但后来他们胡作非为，表现不好，就被天所抛弃。《尚书·酒诰》说："故天降丧于殷。罔爱于殷，惟逸。天非虐，惟民自速辜。"岂止是周代商，更前商代夏也是这样。所谓"汤武革命"，就是天命的变革。既然周人的祖先神体现了天命，就有了资格配享上帝，受到后世子孙祭祀。《史记·封禅书》说："周公既相成王,郊祀后稷以配天,宗祀文王于明堂以配上帝。"这些物化的文化符号,都是统治者神化自己权力证明政权合法性的象征。

其次,相对于殷商把天神上帝视作一种超然的盲目支配力量来说,周王朝把天神说成是关怀人世的善意的有理性有道德观念的最高主宰。商人的上帝虽然也附有一定程度的社会属性,但仍带有浓厚的自然崇拜的原始性。它像一个喜怒无常的神秘暴君,人们只能诚惶诚恐地屈服于其威权之下。商王和天帝也无特殊的血统关系,商王只能委托自己的祖先神向天帝转达自己的祈求。这实际上意味着,商人的上帝作为维护统治的意识形态工具的机能还没有发育成熟,神与人二者之间的关系还没有安顿妥帖。周人对此的改造是成功的。周王开始把自己称为天子,作为天的嫡长子,被选派来治民治疆土,二者之间有了异乎常人的特殊亲密关系。《尚书·召诰》说:"皇天上帝,改厥元子兹大国殷之命,惟王受命,无疆惟休,亦无疆惟恤。"既然天改派周王代替商王作自己的嫡长子,吉庆是无穷的,忧虑也是无穷的,上帝选派的标准只有一个,就是看你的道德表现。《毛公鼎》说:"丕显文武,皇天弘厌厥德,配我有周,膺受大命。"周有天下是因为天帝满意文王武王的德行。我们也注意到,商王名号着重于自然血缘的意义,而周王名号从文王以后,就有了道德意义的字样。这样，周人虽然也认为君主的权力来自天帝，但这种来源并不主要在于世袭血统，而在于自身高度的道德修养，能够做天神的忠实代理人。《诗·大雅·皇矣》说："皇矣上帝，临下有赫，监观四方，求民之莫。"这是以神的名义警戒后世君主，不失德才能巩固统治，永葆社稷。

最后，周人"以德配天"的神权观念，具体表现在施政上，就是要全力"怀保小民"。周朝统治者从殷商的残暴统治导致其灭亡中得到教训，"商王帝辛大恶于民，庶民不忍，欣戴武王，以致戎于商牧"（《国语·周语上》）。认识到小民力量的不可忽视，周人就假借上天的名义，说"天惟时求民主"（《尚书·多方》），天帝时刻都在寻求适合为人民之主的人。由于夏人"大不克明保享于民，乃胥惟虐于民"，于是被天所抛弃，天又选择成汤"简代夏作民主"（《尚书·多方》）。殷纣"天惟五年须暇之子孙，诞作民主"，五年等待仍"罔可念听"，天帝不得不"简畀殷命"，使周人取代它而做民之主。什么样的君主才是上天所喜欢的呢？那就是慎罚施惠，教化人民，使人民安居乐业，同时君主个人也要加强道德修养，"节性，惟日其迈。王敬作所，不可不敬德"（《尚书·召诰》）。要从高邈玄远的天帝那里知道天命，可借助于民心民意，这也是周人神道观的大发展。《尚书·康诰》："天畏棐忱，民情大可见。小人难保，往尽乃心，无康好逸豫，乃其义民。"天的畏灵和诚心从民意中可以看出。小民难于安抚,但只要尽心而不贪于安逸,就能治理好民众。《尚书·泰誓》的"民之所欲,天必从之";"天视自我民视,天听自我民听"等都说明在周人眼中,施政而能得到民众的拥护,才是真正的"敬天"。

总之,周王朝通过对天道观或传统宗教思想的修正,悄悄地给原始天神崇拜来了一次人文的洗礼。一方面,天帝仍然是政权存在和社会秩序的终极价值依据,另一方面它又和人产生一种亲和的感应,变成正义公道的化身和至善的象征,被抹去了残酷暴虐的诸多色彩。周人的神权理论根据现实需要把宗教、政治、道德三者紧密结合在一起,组成了一套完整的意识形态系统,这对周朝的政治文化建设起了积极的推动作用。天帝和祖先神被塑造成政治和道德的立法者,有助于把人们从蒙昧主义中解放出来,表现出理性的光辉。这种变革对后世思维的发展也起了推动促进作用。在西周,"天"是一个包含三重意义的概念,既指有意志的人格神,也指自然之天,还指政治道德的义理之天。后人由此思想资料出发,各有侧重地建立自己的学说体系并展开论争。

春秋晚期"远鬼神近人世"思潮的兴起

《左传》沿着西周开辟的文化路向继续前行,在天人关系上进一步觉醒人的自我意识，而天命鬼神观念则趋向淡薄化，最突出的就是由"天"的观念进而发展出"天道"的观念。"天"和"道"在西周是两个不同的概念。道的本义是道路，《说文》："道，所行道也，一达谓之道。"在《诗》《书》的一些地方被引申为规则，即自然和人事所遵循的轨迹。自然之轨迹为"天道"，人事之轨迹为"人道"，将二者对称并举，则见于《左传·昭公十八年》所载郑国子产批评裨灶祭神禳火的言论："天道远，人道迩，非所及也，何以知之？灶焉知天道？"这种天人相分的观点当然是进步的，即自然与政治两不相干，它有利于政治事务的世俗化，也表明原始天神权威的进一步衰落。但对此不能估计过高，天命鬼神观念在春秋哲人的心中仍顽固地占有一席之地。还是子产，在《左传·昭公七年》论及郑国伯有死后八年依然闹鬼这件事时说：

> 人生始化曰魄，既生魄，阳曰魂。用物精多，则魂魄强，是以有精爽至于神明。匹夫匹妇强死，其魂魄犹能冯依于人以为淫厉，况良霄……三世执其政柄，其用物也弘矣，其取精也多矣，其族又大，所冯厚矣，而强死，能为鬼，不亦宜乎！

人死能为鬼，而且鬼的存在又有"用物精多"作为物质基础。子产作为一个明哲的政治家,有这样的鬼神观并不奇怪,因为当时还没有抛弃天命的历史条件。我们看《左传·宣公三年》楚庄王问鼎之大小轻重,周大夫王孙满所驳斥他的话正是根据传统的天命思想:

> 天祚明德,有所厎止。成王定鼎于郏鄏,卜世三十,卜年七百,天所命也。周德虽衰,天命未改,鼎之轻重,未可问也。

这种天命思想的现实依据,就是周天子虽然大权旁落,但天下共主的名分仍然未失,所以天帝作为政治和道德最高立法者的观念就不会消失。作为一个春秋时期的贵族政治家,必然一方面视天帝为整个政治体系的精神保护伞,这是一个很难逾越的底线;另一方面又提出施政要面向现实,注重人事,从而满足神和人两方面的要求。

前面我们已经谈到,《左传》作者在天道、神道和人道关系的认识上,一方面大记鬼神占卜,极力表明鬼神的存在和占卜的可信,使全书笼罩着浓厚的神秘气氛;一方面又强调人事的重要,认为"吉凶由人",甚至说"民,神之主也",主张人应该多专注于社会和德行建设。与西周时代相比较,虽然《左传》并不否定神的存在,但把神意更多地归结为民意德政，实际是把神权置于虚设。纵观全书，作者所着力探求的是人的好恶追求和社会的兴衰变化，并且通过季梁、子鱼、宫之奇、子产、晏婴等哲人的充满理性的言论，已把传统的神道观改纳入人文化的轨道。尽管王充在《论衡·案书篇》中说《左传》"言多怪，颇与孔子不语怪力相违反"，但二者在几乎同样的历史背景下，同为"圣人神道设教"的意味则是明显的。

孔子也是殷周文化传统的继承者，既因袭着殷周盛行的鬼神观念，又受到春秋以来怀疑疏离天神的新思想的影响，他的基本态度就是"敬鬼神而远之"。孔子不是一个深入探索宇宙论的思想家，他没有深入探讨鬼神是否存在及人神关系等形而上的问题，而是采取"存而不论"的态度。《论语》中载有他的一系列在这方面的言论，如：

> 务民之义，敬鬼神而远之，可谓知矣。(《雍也》)
> 祭如在，祭神如神在。(《八佾》)
> 非其鬼而祭之，谄也。(《为政》)
> 禹，吾无间然矣。菲饮食而致孝乎鬼神。(《泰伯》)
> 未能事人，焉能事鬼。(《先进》)
> 子不语怪、力、乱、神。(《述而》)

从这里可以看出，孔子对鬼神是信则有、不信则无，而对于祭祀则主张认真。不仅反对对"怪力乱神"的淫祀，而且他把"事人"放在优先位置，在尽力于人事的前提下再来敬祀鬼神。孔子反对"非其鬼而祭之"，这里有两层意思。一是对贵族来说，祭祀自己的祖先，即"尊祖敬宗"，体现了一种宗法制的道德，有助于维护政治上的等级秩序，其他的祭祀则无意义。二是对天子来说，祭祀天帝和祖先神，恪谨天命，可时刻警诫自己全力保住社稷。孔子是相信天和天命的，如《论语》中"获罪于天，无所祷也"；"君子有三畏：畏天命，畏大人，畏圣人之言"；"不知命无以为君子"等言论。与其说孔子真从内心里相信有这么一个作为真实实体的"天"，毋宁说他是从入世者的睿智出发，在为社会秩序的稳定设计一种形为国家祀典的机制。正如《易·观》所言："圣人以神道设教，而天下服矣。"孔颖达解释说："圣人法则天之神道，本身自行善，垂化于人，不假言语教戒，不须威刑恐逼，在下自然观化服从。"这正体现了中国传统文化的"实用理性"精神。

经过孔子和《左传》这种"远鬼神，近人世"思潮的荡涤洗礼，从理论形态上将原来人格神的"天"转化为人文主义的天道和天命，从而对后代的政治理论和政治实践都产生了重要影响。其主要表现就是在中国古代逐渐发展出来一套系统的政治神学。它类似于国家宗教，却又不完全等同于世界上其他文明区域的宗教，但同样发挥着使国家政权偶像化、神圣化的作用，这就是在"天人感应"基础上的种种神道设教措施及物化的典规仪制。世界上许多民族都曾经历过政教合一的阶段，但多数是宗教约束和指导世俗政治，但中国却始终是政治势力凌驾于各种教派之上。在中国古代，是政治选择思想，而不是思想选择政治，秦汉以后的主流意识形态正来源于有深厚文化渊源的儒学。

天人感应与神道设教

成书于战国末年的儒家经典《礼记》，守持着《论语》和《左传》传启的"人—鬼"路线，进一步确立了人文主义的天道鬼神观。其《中庸》篇说：

> 子曰："鬼神之为德，其盛矣乎！"视之而弗见，听之而弗闻，体物而不可遗。使天下之人，齐明盛服，以承祭祀。洋洋乎如在其上，如在其左右。《诗》曰："神之格思，不可度思，矧可射思？"夫微之显，诚之不可掩如此夫。

鬼神之道生养万物，天下之人也应该庄重地对之加以祭祀。

鬼神无形，既高悬于人之上，也充溢于人之间，更需要以虔诚的态度而不懈倦于祭祀。鬼神诚信不可掩蔽，善必降福，恶必降祸。这里的"鬼神"与《易·系辞》中的"天地"相似，所谓春夏木火之神生物，秋冬金水之神终物，指的是自然天道的属性。人也是天地神妙幻化之物，怎能不敬祀天道呢？《祭义》篇说：

> 因物之精，制为之极，明命鬼神，以为黔首。则百众以畏，万民以服。

天道之所以被命名为"鬼神"，是圣人为了使庶众百姓畏服，是为了教化天下。那么如何以可视可闻的形式来体现目不可见的神道呢？《中庸》篇又说：

> 大哉，圣人之道！洋洋乎，发育万物，峻极于天。优优大哉！礼仪三百，威仪三千，待其人而后行。

这种种为"神道设教"而由圣人制定的礼仪和威仪终于在西汉时期基本定型。

战国意识形态领域思想的多元发展与秦汉帝国集权的政治架构存在着突出的矛盾。经过激烈的论争和分合，到西汉中期，汉武帝终于选择了最符合统治阶级政治需要的主流思想体系，这就是他的"罢黜百家，独尊儒术"之举。汉武帝所尊崇的儒学，也不单纯是先秦诸子之一的孔孟儒学的照搬，而是经过董仲舒的改造，以儒为主，糅之以阴阳五行、法、道等学说的"新儒学"。这种新儒学带有更多政治神学的色彩，天人感应和五德终始思想被融贯于整个理论体系中，其理论的出发点正是"天人相与"或"天人之际，合而为一"。董仲舒认为，天是宇宙人间的最高主宰，"百神之大君也"。但天又不单纯的是一人格神，它更多的是与其他多种因素相配合成为一个面目模糊的结构体。在《春秋繁露》中，董仲舒认为天涵容着整个宇宙和社会，由十项内容而组成，叫做"天端"，即"天地阴阳木火土金水，与人而十者，天之数毕也"（《天地阴阳》）。十项内容相组合而成四时、五行，人则包容于天地之间，"天气上，地气下，人气在其间"（《人副天数》）。天通过气的运行，与人沟通，天不但具有像人一样的感情，还像人一样具有内在道德，如"春，爱志也；夏，乐志也；秋，严志也；冬，哀志也"（《天辨在人》）。又如"天道之常，一阴一阳。阳者天之德也，阴者天之刑也"（《阴阳义》）。在董仲舒看来，人的形体、感情、意志、道德都是由天而来："为人者天"；"人之形体，化天数而成；人之血气，化天志而仁；人之德行，化天理而义；人之好恶，化天之暖清；人之喜怒，化天之寒暑；人之受命，化天之四时。"(《为人者天》)这种天与人之间的"以类合一"或"人副天数"，使得"天"既不是原始人格神的"天帝"，也不是纯自然的天道，而是融自然、伦理和神秘权威于一体，使儒学本身既不是宗教又具有了宗教的约束力。

这种"天人合一"的政治理论，首先是为了论证君主的专制权力和社会统治秩序，并且从宇宙论的高度来加以确认。董仲舒在《春秋繁露》中说："王者承天意以从事"；"王者天之所予也"(《尧舜不擅移汤武不专杀》)；"唯天子受命于天，天下受命于天子。"(《为人者天》)既然君主的权力来自于天，"与天共持变化之势"，那么"臣之义比于地，故为人臣下者，视地之事天也"(《王道通三》)。而且从"王道之三纲可求于天"出发，"君之所好，民必从之"(《为人者天》)，全国臣民都要无条件服从君主。但是这样一来，这种理论就会流同于秦代盛行的法家理论，于是董仲舒又创造出了理论的另一面，即利用天的权威给君主的权力以一定的约束或限制。董仲舒认为，君主统治天下也必须遵循天的法则，"圣人副天之所行以为政"(《四时之副》)。如若不然，天就会降下灾异来进行谴告责罚，"灾者，天之谴也；异者，天之威也"。所谓"灾异"即指某些反常的自然现象如日食、地震、火灾、水灾等。"先出灾异以谴告之，谴告之而不知变，乃见怪异以惊骇之，惊骇之尚不知畏恐，其殃咎乃至。"(《必仁且智》)这种"天谴"说实际上是从统治阶级的整体利益出发，利用虚拟之"天"，使臣下有理由对君主个人的胡作非为进行劝谏，来制约君权，以避免由政治危机导致社会动乱。这种"屈民而伸君，屈君而伸天"的实用哲学，目的是通过天人之间的交通感应、协调统一，来维护整体结构的均衡、稳定和持久，确实用心良苦。

董仲舒的理论虽然有种神秘主义的色彩，但他论述的中心问题是现实政治和人文伦常。他的"天道"实际上更是"人道"，即借用自然事物的运行法则来规划人间世事的统治秩序。这里没有创世的上帝，没有彼岸世界的描述，相反"天地人，万物之本"(《立元神》)，人与天等同，都是宇宙发展的必然结果。他也不是一个消极的天命论者，如在《汉书·董仲舒传》中说："故治乱废兴在于己，非天降命不可得反，其所操持悖谬失其统也。"这也是一个十分理性化的阐述。大体上说，董仲舒并没有完全背离先秦儒学在天道观上的人文化路向，不管自觉不自觉，仍然是根据中国古代的历史条件，以神道设教来论证政权和社会秩序的合法性，对后者给以本体论的支撑。

从此以后，在儒学这种主流意识形态的指导下，一系列具有象征意义的国家祀典和礼仪规定被建立起来。其中一些是"旧瓶装新酒",改造和利用了传统的文化资源,而另一些则是秦汉以后的新事物。

中国古代的国家祀典及内在的世俗化特色

周代已有郊祀,对象是"天",也就是当时人们信仰的至上神上帝。关于每年郊祀的时间文献记载不一。《礼记·月令》记载每年的立春、立夏、立秋、立冬四个季节,天子亲率三公九卿诸侯大夫迎四季于东、南、西、北四郊。《礼记·郊特牲》则认为是每年冬至在南郊举行。而《春秋》记载鲁国通常是每年"王正月"在都城南郊举行,孔子还认为这是僭越天子礼法,说"鲁之郊禘,非礼也"(《礼记·礼运》)。郊祀是天子的特权,诸侯只能陪同助祭,其重要的意义就在于天命授权观念下主祀权与主政权的统一。

西汉武帝时期,开始着手整顿秦和西汉前期国家礼仪方面的混乱状况,迈出典制建设第一步。他实行三年一郊之礼,即第一年正月到长安西面的甘泉郊祭"泰一"(天),第二年三月到长安东北的河东汾阴祭祀"后土"(地),第三年三月到长安西面的雍祭祀"五畤"(五方帝)。此后大体上"三岁天子一郊见",在祭礼中还配备有乐舞。以后经过数次的改制与完善,汉成帝建始元年(前32年)接受匡衡和张谭的建议,开始在长安南郊建圜丘,在长安北郊建方坛,并于翌年春正月祭天于圜丘，三月祠地于方坛，这是汉代南郊祭天之始。从此以后，它的规制一直影响了两千年。尽管在细节上有损益变化，如有的朝代采取天地合祀，有的朝代在采用汉制的同时掺入少数民族的传统礼仪，但都是在汉朝制度基础上的扩展和改革。今天北京城南的天坛和城北的地坛，正是明清帝王郊祭天地的遗址。从建筑群的宏大巍峨，还可以想见当年国家祀典的盛况。

在"家天下"的传统政治格局之下，祖庙也具有特殊重要的象征意义。宗庙是祖先的亡灵寄居之所，在先秦宗法政治之下，它不仅是传统祖先神信仰的延续之地，而且与重要的政治活动有关。如《左传·襄公九年》记国君"冠于成公之庙"，这是要在宗庙中行冠礼；昭公二十五年记宋元公"梦大子栾即位于庙"，这说明君主要在宗庙行即位典礼；昭公元年和桓公二年记载国君出访前和归国后都要"告庙"，并且还要"书劳于庙"；闵公二年说"帅师者，受命于庙"，宣公十二年记战后归来向祖庙"告成"，而且从"庙算"的普遍应用可以看出，出征作战的有关仪式都在宗庙举行。因为宗庙是血缘政治和权力资格的象征，"古者，明君必赐爵禄于太庙"（《礼记·祭统》），君主对之也必须虔诚恭敬，每月初一到祖庙杀羊致祭，报告时日，然后再回朝听政，这就是《春秋》所说的"告朔"。

秦汉以后，宗法血缘政治变成皇族地缘政治，祖先信仰变成祖宗信仰，原来以祖庙作为国家标志也改以皇家之庙。秦统一之后，把祖庙分成两个体系，秦始皇庙作为秦帝国的皇庙即国庙，由天子亲自祭祀，体现皇权一统天下之义；而"先王之庙"依古礼仅保留七庙，由礼官祠祀。这是作为诸侯秦国和统一的秦帝国两种不同国家形态在上层建筑领域的反映。汉初于长安立宗庙，但同时"令郡、诸侯王立高庙"。一直到汉元帝时，才下令终止郡国立皇庙，确定只有天下所居京师才有权设立皇家祖庙。到东汉明帝时，庙制为之一变，独立的昭穆之庙变为"同堂异室"之制，即在一庙之内依世次别为若干室加以祭享。东汉实际推行的是所谓"祫"的合祭制度，除设高祖（刘邦）和世祖（刘秀）两皇祖庙外，别不立庙。宗庙正祭为四时孟月及腊，一岁五祭。后代在皇庙礼制上基本上沿袭了东汉，一直到明清两代在北京紫禁城端门之左设立太庙，除夕为祫祭，由皇帝亲率皇子亲王行三跪九叩之礼，其遗址正在今天安门东侧的劳动人民文化宫内。

历代皇庙同样是国家的象征，由谁来主祭，就由谁来秉持国家政权。由于奉祖庙守祭祀只能是开国皇帝的子孙后代，从而决定异姓不能成为皇权的合法继承人。在古代特定的信仰心理支配下，立宗庙成为安邦治民的一种手段，汉元帝就认为这是"建威销萌，一民之至权"（《汉书·韦玄成传》）。

在中国古代的国家祀典中，特别隆盛而又不能经常举行的是"封禅"。一般认为，"封"指在泰山顶筑坛，以接近众神所居的上天，便于向神灵禀告；"禅"是在泰山下一座小丘梁父"除地"，以祭祀地神。封禅的意义，是皇帝把自己的功德禀告天地昭告世人。告天文书要用金泥银绳密封起来，世人不得见，故曰"封"；昭告世人的"颂"要刻在石碑上晓谕天下。一秘一宣，正好显示作为天人之际的唯一沟通者的角色正是天子。按司马迁的说法，"自古受命帝王曷尝不封禅？"似乎此事已行之久远。但实际上这项活动可以看做是秦始皇的发明。他于二十九年（前218年）行封禅之礼，修建车道，从泰山南登顶，立石纪功；又从北路下山，禅于梁父。除立石碑外，"封藏皆秘之，世不得而记也"（《史记·封禅书》）。封禅不是任何帝王都有资格，前提条件就是"易姓而王，致太平"，功成治定。这显然没有统一而客观的标准，所以中国历史上真正能举行封禅大典的没有几个人。继秦始皇之后去泰山封禅的是汉武帝。对照一下相关文字，秦始皇更多的是自我耀功，气吞山河；而汉武帝则克恭克谨，敬畏神灵之心显然。这种差异，当然与"王者受命于天"的时代思潮有关。此后汉光武帝、唐高宗、唐玄宗和宋真宗也都行封禅礼。其中刘秀的碑文长达七百字，罗列了《河图赤伏符》《河图会昌符》《河图合古篇》《河图提刘予》《洛书甄曜度》《孝经钩命诀》等六部纬书中关于刘秀膺受天命应得天下的文字，并希望神灵赐福佑助。这篇载于《后汉书·祭祀志》中的封禅文，充分发挥了中国古代神教的政治功能。

《周礼·春官·小宗伯》说："建国之神位，右社稷，左宗庙。"社是土地神，稷是谷神。国家离不开一定的疆域，农业丰歉又关乎国运，因此建国以社稷为先，"社稷"也就成为国家的代称和象征。祭祀社稷神起源很早，而且天子有天子之社，诸侯有诸侯之社，大夫有大夫之社，庶民有庶民之社，等级规格各不相同。这是因为农耕使人们较长时期生活在一定方域内，从而形成土地守护神崇拜。国家产生也与一定区域密切相关，建国就要"封土立社，示有土也"（《白虎通·社稷》）。《左传》中出现"社"或"社稷"一词的频率很高，如"请子奉之以主社稷""以为社稷宗庙主""经国家定社稷序民人""以卫社稷"等，证明春秋时人们已把社稷相等于政权。襄公二十五年郑伐陈，陈侯"拥社"（抱着社神牌位）请求降服，失去祭社权也就等于是政权灭亡。《左传》还记载：封诸侯要立社，出征前要祭社，作战要用车载社神木主而行，发生灾异时要祭社，国人盟誓要在社。对社稷的祭祀反映了超越血缘的地缘政治意义。

秦汉以后，历代对社稷祭祀都很重视。汉高祖建国除秦社立汉社，国家有太社，各县立有公社，每年春二月及腊两次祭祀。汉平帝时又立官稷,社坛和稷坛是分立的。东汉时二者合而为一,在洛阳建太社稷,方坛,用五色土,每年二月"春祈",八月"秋报",再加上"腊日"一岁三祠。唐以后社稷坛制度稳定下来,天子太社,用五色土,社主用石条制作。明清社稷坛都在北京紫禁城端门之右,每岁春秋二季仲月上戊日由皇帝亲祭,遗址就在今中山公园内。

以上四者都是中国古代国家祀典的荦荦大端,其他还有更多的神化王朝帝王的礼仪规定也很重要。如中国古代王朝的"受命改元",从汉武帝始创帝王年号,以后每个君主即位,都要建一个新的年号,以表示自己奉正朔,应天命,从而确定其合法身份,强化其政治权威。如月令制度,据说来自于《礼记·月令》,随着一年十二个月时令节气的变化,统治者也要奉行相应性质的政事,而不能违反。春令言生,皇帝要行籍田之礼,以劝农耕,同时赐爵颁赏;秋令肃杀,皇帝要行讲武治兵之礼,同时选练军队,施刑断案。这种结合生产、政治和礼仪活动于一体的月历安排,同样体现了"天人感应"的思想,其要在于借上天的权威神化政治,稳定社会。《左传》文公二年狼瞫的话中有"《周志》有之:勇则害上,不登于明堂"之文,《逸周书》《孟子》《荀子》《周礼》等书也都有详略不同地提到"明堂",大体都认为这是王者行令之所。汉代却发展出"明堂制度",成为一种不经常的祀神体系，如汉武帝在泰山东北的汶上筑明堂拜祠上帝"泰一"，光武帝刘秀在洛阳立明堂，后由明帝"祀五帝"于此，同时以先祖配祀，其意义也在于宣扬汉朝家天下受命有据、统治合法。

中国古代这种"天道信仰"的政治文化，为国家的存在提供道德工具和终极价值依据。历史上仅仅靠武力吞并不同民族而形成的国家往往不能持久，而具有同质政治文化信仰的不同地区虽然也有分裂的时候，但最终仍会走到一起，重构政治和精神共同体的家园。这种政治信仰是抽象的，在不同历史时代需要以一定的直观形式反映出来，变成形象化的可视的语言，使信仰固化在人们心中。从某种意义上说，商代的杀人血祭、汉代的燔燎禋祀、明代的圜丘祀天和现代的升国旗、唱国歌、纪念国庆、为阵亡将士立碑等活动在性质上是一样的。不过随着时代的演进，人类的思维能力越强，就会越来越使信仰抽象化，并逐渐扬弃神偶崇拜的"外化"形式。中国古代的天道信仰虽然常常披着神学的外衣，但它的内容却是世俗的、理性的，并不等同于西方中世纪的宗教。当清末民初康有为、陈汉章等人倡导以儒学为"国教"时，章太炎指出"中土素无国教"，梁启超作"保教非所以尊孔论"，都从文化传统上予以驳斥。正因为在中国古代，天道信仰是"入世"的，是政治需要的产物，是精英儒士阶层推行治道的包装品，所以在满足普通百姓的精神和心理需要方面是欠缺的，这个真空就由佛教和道教来填补。关于中国政治传统的世俗化特色，《左传·昭公七年》说得很清楚："政不可不慎也。务三而已：一曰择人，二曰因民，三曰从时。"除选贤、依靠百姓和顺从时令外，"礼神"并不是必备条件。

民为邦本　民利君与

在中国古代，如果说"天人之辨"论证的是天神和君主之间的权利义务关系的话，"君民之辨"则考虑的是君主和臣民或统治者与被统治者之间的关系，它对传统政治实践的影响更为直接。《左传》说："天生民而树之君，以利之也"（文公十三年）；"天生民而立之君，使司牧之。……天之爱民甚矣，岂其使一人肆于民上，以从其淫，而弃天地之性。"（襄公十四年）这种借天威而要统治者爱民、利民、保民的呼声在《左传》中贯穿始末，成为中国古代民本主义思想的重要源泉。

西周"敬天保民"的政治思想

考察殷商政治文化的内涵，只有简单的两极，即天帝和王。王只要虔诚祭神，就可以拥有统治天下的无限权力，而民无须考虑,它们只是王治下俯首帖耳的工具。殷墟卜辞不见"民"字,仅有"仆""妾""臣"等卑辱的身份,商王一开口,就是"丕降与汝罪疾","我乃劓殄灭之,无遗育"(《尚书·盘庚中》)。后代常以"水则载舟,水则覆舟"来形容民众与政权的关系,而商代君王则把自己看成船的摆渡者,把民众看成无足轻重的乘客。"尔惟自鞠自苦,若乘舟,汝弗济,臭厥载"(《尚书·盘庚中》),他只要不高兴,就可以让民众臭(朽)毙于船。但是自称"我生不有命在天"的纣王却由于自己民众的倒戈背叛而垮台,民众的力量给后来的周朝统治者留下深刻的印象。周人在敬天的前提下提出"保民"的新观念,即要想保住政权,必须首先要养民安民,如《尚书·梓材》所说:"欲至于万年惟王,子子孙孙永保民。"这样加上了"民",周朝政治文化的内涵发展成为三级,即天帝、民和王,其间相互关系被这样论证:

第一,"天惟时求民主"。民为天所生,天是民的主宰者,是天把民众托付给王。如果王不能很好养护治理民众,即为失德,那就要另选合格的君王。《尚书·多方》说:"天惟时求民主,乃大降显休命于成汤,刑殄有夏。"由于夏人暴虐民众,上天就命令成汤惩罚于夏,"代夏作民主"。同样,从成汤到帝乙都得到天的佐助,但帝辛(纣王)胡作非为,于是上天改选了有德之周,使"享天之命"。这样做,"非天庸释有夏，非天庸释有殷"。不是上天要故意舍弃夏、舍弃殷，完全是他们咎由自取。

第二，"天聪明自我民聪明"。上天不言，如何能知道天命？民近而天远，天命可由民情的观察而得。《尚书》反复谈到："天视自我民视，天听自我民听"（《泰誓》）；"天聪明自我民聪明，天明畏自我民明威"（《皋陶谟》）；"天畏棐忱，民情大可见"（《康诰》）；"民之所欲，天必从之"（《太誓》）。总之，"弗造哲，迪民康，矧曰其有能格知天命？"（《大诰》）不能引导民众达于安康之境地，又怎么能说自己知道天命呢？于是，君王为了让上天满意，就要体察民情，谨慎施治，特别要慎刑裕民，惠爱鳏寡。因为一旦贪图安乐，恣意妄为，就会引起民叛，政权就会不保。《诗·皇矣》形象化地说："皇矣上帝，临下有赫。临观四方，求民之莫。"莫，通"瘼"，疾苦。上帝专门考察民众的痛苦来作为对统治者能否满意的标准，统治者也必须把民众作为自己的镜子来反省，"人无于水监，当于民监"（《酒诰》）。

第三，"惟十人迪知上帝命"。上天授天命于有德，而周天子"德音孔昭"，"令闻不已"，是天子"元子"，所以"受天百禄"，王就是上帝和天的人格体现。一般民众只能俯顺恭敬于天之"明畏"，接受周天子的统治，"尔亦不知天命不易"。按周公的说法，"亦惟十人迪知上帝命，越天棐忱，尔时罔敢易法"(《大诰》)。这十个知道天命的人,即文母、周公、召公、太公望、毕公、荣公、太颠、闳夭、散宜生、南宫适等,都是贵族统治核心的人物,而其他人要听从他们对天命的传达,不敢怠慢。理论上兜了一个圈子,上帝又重回周天子之手。

无论如何,中间多了一个"民"作为对周王的制约因素(尽管是假借天的权威之手),三角对峙便成了一个比较稳定的政治构造。三角并不相等。"敬天"也好,"保民"也好,根本的出发点和归宿还都是服从于王权的需要。但毕竟有了初期民本主义的萌芽或雏形,成为中国传统政治文化一个重要方面的策源地。

孔子和老子从经济上对民众的重视

春秋战国的社会呈现大分化、大动荡、大改组的局面。此前由于国人暴动而使"厉王奔彘",周天子遭到流放;接着周幽王内外交困被杀死在骊山之下。东迁之后的周王更是仅存天下共主的虚名,由天子而诸侯而大夫而陪臣,政权下移,高岸变为深谷。周天子的衰微使得天和天命的神圣光环也黯然失色,社会的变动更凸显了人事的作用、民众的力量和民心向背的重要。在这种背景下,由西周"重民""保民"思想的汨汨细流,逐渐发展成"民为邦本""民为君本"的思想长河。

正如著名学者冯天瑜在《中华元典精神》一书中所谈，同是倡导"民本"，但思想家的立足点却并不完全一致。老子和孔子仍是没落旧贵族的成员，他们从挽救危亡的角度，要求统治者对民众不要一味压制，要重视民众的力量，把对民众的剥削压迫保持在一个合理的限度之内，这样才能维护政权和传统贵族的既得利益。而《左传》《孟子》等著作却更多地站在新兴政治势力如季氏、陈氏等的立场上，承认民众的人格，让民众在社会政治生活中更有地位，从而提出一种新观念形态的民本主义。当然，这二者之间主要在于时代背景的不同而决定了思想的递进，其内在精神上还是一脉相承的。

孔子自称"吾从周"，并且以文、武、周公之道的继承者自居，竭力提倡仁政德治。表现在政策上，他认为首先要能够使民众在经济上有生存的基础。《论语》载："子适卫，冉有仆。子曰：'庶矣哉！'冉有曰：'既庶矣，又何加焉？'曰：'富之。'曰：'既富矣，又何加焉？'曰：'教之。'"（《子路》）孔子认为被统治的民众本性上是"怀惠"，只能"喻于利"，所以统治者必须在经济上满足他们，"百姓足，君孰与不足？百姓不足，君孰与足？"（《颜渊》）这是维护统治的前提和基础。季康子曾向孔子请教"去盗"之法，孔子回答说："苟子之不欲,虽赏之不窃。"(《颜渊》)统治者如能减少自己的贪欲,民众就不会去偷窃。富民从根本上来说,还是维护政权稳定的需要,为此,统治者必须主动让步。《论语》说:

> 节用而爱人,使民以时。(《学而》)
> 其养民也惠,其使民也义。(《公冶长》)
> 因民之所利而利之,斯不亦惠而不费乎?择可劳而劳之,又谁怨?欲仁而得仁,又焉贪?(《尧曰》)
> 出门如见大宾,使民如承大祭。(《颜渊》)
> 博施于民而能济众。(《雍也》)

考察这些言论,不外乎一是取民有度,赋税徭役都要轻;二是使民以时,让民众安心从事生产;三是统治者节约不贪,都在经济民生的范围内。在孔子的体系中,"贫而无怨难","唯上智与下愚不移","中人以下不可以语上",民富就是一个目标,至多"教之"使作顺民,还谈不上给民众什么政治权利。民众有宽松的环境,才可以进行简单再生产,为国家创造财富,这样才能"君足",统治秩序才能稳定。

老子思想的主流是"道法自然",其主张的无为、无私、无欲就蕴含着统治者不能对人民横征暴敛的意味。《老子》一书中说:

民之饥,以其上食税之多,是以饥。(《七十五章》)

天之道损有余而补不足,人之道则不然,损不足以奉有余。(《七十七章》)

朝甚除,田甚芜,仓甚虚;服文彩,带利剑,厌饮食,财货有余,是谓盗夸。(《五十三章》)

不贵难得之货,使民不为盗。(《三章》)

法令滋彰,盗贼多有。(《五十七章》)

民之轻死,以其上求生之厚,是以轻死。(《七十五章》)

老子也爱民,并主张以无为的办法"爱民治国"。从以上数条也可以看出,老子对民之"爱"也大多局限在薄税敛、轻刑罚方面,为此统治者要尚节俭、慎用兵。如果在上者一味"以百姓为刍狗",不仅是"不仁",而且会祸咎及身。这是一种站在贵族立场上的退守自保。老子看到民众的苦难,也意识到民众的力量,但也仅仅是"虚其心,实其腹,弱其志,强其骨,常使民无知无欲,使夫智者不敢为"(《三章》)而已,愚民而非明民,决谈不上政治上的以民为本位。

《尚书·五子之歌》说:"民可近,不可下。民惟邦本,本固邦宁。"这大概就是"民本"一词的出处。亲近而不是卑贱民众,把民众视作国家(邦)之本(树根)。这不是因为统

治者良心发现,而是因为民众的生产劳动提供了君国存在的物质基础。《国语·周语上》说:

> 夫民之大事在农,上帝之粢盛于是乎出,民之蕃庶于是乎生,事之供给于是乎在,和协辑睦于是乎兴,财用蕃殖于是乎始。

一旦破坏了这种基础,就会造成统治危机。《国语·周语下》记周景王铸大钱,搜刮民财,单穆公谏曰:

> 绝民用以实王府,犹塞川原而为潢汙也,其竭也无日矣。若民离而财匮,灾至而备亡,王其若之何?

这样,从某种意义上来说,民与君二者是一命相连,统治者一旦私欲横流,榨民膏脂,将会自毁根基。《国语·楚语上》说:

> 夫君国者,将民之与处,民实瘠矣,君安得肥?且夫私欲弘侈,则德义鲜少;德义不行,则迩者骚离而远者距违。

这和《左传·文公十三年》邾文公所说"苟利于民,孤之利也";"民既利矣,孤必与焉"的精神是完全一致的。

《左传》从政治上发展民本主义

《左传》除继承西周以来杰出人物所主张的重民、利民、恤民、保民等经济措施以外,也注意到民众在政治方面的重要地位和作用,从而将中国古代的民本主义推向一个新阶段。第一,《左传》揭示了民众对社会政治进程所能发挥的巨大作用。前边已经谈到,梁国大兴土功造成"民罢而弗堪",又由于"民溃"而导致国亡(僖公十九年)。楚灵王触犯众怒而"自缢身亡"(昭公十三年)。陈国庆氏残暴对待工匠引发役人互相传令发动起义,"各杀其长,遂杀庆虎庆寅"(襄公二十三年)。卫出公长期的役使导致手工匠人进攻公宫,迫使"卫侯出奔宋"(哀公二十五年)。通过对许多"民溃""民变"事件的记载,《左传》总结出"民弃其上,不亡何待"(昭公二十三年)的规律以警示后人。第二,《左传》记载了许多民众参与国家事务的事例,肯定了春秋时期民众的重要地位。如卫灵公将叛晋,"朝国人"而征求意见。国人都说即使晋国五次来攻打,"犹可以能战",于是卫国叛晋(定公八年)。吴楚相争,陈怀公也是"朝国人而问焉,曰:欲与楚者右,欲与吴者左"(哀公元年)。这都是"询国危",即在国家危急时征求国人的意见。又如晋惠公被俘在秦，他使吕甥"朝国人"并告知准备传君位于太子圉，"众皆哭"（僖公十五年）。周王室发生王子朝之难，晋侯派士景伯到王城调查了解，士景伯在北门上而"问于介（大）众"，于是"乃辞王子朝，不纳其使"（昭公二十四年）。这属于"询立君"，即选立国君要征询国人的意见。第三，《左传》肯定了许多新兴贵族顺应潮流提升下层民众地位的做法。如范宣子为换取奴隶斐豹的支持，就"焚丹书"，免除他的官奴身份，从而取得对栾氏斗争的胜利（襄公二十三年）。赵简子在与郑国作战前誓师说：

> 克敌者，上大夫受县，下大夫受郡，士田十万，庶人工商遂，人臣隶圉免。

这里不仅以军功爵赏来鼓励士大夫等，还以身份的解放地位的提高来激励一般民众的斗志，结果"郑师大败"（哀公二年）。楚国子西在谈到吴国的情况时说："吴光新得国，而亲其民，视民如子，辛苦同之，将用之也。"（昭公三十年）说"视民如子"当然不可能，说这些新兴势力能够以敏锐的目光看到下层民众中蕴藏的巨大力量，于是争取他们的支持以当作自己政治斗争的筹码来"用之"却是不错的。

在对"民"的态度上，《左传》作者和孔子是有差别的。

孔子对春秋时期礼崩乐坏、庶人议政的局面大摇其头，他是向后看，主张"兴灭国继绝世"，恢复理想中的西周旧秩序。而《左传》的成书大约在孔子之后百年左右，政治阶层的隆替已不可逆转，于是讲霸业而不讲王道，把天下一统的希望寄托在齐、晋等国强有力的大夫身上。作者用历史进化的眼光来进行观察，清楚地意识到一个国家或一个家族的强盛与其对民众的态度密切相关，诸侯衰微政在大夫局面的形成绝不是偶然的。如齐国"公弃其民而归于陈氏"（昭公三年）；"陈氏虽无大德，而有施于民"，"则国其国也已"（昭公二十六年）。又如"郑之罕，宋之乐，其后亡者也，二者其皆得国乎！民之归也"（襄公二十九年）。鲁国季氏"世修其勤，民忘君矣"；"民之服焉，不亦宜乎"（昭公三十二年）。晋国"赵文子为政，令薄诸侯之币"（襄公二十五年）的做法也是间接厚施于民以收拾人心。《左传》对郑国子产不毁乡校以使国人能够"议执政之善否"的做法也大加表扬。这些，都直接开启了孟子"民贵君轻"的民本思想。

孟子的"民贵君轻"政治命题

孟子是战国时代儒家最著名的代表人物，也是最充分论证民本思想并对后代产生了重大影响的理论家。他在《孟子·尽心下》中有一段名言：

> 民为贵，社稷次之，君为轻。是故得乎丘民而为天子，得乎天子为诸侯，得乎诸侯为大夫。

孟子把孔子的"仁"学由伦理角度向政治领域扩展，在民众、政权和君主三者之间排了一个轻重次序。所谓"民贵君轻"，就是从重建新的社会秩序上着眼，没有民众的物质和精神支撑，国家政权就没有存在的根基；没有政权的依托，作为个人的君主就必然是离根之漂萍。正是从这个意义上说，民为贵，君为轻，而不是说孟子已经有了一个"人民本位"的政治取向。所以孟子又说能"得乎丘民（众民）而为天子"，天子仍为主格，丘民却是宾格。为了证明自己的命题，孟子指出：尧舜得天下，因得其民；桀纣失天下，因失其民。此即所谓"得天下有道，得其民斯得天下矣"；反之，"暴其民甚，则身弑国亡；不甚则身危国削，名之曰幽厉"（《孟子·离娄上》）。由这个"以民为本"的理论出发，孟子认为民众有权对暴虐残民的君主加以诛讨推翻。《孟子·梁惠王下》有齐宣王与孟子的一篇对话：

> 齐宣王问曰："汤放桀，武王伐纣，有诸？"
> 孟子对曰："于传有之。"
> 曰："臣弑其君可乎？"

> 曰:"残仁者谓之贼,贼义者谓之残。残贼之人,谓之一夫。闻诛一夫纣矣,未闻弑君也。"

"一夫"就是独夫,对独夫民贼,虽名分为君王,却依然可以将其诛灭。这样激烈大胆的言辞,即使放在后代,也是够骇人听闻的。无怪乎儒家后学大多不敢坚持这一主张,一些权势帝王对孟老夫子也不无怨恨之意。

汉景帝时,儒生辕固生和黄老之士黄生有一场辩论。黄生首先提出:"汤武非受命,乃弑也。"他认为儒家最仰慕的圣人商汤和周武王是以臣弑君,"非受命"即指政权没有合法性。辕固生马上反击说:"桀纣暴乱,天下之心皆归汤武,汤武与天下之心而诛桀纣,桀纣之民不为之使而归汤武,汤武不得已而立,非受命为何?"这里把天下民心所向作为政权合法性的依据,所依据的正是孟子的民本理论。黄生并不接受这个预设前提,而是说:"冠虽敝,必加于首;履虽新,必关于足。何者,上下之分也。今桀纣虽失道,然君上也;汤武虽圣,臣下也。夫主有失行,臣下不能正言匡过以尊天子,反因过而诛之,代立践南面,非弑而何也?"在君主专制逐渐形成的汉代,尊君的理论也是很难反驳的,聪明的辕固生只能以现实的政治变迁来作挡箭牌:"必若所云,是高帝代秦即天子之位,非邪?"一直在旁观战的汉景帝处于两难境地:

如果认同黄生的说法,刘邦代秦就是以臣民之身颠覆君,无疑将使汉朝所得天下顿失法理依据;如果肯定辕固生之理,也等于认可汉家臣民在必要时有权推翻汉家皇帝,这也是十分危险的。于是他只能打哈哈说:"食肉不食马肝,不为不知味;言学者无言汤武受命,不为愚。"但听话听音,汉景帝重心还在"无言汤武受命"上,有心人当可领会。"是后学者莫敢明命放杀者"(《史记·儒林列传》),新儒家对日益巩固的君权是不敢再像迂阔的孟子和辕固生那样放言无忌了。

明初的朱元璋就没有汉景帝那样宽容了。他对《孟子》中汤武诛桀纣为诛独夫这样的话极为恼火,于洪武五年将孟子逐出孔庙,"罢孟子配享"(《明史·礼志四》)。后虽经人劝说,逾年"配享如故",但还是于洪武二十七年命人删除《孟子》中"非臣子所宜言"共85条,近全书的三分之一,并明令"自今八十五条之内,课试不以命题,科举不以取士"(黄佐:《南雍志》卷十八)。朱元璋甚至指斥孟子说:"使此老在今日,宁得免耶?"(全祖望:《鲒埼亭集》)当然这只是比较极端的例子,更多的帝王对孟子是取其有用,对实在不能圆融的有碍之语不提就是了。

孟子并非完全不要君权,并且一再宣告"君臣大义"不可违背,强调礼义,也不许紊乱纲常等级的名分。他不过是要统治者"得其民",安人心,防止"贼民兴,丧无日"局面的出现,目的还是要君王"得天下"(《孟子·离娄上》)。他的方法就是把君主和臣民视作一种相对关系,而不是绝对服从关系,在整体的从属关系之上,把"道义"作为一种制约因素。对大臣,是"君之视臣如手足,则臣视君如腹心;君之视臣如犬马,则臣视君如国人;君之视臣如土芥,则臣视君如寇雠"(《孟子·离娄下》)。对人民,他说:"得其民有道,得其心,斯得民矣;得其心有道,所欲与之聚之,所恶勿施,尔也。"(《孟子·离娄上》)那就是满足人民的欲望,也就是统治者要轻刑薄税,制民之产,对民众的剥削要限制在一个合理的范围之内,给民众以基本的生存可能。同时统治者还要以民众的意见作为施政依据。《孟子·梁惠王下》说:

> 左右皆曰贤,未可也;诸大夫皆曰贤,未可也;国人皆曰贤,然后察之;见贤焉,然后用之。左右皆曰不可,勿听。诸大夫皆曰不可,勿听。国人皆曰不可,然后察之;见不可焉,然后去之。左右皆曰可杀,勿听。诸大夫皆曰可杀,勿听。国人皆曰可杀,然后察之;见可杀焉,然后杀之,故曰国人杀之也。如此,然后可以为民父母。

这种观点很不同于孔子的"天下有道则庶人不议",而与《左传》肯定民众参与国家政治事务,得国必须得到民众拥护的精神是一脉相承的,都从一个侧面反映了民众在政治生活领域中已开始显现的重大作用。总之,从《左传》到孟子所高倡的民本主义思想,虽然不能从根本上解决中国古代社会的基本矛盾,却可以在一定程度上制约专制君权的恶性发展,为人民争取基本的生存条件和维护社会经济的正常运行,因而对历史的发展起了进步的作用。

荀子的"君民舟水"论

荀子是战国晚期儒家的另一位代表人物,他也有丰富的民本思想。在君与民的关系上,他反对民为君的观点,如法家"君上之于民也,有难则用其死,安平则用其力"(《韩非子·六反》)的单边义务说,而主张君为民而立。他在《荀子·大略》中说:"天之生民,非为君也;天之立君,以为民也。"既然如此,君主就有义务爱民、利民,这不仅是一个道义伦理问题,而且也是治国理政的现实需要。他说:

> 有社稷者而不能爱民、不能利民,而求民之亲爱己,不可得也。民不亲不爱,而求其为己用、为己死,不可得也。
>
> (《君道》)

所以，国君要想让人民为己所用，必须首先要爱民，"君人者，爱民而安，好士而荣，两者无一焉而亡"（《君道》）。国君要想富国，必须首先富民，"下贫则上贫，下富则上富"。如果一味搜刮百姓，就会"伐其本，竭其源"，造成"将以求富而丧其国，将以求利而危其身"（《富国》）的局面。由此，荀子合乎逻辑地推导出著名的"君民舟水论"。《王制》篇说：

> 马骇舆则君子不安舆；庶人骇政则君子不安位。马骇舆则莫若静之，庶人骇政则莫若惠之。选贤良，举笃敬，兴孝弟，收孤寡，补贫穷，如是，则庶人安政矣。庶人安政，然后君子安位。传曰："君者，舟也；庶人者，水也。水则载舟，水则覆舟。"此之谓也。故君人者欲安则莫若平政爱民矣。

联想到《左传·哀公十一年》所载"鸟则择木，木岂能择鸟"之言，以树比君，以鸟比民；君善，民择之；不善，民弃之。现在以水比民，以舟比君，民可以载舟，也可以覆舟；其中道理是相通的。君主如以道义治国，即"得百姓之力者富，得百姓之死者强，得百姓之誉者荣，三得者具，而天下归之"（《王霸》）。如残害百姓，荀子也像孟子一样认为，这样的君主是"独夫"，完全应该被推翻。他在《正论》中对"桀纣有天下，汤武篡而夺之"的盲目尊君说进行了批驳：

> 必不伤害无罪之民，诛暴国之君若诛独夫。若是，则可谓能用天下矣。能用天下之谓王。汤武非夺取天下也，修其道，行其义，与天下之同利，除天下之同害，而天下归之也……汤、武者，民之父母也；桀、纣者，民之怨贼也。今世俗之为说者，以桀、纣为君，而以汤武为弑，然则是诛民之父母而师民之怨贼也，不祥莫大焉。

这种以民意作为判断是非标准的论断，其中处处都闪耀着由《左传》而来的民本思想的光辉。

民本与尊君思想的博弈

秦汉以降，专制主义君主集权政治的确立和日益强化成为社会发展的主流，君主个人日益被神圣化、偶像化，其无所不在的权力也逐渐膨胀。作为观念形态的尊君思想也就必然成为统治思想，而传统的民本思想以"在野"的身份与之进行制约和抗衡，尽其所能地遏制君主专制走向极端化（经常显得很无力），却更加难能可贵。

民本思想与尊君思想也并非绝对的水火不容。在中国古代，当明君贤臣治理天下时，如汉初文景和唐初贞观之时，就有可能调节对立而使之有所缓和。如汉初，一方面在政策上加以调整，轻徭薄赋，约法省禁，与民休息，实践民本思想所提出的要求；另一方面也从天下定于"一尊"的局面出发，从政治上礼法上"汉承秦制"，强化皇帝在国家公共生活中的神圣地位和最高权力。如汉文帝、汉景帝在历史上以"爱民"著称，"文景之治"可追比西周"成康"。可这样的"好皇帝"却先后制造了周勃、周亚夫父子的冤狱，悲剧的发生就在于强君权、弱相权的政治需要，一句"此怏怏者非少主臣也"就尽显帝王心态。表现在此时思想家的政论上，也常常是两种思想兼具混一。如贾谊一面提倡"民为政本"，说："民者，至贱而不可简也；至愚而不可欺也。故自古至于今，与民为仇者，有迟有速，而民必胜之。""闻于政也，民无不为本也。国以为本，君以为本，吏以为本。故国以民为安危，君以民为威侮，吏以民为贵贱，此之谓民无不为本也"（《新书·大政上》）。另一方面，他又提倡行礼法，定名号，明君尊臣卑，强化皇帝权威，强调"主主臣臣，礼之正也；威德在君，礼之分也；尊卑大小，强弱有位，礼之数也"（《新书·礼》）。如加以形象化的比喻，就是"天子如堂，群臣如陛，众庶如地"（《新书·阶级》）。

与汉初情况相类似的是唐朝初年。李世民、魏徵等贞观君臣都能在大乱之后居安思危，把"去奢省费，轻徭薄赋，选用廉吏，使民衣食有余"（《贞观通鉴》卷一九二）作为治国方针，导致经济发展政治稳定的"贞观之治"的局面出现。这与他们自觉以民本思想作为理论指导有很大关系。唐太宗李世民与忠谏之臣魏徵常就君民关系反复研讨，其要旨也是在协调"民本"与"尊君"二者，掌握一个平衡点。李世民说："可爱非君，可畏非民。天子者，有道则人推而为主，无道则人弃而不用，诚可畏也。"（《贞观政要·政体》）这是说君主是可爱的，但民众却是更为可怕的政治力量，它可以推翻君主。所以"君依于国，国依于民"，"为君之道，必须先存百姓"（《贞观政安·君道》）。魏徵则直接承继《荀子》和《孔子家语》，发挥出千古名论：

> 荀卿子曰：君，舟也；民，水也。水所以载舟，水所以覆舟。故孔子曰：鱼失水则死，水失鱼犹为水也。（《贞观政要·君臣鉴戒》）

能在这样的高度认识君民关系，并且知道不能把国家富强建立在百姓贫困的基础上，这就是开明的统治者与昏暴的统治者的区别。

但是中国历史上毕竟昏暴之主占了大多数，专制政体又使君主对国家政治事务具有决定作用。忠谏不从，民本的说教也不救其祸，结局多见生灵涂炭，败亡相继。越是这样，越是尊君抑民思想大行其道。如唐代大儒韩愈就曾这样论证君、臣、民三者的关系：

> 是故君者出令者也，臣者行君之令而致之民者也，民者出粟米丝麻、作器皿、通货财以事其上者也。君不出令，则失其所以为君；臣不行君之令而致之民，民不出粟米丝麻、作器皿、通货财以事其上，则诛。（《韩昌黎集·原道》）

民众必须无条件地供养君主，而君主只要发号施令就是尽职，而且不管他的"出令"是正是误，臣民都要奉行无违。后来宋明理学家更是把"君为臣纲"归结为"天理"，为君主政治的永久传承建立永恒法则。当然，他们在强调君权神圣不可侵犯的前提下，在具体政策上也主张宽政养民，推仁行德。但在现实的政治环境中，其实现的途径仅期待于君主个人的觉悟，往往则会流于空谈。

在日益极端化的君主专制体制和支撑它的正统尊君思想挤压之下，中国古代的民本思想也在改造中不断发展，以传达民声，寻求突破黑暗现实的路径。温和者主张在体制内修正固有的君民一尊一卑的不对等态势；愤激者则提出非君论和无君论，从体制外着眼解决问题。这些虽不足以颠覆强大的现实政治体制及其等级关系，但却成为近代启蒙思想的前驱。

早在东汉晚期的仲长统，就从"人事为本"的观念出发，指出王朝的建立者都是"伪假天威"，"疑误天下"，靠武力造成"尊在一人"的局面。以后必然是"下愚之才"当政，"见天下莫敢与之违，自谓若天地之不可亡也"，于是穷奢极欲，"遂至熬天下之脂膏，斫生人之骨髓"，给人民造成极大的灾难（《昌言·理乱》）。西晋阮籍不满于现实的君臣制度，说："君立而虐兴，臣设而贼生，坐制礼法，束缚下民，欺愚诳拙，藏智自神。"而他理想的君王是所谓"大人先生"，能够顺应自然，完全无为，"无是非之别，无善恶之异，故天下被其泽，而万物所以炽"（《大人先生传》）。继阮籍之后，东晋鲍敬言更倡"古者无君胜于今世"之说。他认为君臣之义并非自古即有，而是由于"强者凌弱"，"智者诈愚"，使君臣之道起，力寡之民受制。君王凭强力夺取天下，"有司设则百姓困，奉上厚则下民贫"（葛洪：《抱朴子·诘鲍》）。鲍敬言反复论证"有君之苦"和"无君之乐"，希望出现一个如陶渊明所描绘的"桃花源"式的无君无臣的世界。唐代无名氏所作《无能子》一书，以圣人、纲常礼教和帝王作为批判对象，特别论证了君主的不足为贵。《严陵说》篇认为所谓天子之贵,在于"征伐战争之内自尊者尔"。在他们专生杀,极嗜欲之后,"至老而死,丰肌委于蝼蚁,腐骨沦于土壤,匹夫匹妇一也,天子之贵何有哉!"宋元之际还有邓牧,他把"尧舜之世"看做"至德之世",立君主为天下之利,"其位未尊",深受人民拥戴。但历史发展"不幸而天下为秦"之后,君主"竭天下之财以自奉","凡所以固位而养尊者,无所不至",成为人间一切灾难祸乱的根源。他批判君主专制,认为理想的社会是没有君民等级,"废有司,去县令,听天下自为治乱安危"(《伯牙琴·吏道》)。这有些近于无政府主义了。

我们注意到,以上这些议论不仅像《左传》《孟子》那样批判暴君,而且把矛头指向了君主制度,思想深刻但皆属异端之作。我们也注意到这些人都带有或多或少的道家色彩,在对"今之君"一概骂倒的同时,却找不到现实的替代品,只能向后看,希望恢复远古那种人人平等、无君无臣的自然社会。这就不免走向空想,从而对政治现实的影响也有限。在中国古代后期政治黑暗中能够阐扬和发展民本思想并产生重大影响的理论家,当首推明末清初的黄宗羲。

黄宗羲与《明夷待访录》

黄宗羲在政治思想方面的代表作是《明夷待访录》,被认为是"有鉴于明季秕政"而著。他在《自序》中说："乱运未终,亦何能为大壮之交。吾虽老矣,如箕子之见访,或庶几焉!岂因夷之初旦,明而未融,遂秘其言也!""明夷"是周易中的卦名之一,本义是日入地中,喻指贤人不遇明主而无由陈词。"待访"由上可知,是作者希望如商贵族箕子受到周武王的求教那样能遇明君而面陈。这样全书的意旨就很清楚,它是一篇对现实政治的建言书,并等待圣明的君主来接受来实施。黄宗羲虽然对君主专制进行了尖锐批判,但其基本立足点还是"补天",希望在不改变传统纲常礼制的前提下,为天下人民谋取福祉,迎来社会的和谐安定。这从他的一些具体改革设计就可以看出来。

黄宗羲是历史上第一个提出君与民孰主孰客的问题。他在《原君》篇中说:

> 古者以天下为主,君为客,凡君之所毕世而经营者,为天下也。今也以君为主,天下为客,凡天下之无地而得安宁者,为君也。

这里的"天下"即指"天下之人"。作者从国家的主体立论,认为天下之人应该是国家的主体,君主只能是"为"天下之人而存在,所以是"客"。今天的现实却让天下之人

"为"君主而存在,那就把事情搞颠倒了。这不但批驳了"天下受命于天子"的君权神授说,也比孟子的"民贵君轻"说更进了一步,已很接近于近代"主权在民"的政治理论了。由此出发,黄宗羲明确指出:"盖天下之治乱,不在一姓之兴亡,而在万民之忧乐。"(《原臣》)当然,作者的立论像其他儒士一样,也披着"法先王"的复古外衣,把理想寄托在三代上古。那时的尧舜"以千万之勤劳,而己不享其利";"其人之勤劳,必千万于天下之人"。但到了后世,"以天下之利尽归于己","敲剥天下之骨髓,离散天下之子女,以奉我一人之淫乐,视为当然",而且还要"视天下为莫大之产业,传之子孙,受享无穷"。于是一切罪恶都由此而起,"然则为天下之大害者,君而已矣"(《原君》)。

黄宗羲将君主的神圣光环尽数剔去,也体现在论述君臣关系上。《左传·襄公二十五年》记载晏婴在齐庄公死后所说的一段话:"君民者,岂以陵民?社稷是主。臣君者,岂为其口实?社稷是养。故君为社稷死,则死之;为社稷亡,则亡之。若为己死而为己亡,非其私昵,谁敢任之?"意思是君主不等于国家,臣下只应为国家尽忠,而不能为君主的一己之私殉身。黄宗羲继承了这一观点,认为臣下应"为天下,非为君也;为万民,非为一姓也。吾以天下万民起见,非其道,即君以形声强我,未之敢从也"。所以君臣之间"治天下，犹曳大木然。前者唱邪，后者唱许。君与臣，共曳木之人也"(《原臣》)。他把君臣看做只有职务之别的共事关系，天子不过是人民拥戴出来为之兴利除害之人，若无德无才，即不配占据此位。由此，天子与庶民同贵贱，"贵不在朝廷也，贱不在草莽也"(《原法》)，引申开来，即"天子之位，惟有德者乃能居之"。

黄宗羲猛烈批判君主专制，把传统民本主义思想推向最高峰，这是历史发展即将进入新时代的理论先声。与他同时代的顾炎武、王夫之都有相似的观念。顾炎武说自己的主张多与黄宗羲相同，他著名的区分"亡国"与"亡天下"的言论，也是要人们以天下为怀，兴万民之利，而摆脱一般的君臣之义，不做君主一家一姓的奴仆。历史证明，民本主义并不能从根本上否定君主和传统的"家天下"制度，也不能把他们的理论发展成近代的"民主主义"，如这样是超越社会阶段的苛求。民主是"主权在民"，为了社会管理的需要，人民可以在一定时期内把自己的权力"让渡"给某个政府，这个政府的施政措施要对人民负责，符合人民的利益。一旦人民不满意，就可以收回自己的权力，另行委任。一个政权的合法性就在于它是人民选举出来的，符合民意，而不在于"神授"或"家传"。这种近代政治理念是近代社会的产物，而中国古代的民本思想与它相比是有本质差异的。

尽管如此，由先秦而下连续不断的中国古代民本主义思潮对历史的发展还是做出了积极的贡献。它在一定程度上限制了君主集权体制的恶性发展，缓和松弛紧张的社会矛盾，维护民众的基本生存权利，为中华文明的灿烂发达提供了历史条件，为古代政治文化贯注了浓郁充沛的人文精神。而且近代中国的维新派和资产阶级民主派在宣传阐扬西方民主理论的同时，也热衷于从古代民本思想中借援思想资料。

礼法并存　宽猛相济

中国历来重视政治的上"牧民术"，也重视对这种统治术的总结。有一副流传颇广的对联，挂在四川成都纪念诸葛亮的武侯祠内，作者是清朝末年任职四川的一位官员赵藩。

上联是：能攻心，则反侧自消，从古知兵非好战。

下联是：不审势，即宽严皆误，后来治蜀要深思。

对联讲的是诸葛亮治蜀的统驭原则，也有代圣贤立言警示后人的意思。其中的"宽严"是传统政治的核心问题，其渊源来自于《左传·昭公二十年》所记载郑国子产的一段话：

> 唯有德者能以宽服民，其次莫如猛。夫火烈，民望

而畏之,故鲜死焉。水懦弱,民狎而玩之,则多死焉。故宽难。

但怎样做为宽,怎样做为猛;是以宽为主还是以猛为主;何时行宽,何时行严;如何确立宽猛之间恰当的契合点等等,子产并没有明确回答。历来的思想家不断对这些问题进行思考并提出不同的解决办法,便形成不同的政治学派。在中国古代,并不像西方传统上那样经常发生关于王制、贵族和共和等政体类别上的争论,而是认为君臣上下的秩序是确定不移毋庸争论的"道",剩下的是如何施政的问题,其政治语汇是王道、霸道、务德、务法、任人、任法、礼治、法治等。历代人们围绕这种种理论进行阐释、修正和实践,逐渐积淀成为一种具有民族特色的政治文化模式。

西周对中国古代政治文化的奠基

中国古代政治文化的奠基仍然是西周。殷商借神权而加强王权,对广大民众实行一种简单粗暴的统治方法。不仅口头上殷王总是以"我乃劓殄灭之,无遗育"(《尚书·盘庚》)相威胁,而且实际上对民众的屠杀残害也是非常野蛮残酷的。"刑名从商"(《荀子·正名》)证明商代是以威刑作为统治人民的主要手段,从而在调解社会矛盾方面缺乏更多的政策弹性空间。鉴于殷商王朝滥罚酷刑招致民怨民叛从而使小邦周战胜大邑商的经验教训，西周的统治者认识到强力威权并不是万能的，周公"敬德慎罚"的思想开始被确立。"德"的本义是指人内心的道德修养，"从直从心"。在施政上，它包含有两层意思。一是君主的个人意志要受到约束，天意惟德是择，有德者为王，无德者失天下；有德而民和，无德而民叛。君主要以道德作为治理天下的准则，而不能残暴荒淫，胡作非为。二是对人民不仅要行政治理，还要进行道德教化，勉励人民向善作"新民"，使他们从内心服从统治，"无作怨"，民心稳定从而天下稳定。这就是"敬德"或"明德"。它总体上是思想约束，既对君也对民。提高"德"在政治上的地位，具体体现在统治手法上就是"慎罚"。慎罚不是不要刑罚，而是从巩固政权的角度来正确地行使刑罚。首先，用刑要有常典依据，"勿用非谋非彝"，以防止君主凭主观滥用。其次，用刑要出于善心，"乃大明服，惟民其敕懋和"。民众心服，就会安于本分，勤劳和顺。再次，用刑要宽，要注意偶犯和累犯，故意犯罪和非故意犯罪，悔罪和不悔罪的区分。最后，用刑要贯彻道德原则，对于犯了不孝不友等罪过的都要"刑兹无赦"。以上这些原则，都体现在周公训告康叔的《尚书·康诰》之中。

王国维曾说："周之制度典礼实皆为道德而设"；"周之制

度典礼乃道德之器械。"(《观堂集林·殷周制度考》,中华书局 1959 年版)这其实是本末倒置,应该说,周人的道德是从属于其政治体制的。当时政治上的等级秩序和宗法上的等级秩序是互为表里,合二为一的,又由于中国古代社会结构长期的宗法血缘基础,从而使得"礼"这种渗透了宗法道德思想的传统法规能在政治领域发挥突出作用,造成了中国古代"伦理—政治型"的文化特色。刑罚和镇压是国家主要职能和权威的体现,也是任何政权绝不放弃的底线。但完全依赖它也不行,它会由于统治手法的赤裸裸和血腥造成绝大多数社会成员的敌对从而使少数上层孤立,不仅统治成本昂贵而且使政权基础弱化从而不能维持。成熟而高明的领导者必须要把怀柔放在首位,并且用传统的道德来粉饰和掩盖冷冰冰的镇压,尽力弥合社会各阶层之间由于利益矛盾而造成的疏离,使人民主动地来接受统治。这就是周公"制礼作乐"的深意所在。从此,用软和硬两手进行统治,礼法结合,德刑并用,就成为中国古代政治文化的主流。

孔子提倡"礼治"和"德治"

继承、传扬并发展周公政治思想最有力并产生广泛影响的人物是孔子。孔子以周公作为自己的崇拜偶像,向往政治的典范——西周时代,"周之德,其可谓至德也已矣"(《论语·泰伯》),认为自己所处的春秋是上下无序、礼崩乐坏的"天下无道"时代。孔子要以西周的传统来改造社会,并创立了儒家学派,儒家学派区别于其他学派并一以贯之的基本特色是政治的伦理化。孔子学说的基本概念是"仁",尽管他本人对之有种种解释,但其本质含义是《论语·学而》所说的"孝弟也者,其为仁之本与"。孝弟是一种由宗法血缘关系所派生出来的伦理规范,以此为基础,可以进一步扩展成为社会的伦理和政治的伦理。假如一个社会的君主和臣民之间能够像父子、兄弟、夫妇那样有一种亲爱和美其乐融融的气氛,国家就可以治理好,就可以长治久安。

具体到国家政治生活,孔子提倡"礼治"和"德治"。他说:"道之以政,齐之以刑,民免而无耻。道之以德,齐之以礼,有耻且格。"(《论语·为政》)仅靠行政命令和刑罚,可以使民众暂时免于犯罪,但他们却没有羞耻心,不能使民心服;只有用道德和礼教来约束人们的行为,人民才会从内心里主动服从统治。这里的"刑",就是后代所说的法。这里的"礼",本为古来各种礼仪和伦常规则的集合体,变成一种社会规范后,虽也有道德的成分,但更多的是指上下等级之间的政治纲纪。用孔子的话说,就是"君君,臣臣,父父,子子"(《论语·颜渊》)这种不可更易的上下秩序。在孔子看来,政、刑、德、礼都是不可缺少的治理工具,但其中更重要的是德和礼。"为国以礼","君使臣以礼,臣事君以忠";"上好礼则民易使也",这都是孔子在《论语》中多次强调的。孔子的这种思想,来自于两方面的考虑。一是礼教和刑法的来源不同。刑法是国家的公权力,如果缺乏制度上的限制,它很容易流于高压横暴的形态。而礼教的力量来自于世代累积成为世人所公认的传统心理。所以一个是外在的规范强迫人民被动接受,一个是内在的规范由人民自觉地主动接受,施行效果不一样。二是从"民为贵"的价值观出发,如果以政治刑法为尚,就会造成社会的泛政治化,人也成为政治的工具,以简单的政治原则掩盖抹杀社会其他有价值的东西。而以道德礼仪为先,就会以社会统驭政治、影响政治,凸显人们在社会中的主体地位。一个长幼有序、贵贱有等的"礼仪之邦",实际上是由宗法长老在自然的形态下进行管理,靠传统和习惯来约束人们,统治者几乎可以无为而治。

由这种政治理想出发,孔子要求在统治方针上"为政以德"。它表现在三个方面:

一是为政要宽,先德而后刑。德和刑是施政的两手,孔子主张并用,但要先德而后刑。所谓先德就是先对人民进行教化,引导其向善,让他们明白礼仪。为政者"不教而杀谓之虐,不戒视成谓之暴"(《论语·尧曰》)。孔子并不简单地排除刑杀,而是在动用刑罚之前要使之心服,使之有所警戒,反对的是"不教而杀",教而不听才可以杀。这样,刑杀不仅是明断是非,重要的是防止再出现不得不杀的事情,"必也使无讼乎!"对于统治手法中宽和猛分寸的把握,孔子是倾向宽而反对猛的,尤其反对一味靠猛而带来的暴政。他一再说"宽则得众"。统治者要有宽厚精神和宽容风度,要能够"赦小过",只要"善人为邦百年,亦可以胜残去杀矣"(《论语·子路》),残暴和刑杀都可以弃置不用了。

二是为政要惠,民富而后足君。孔子认为比教化民众更为优先的,是使"富之"。因为"君子喻于义,小人喻于利",这种本性上的差异,决定统治者首先要给人民一种经济上的生存条件,然后才能谈得上道德教化。季康子患盗,问于孔子。孔子说:"苟子之不欲,虽赏之不窃。"(《论语·颜渊》)这就揭示出,民为盗是因为统治者的贪欲太多,要想稳定统治,就要克制自己的欲望,减轻剥削,"敛从其薄"。统治者不能不役使老百姓,但要有前提条件,即"惠则足以使人",先把人民的基本利益设置好;"使民以时",要安排适当的时间,这样就能使之"劳而不怨",维护社会的安定。富民当然不是目的,而是手段,"百姓足,君孰与不足"(《论语·颜渊》),能够藏富于民,国君也一定可以富足。

三是正君身,举贤才。孔子认为政治好坏,主要决定于统治者自身的作用,所谓"政者,正也。子帅以正,孰敢不正?"(《论语·颜渊》)要维护礼制,实现德政,莫过于统治者以身作则,言传身教,为天下臣民做出表率。因为在君主制之下,制度和政策都要通过活生生的人来起作用,而执政者居于中枢,说一言可以兴邦,一言可以丧邦确不为大错。那么靠什么来保证君主之善呢?孔子认为只有靠统治者的品德修养,即"修己以安人","修己以安百姓"(《论语·宪问》)。这样政治问题变成了一个道德问题,"其身正,不令而行;其身不正,虽令不从";"苟正其身矣,于从政乎何有?不能正其身,如正人何?"(《论语·子路》)同样的道理,要推行德政,还要选举贤才入仕。《论语·颜渊》借子夏的话说:"舜有天下,选于众,举皋陶,不仁者远矣。汤有天下,选于众,举伊尹,不仁者远矣。"孔子也说:"举直错诸枉,能使枉者直。"举直即举贤才,可以纠正坏的风气,使政治清明,而且可以使民众具有向心力,"举直错诸枉则民服,举枉错诸直则民不服"(《论语·为政》)。所以说"选贤任能"是中国古代人治模式的必然口号,因为它无法像现代的民主法制社会那样靠权力之间的相互制约平衡来保证政治的合理运行。

法家主张"不务德而务法"

孔子借用古老的旗帜,在对现实批判的基础上设计了一套理想化的社会政治方案，并对后代产生了奠基性的影响，确立了传统政治文化的走向。但是，正如人们所指出的，孔子的儒家学说适于守成而不利于攻取，在春秋战国这样一个新旧隆替、经济和政治资源正在重新洗牌进行权力再分配的纷乱时代，就显得圆凿方枘而不为新主所青睐。当时，新兴的法家逐渐得势，其观点与儒家针锋相对。新兴的政治阶层虽与旧传统有千丝万缕的联系，但传统并不能庇护他们，他们的优势在实力。于是信奉历史进化理论和力量原则的法家学说就成为他们手中的利器并在政坛上日益具有影响力。

与孔子罕言"力"不同，法家是"力"的讴歌者。《商君书·慎法》说："国之所以重，主之所以尊者，力也。"《韩非子》也说："古人亟于德，中世逐于智，当今争于力"（《八说》）；"力多则人朝，力寡则朝于人，故明君务力。"（《显学》）那么力量从何而来？法家知道，这个力量既不来自于天，也不能仅靠君主个人，而是来自于民众，"死力者，民之所有者也"（《制分》）；"圣君之治人也，必得其心，故能用力"（《商君书·靳令》）。在法家看来，人性是好利恶害的，要想民众主动来为君主奉献死力是不可能的，只有用赏罚的手段来换取，《韩非子·八经》说："凡治天下，必因人情。人情者，有好恶，故赏罚可用；赏罚可用，则禁令可立而治道具矣。"在韩非看来，要治国平天下，不能不依靠国家的强制力量，不能不以法律政令这一套强制规范作为手段。他在《奸劫弑臣》篇中说：

> 夫严刑者，民之所畏也；重罚者，民之所恶也。故圣人陈其所畏以禁其邪，设其所恶以防其奸，是以国安而暴乱不起。吾以是明仁义爱惠之不足用，而严刑重罚之可以治国也。

这就是法家著名的"不务德而务法"的理论。这种理论不要教化，不要宗法伦理，不尚贤，不要文化，"骨肉可刑，亲戚可灭，至法不可缺也"（《慎子·外篇》）。他们认为，如果实行儒家的"礼治"，人人都按照亲疏远近的规则处理政务，必定会以个人之私损天下之公，"枉法曲亲"，"欲国之无危乱不可得矣"（《韩非子·八说》）。

既然要抛弃礼义教化而以法治国，而法的突出特征又是刑罚的运用，法家的统治术就必然是严猛的"轻罪重罚"。法家虽也讲赏，但赏只是罚的点缀和补充。《商君书·开塞》说："治国刑多而赏少，故王者刑九而赏一，削国赏九而刑一。"刑罚不仅数量多，而且要重。"故行刑重其轻者，轻者不生，则重者无从至矣。此谓治之于其治也"（《商君书·说民》）。作者的逻辑是，轻罪就会得到重罚，如弃灰于道者砍手,人们就会由于畏惧更不敢犯重罪。人民都不敢犯罪,也就可以减少以至不用刑罚,这叫"以刑去刑",那么这个社会就治理好了。《商君书·画策》说:"以刑去刑,虽重刑可也";"不刑而民善,刑重也。刑重者,民不敢犯,故无刑也。而民莫敢为非,是一国皆善也。"更有甚者,《商君书·开塞》还主张刑于将过,即没有犯罪事实也可以施刑:"刑加于罪所终,则奸不去,施赏于民所义,则过不止。刑不能去奸,而赏不能止过者,必乱。故王者刑用于将过,则大邪不生,赏施于告奸,则细过不失。"把民众看成时刻需要提防之"贼",有了犯罪的念头和征兆就要加刑,这就把法变成了统治者随心所欲的滥刑,也充分证明了法家君主本位的立足点。

《左传》的"敬德"和"慎刑"

礼法之争和德刑之辨,"治人"和"治法"的尖锐对立,王政和霸政水火不容的冲突,是春秋战国政治领域的时代课题。作为同一舞台之上的《左传》作者,既有因袭的重负,又有观史的清醒,在借书中人物之口所表达的政治理念中,就必然具有一种驳杂不一的倾向。作者的儒家立场是无可怀疑的,但又"有少量早期法家思想"(童书业:《春秋左传研究》);既重礼,又在某种程度上肯定刑法的作用。这就是礼法并存,宽猛相济。作为政治舞台上敏锐的现实的观察者,

《左传》作者在战国初年"春江水暖鸭先知",成为新的时代思潮的风信标。

在《左传》极力表彰的人物中,子产是旧贵族阵营中一位开明的政治家。他适应社会发展的趋势,推行了许多改革措施,其中影响最大的当数公元前535年(鲁昭公六年)的"铸刑书"。也就是把郑国成文的刑法铸在铁鼎上公布出来,这既是对旧贵族威权的约束限制,也破坏了传统礼制,于是引致晋国贵族叔向(羊舌肸)的书信批评:

> 始吾有虞于子,今则已矣。昔先王议事以制,不为刑辟,惧民之有争心也。……民于是乎可任使也,而不生祸乱。民知有辟,则不忌于上,并有争心,以征于书,而徼幸以成之,弗可为矣。……今吾子相郑国,作封洫,立谤政,制参辟,铸刑书,将以靖民,不亦难乎?……民知争端矣,将弃礼而征于书。锥刀之末,将尽争之。乱狱滋丰,贿赂并行,终子之世,郑其败乎!肸闻之:"国将亡,必多制。"其此之谓乎!(《左传·昭公六年》)

叔向站在贵族阶级的立场上,一开始就说,我本来对你抱有很大希望,但想不到你也随风而倒,现在完了。按照传统,先王也用刑罚,只是把轻重标准藏于心中,并不公布出来让民众知道，老百姓也可随意任用使唤。但公布了法，百姓不再畏忌统治者，并用它来争论是非，必然动摇上下贵贱的等级秩序，天下就难以治理了。以后狱案繁多，贿赂遍行，郑国很快就会衰败了。只有在国家将要灭亡的衰世，才会多制定刑法。

无疑，叔向是敏感的，对整个贵族阶级来说，改革就意味着"找死"。但他认识不到的是，不随着潮流而改革，不啻于"等死"，而子产认识到了。子产给叔向回信说：

> 若吾子之言。侨不才，不能及子孙，吾以救世也。既不承命，敢忘大惠？

子产并没有远离本阶级的立场，对旧制度的被破坏也不能没有惋惜之情，但为了"救世"，他不得不如此。令叔向始料不及的是，二十年后，他自己所在的晋国也开始铸刑鼎，这一次批评的声音来自孔子："民在鼎矣，何以尊贵？贵何业之守？贵贱无序，何以为国？"（昭公二十九年）老百姓能看到鼎上的法令，就失去贵贱之序，贵人也就无尊重可言。这和叔向的看法是一致的。子产虽然客观上以"法"削弱了"礼"，但他并没有抛弃"礼"，而是从新的角度重新加以解释，以使之能够包容新的内容。《左传·昭公二十五年》记其说：

> 夫礼，天之经也，地之义也，民之行也。天地之经，而民实则之。……为君臣上下，以则地义；为夫妇外内，以经二物；为父子、兄弟、姑姊、甥舅、昏媾、姻亚，以象天明；为政事、庸力、行务，以从四时；为刑罚威狱，使民畏忌，以类其震曜杀戮；为温慈惠和，以效天之生殖长育。

礼的范围极其广泛，它全面包容自然界和社会的秩序和规范，子产所铸的刑书属于"为刑罚威狱使民畏忌"一类，也是符合周礼精神的。如果说子产的礼治是与时俱进的改革之"礼"，他与叔向、孔子的区别就在于后者的故步自封，把传统之礼凝固化。同样，在统治方术上，子产还是把"有德者以宽服民"放在首要位置上。但作为一个现实的政治家，他知道这个目标"难"以实现，还不如用猛之法，使"民望而畏之，故鲜死焉"，这已经接近于早期法家"以刑止刑"的思想了。

子产作为旧贵族的一员，是有心补天而无力回天。从现实出发，他把传统的"德""礼"这些范畴加以改造，使之具有可塑性，为适应现实需要而不断增添新的内容，这也可以称作与其临渊羡鱼,不如退而结网吧。子产的做法,为后代儒学的自我改造以使其理论在政治实践中更有操作性开辟了一条路径,也是得到了《左传》作者的赞许并十分心仪的。

《左传》书中,一方面尊礼重礼,强调礼在国家政治生活中的作用,如"礼,经国家,定社稷,序人民,利后嗣"(隐公十一年);"礼,王之大经也"(昭公十五年)。另一方面,又不把法与礼对立起来,认为法也是自古而有。如周有"文王之法",楚有"仆区之法"(昭公七年),晋有赵盾所制"夷搜之法",其内容为"制事典,正法罪,辟狱刑,董逋逃"等,被尊为晋之"常法"(文公六年)。这些法被认为合乎礼,二者可以并行不悖。但礼与法又是有区别的。礼表现为长期积淀的习惯与传统,而法为因事而定的政治规定,故变法不易,而礼的更动更难,必须要在社会基础的巨大变动之后。在政治措施上,《左传》也是把"德"和"刑"作为并行的两种手段而互为补充。如"德莫厚焉,刑莫威焉;服者怀德,贰者畏刑"(僖公十五年);"德刑不立,奸轨并至"(成公十七年)。但作者并非没有倾向性,那就是敬德和慎刑。如"恤民为德"(襄公七年);"能敬必有德,德以治民,君请用之"(僖公三十三年)。对于一些国家灭亡的原因,《左传》认为主要是"德之不建,民之无援"(文公五年)。而对于刑,《左传》主张公正,"同罪异罚非刑也"(襄公六年);但若

"不幸而过",那就宁失之宽而勿失之滥:"与其杀不辜,宁失不经";"与其失善,宁其利淫。"(襄公二十六年)总之,"刑之不滥,君之明也"(僖公二十三年)。对于施政宽猛分寸的掌握,《左传》在子产那段名言之后,又引用孔子的话说:

> 政宽则民慢,慢则纠之以猛。猛则民残,残则施之以宽。宽以济猛,猛以济宽,政是以和。(《左传·昭公二十年》)

孔子不愧是搞政治平衡的专家,这也体现了他的"中庸"原则。从古至今的政治家几乎都知道这个道理,但要真正能根据具体形势的要求来正确地把握运用它,又谈何容易!

荀子之学"引法入礼"

战国是一个靠实力争雄胜强的时代,在政治思想上百家蜂起,其中尖锐对立的两极是儒家的德治仁政和法家的严法霸政。法家的政治学说如前所述,并在秦国得以实施并最终帮助秦始皇成功统一天下,在展示其历史合理性的同时也因为其狭隘化、极端化的恶性发展而反过来削弱了君主制度的生存基础。孟子继承并发展了孔子的政治学说,成为当时儒家最突出的代表人物,他的仁政思想即直接承袭孔子德治思想而来。《孟子·公孙丑上》说：

> 以力假仁者霸，霸必有大国。以德行仁者王，王不待大，汤以七十里，文王以百里。以力服人者，非心服也，力不赡也。以德服人者，中心悦而诚服也，如七十子之服孔子也。

这就是古代常说的"王道"和"霸道"之别。要以德服人，就要"以不忍人之心，行不忍人之政"。即统治者要像父兄对待子弟那样对人民施行仁政：制民之产，让人民有"不饥不寒"的经济基础；薄税敛，"民可使富也"；省刑罚，"不嗜杀人者则天下之民皆引领而望之"；广教化，"善教得民心"；举贤才，"听政于国人"。孟子认为，只要能实行仁政，即使是地方百里的小国，也会得道多助，"天下顺之"，可以以最原始的棍棒来打败"秦楚之坚甲利兵"，进而以王道统一天下。

孟子的仁政说是理想多于实际，而且在一个战胜攻取的时代甚至显得迂阔。尽管他也说过"徒善不足以为政"，要"明其政刑"的话，但在他的理论设计中，是以道德教化掩盖了法令的执行。任何一个文明社会，离开了法律和暴力镇压，就难以维持最基本的秩序。孟子反对战争，认为只要"修其孝悌忠信"，有人心归向，就可以脱离物质条件而统一天下，这也只能是一种空想。同样，把仁政建立在统治者"善心"的基础上，以此来实现政治理想，也几乎不可能。所以，孟子的学说是充分考虑了统治阶级的长远利益，以"牧师的布道"来缓解尖锐的社会矛盾冲突，但当时的执政者并不领情，而未能使之与现实政治结合起来。

荀子是战国儒家的另一位代表人物。他立足儒家，又吸收诸子特别是法家的思想，以法治充实礼治，以王道容忍霸道，以刑罚配合德教，开启后代"引法入礼"的先河。

荀子重视礼的作用。他说："礼者，贵贱有等，长幼有差，贫富轻重皆有称者也。"（《荀子·富国》）但这里的礼又不等于孔孟所维护的那种传统周礼，而是打破"世卿世禄"并与赏功罚过相联系的新社会等级制度。他说："虽王公士大夫之子孙也，不能属于礼义，则归之庶人。虽庶人之子孙也，积文学，正身行，能属于礼义，则归之卿相士大夫。"（《荀子·王制》）这样礼治的思想中就包容了法家"以赏罚别贵贱"的成分。荀子提出以礼治为主而又兼容法治的主张，认为"由士以上则必以礼乐节之，众庶百姓则必以法数制之"（《荀子·富国》），这使他区别于孔孟，也与法家韩非专讲法治排斥礼治不同。荀子仍然把儒家的"王道"作为一种理想来提倡，即用礼义来争取人心，强调战争胜负与人心向背的关系，提出"兼并易能也，唯坚凝之难焉"(《荀子·议兵》)的观点，"凝"就是"凝民"。而在施政上，"王道"就是要"节用""裕民"，推行仁政。但荀子又能从实际出发，认为像齐桓晋文这样的"霸道"虽比不上汤武之王道，但也是可以接受的。他说只要治理好了，"上可以王，下可以霸"。这说明他并不排斥霸道，如对秦国政治"佚而治，约而详，不烦而功，治之治也"(《荀子·强国》)的赞扬就是证明。在统治术上，荀子强调要用两手，爱民怀柔的同时也不放弃刑罚强制。他认为"人性恶"，由此提出：

> 古者圣人以人之性恶，以为偏险而不正，悖乱而不治，故为之立君上之势以临之，明礼义以化之，起法正以治之，重刑罚以禁之，使天下皆出于治。(《荀子·性恶》)

孟子提出性善说，认为通过礼义教化就可以使人民接受社会规范，所以他的政治理论多偏于怀柔一面。而荀子虽也肯定德治仁政，但极力强调政治暴力的必要，"罪至重而刑至轻，庸人不知恶矣，乱莫大焉"(《荀子·正论》)。这已接近了法家的重刑思想。

荀子虽未改变自己儒家的基本立场，但其理论已成为新生政治制度的工具，并代表了中国传统政治文化的发展方向。礼法并存的两手治术，认为用礼义教化可以先征服人的思想，防患于未然，而刑法作为体制保障的基本防线，是惩治犯罪的最终手段。这既比法家的迷信暴力高明，也比孟子的偏重教化实际，是任何统治阶级都乐于接受的。从这种理论中，我们可以约略看到《左传》政治文化的影子（在汉人刘向《别录》所排列的《左传》传承系统中，荀子是极其重要的一环，即所谓"虞卿授荀卿，荀卿授张苍"）。同时，荀子又为后来者如何把书斋中的儒学改造成可操作的庙堂政治理论指明了路径。无怪乎清末的谭嗣同说："二千年来之政，秦政也，皆大盗也；二千年来之学，荀学也，皆乡愿也。惟大盗利用乡愿，惟乡愿工媚大盗。"（《仁学》）表面上是孔孟思想，实际上是荀子之学，这就是王霸相杂、礼法并存的政治理论。

从"德主刑辅"到"礼法统一"

随着秦汉帝国的建立，中国古代的政治体制最终确立下来，在此基础上官方意识形态的整合也逐渐完成并定型，这就是董仲舒所创立的新儒家学说。他在统治方针上，以先秦孔孟的德治仁政思想为基础，糅合了道、法诸家学说中的合理成分，这才能够适应现实政治的需要，被王朝定为一尊。

他的学说主要见于《春秋繁露》一书。

维护君权至上是董仲舒学说的出发点,因此必须"立尊卑之制,以等贵贱之差"(《保位权》),而儒家传统的礼正好能发挥这种作用:"礼者,继天地,体阴阳,而慎主客,序尊卑贵贱大小之位,而差外内远近新旧之级者也。"(《奉本》)所以他主张"节民以礼"。在尊礼的同时,董仲舒也主张"正法度之宜"。他曾利用五行观念来论证执法的不可或缺:

> 伐有罪,讨不义……寇贼不发,邑无狱讼则亲安,执法者司寇也。……据法听讼,无有所阿,孔子是也。为鲁司寇,断狱屯屯,与众共之,不敢自专,是死者不恨,生者不怨。(《五行相生》)

当然,董仲舒的"法度"概念是比较宽泛的,不仅指政府颁布的成文法,也包括儒家经典所包含的道德规范。如董仲舒就曾著《春秋决狱》一书,以《春秋》经义附会法律规定,判案量刑,由232个判例汇编而成。这种判例在后代就成为官员承袭沿用的准法律,也成为礼、法融合统一的重要一步。

在礼、法并重的同时,董仲舒规定的政策原则是文武兼用,德主刑辅。他说:"天道之大者在阴阳,阳为德,阴为刑,刑主杀而德主生。"(《汉书·董仲舒传》)天是他理论论证的依据，天有阳有阴，人间也必须有德教和刑罚；天时以阳暖为主，人间也要以德教为主。他强调礼乐教化的作用，将之比作堤防。能行教化，刑罚甚轻而民不犯；教化废，堤防毁，严刑重罚也难起作用。这当然不是不要刑罚，君主对人民必须"设刑以畏之"，但不可专任刑罚，"刑之不可任以成世也，犹阴不可任以成岁也"（《阳尊阴卑》）。德与刑的施用比例是百与一，"刑者德之辅，阴者阳之助也"（《天辨人在》）。董仲舒还认为，由于人性的不同，德和刑对不同的人应各有侧重。他创立"性三品说"。少数者为圣人之性，天生性善，是治人的统治者。中人之性可善可恶，对之先行教化，教化不成才用刑罚。而下等"斗筲之性"，愚昧无知，有恶无善，不可教化，惟用刑罚来制裁，"可杀，而不可使为乱"（《为人者天》）。董仲舒的"德治"还体现在施仁政上，包括"薄赋敛，省徭役，以宽民力"；"限民名田，以澹不足，塞并兼之路"；"去奴婢，除专杀之威"；"盐铁皆归于民"，"不与民争业，然后利可均布，而民可家足"（《汉书·食货志》）等措施。其要旨就是限制统治阶级对民众的剥削压迫，使贫者足以养生，不致"转为盗贼"，社会才能"上下相安"。

董仲舒为汉朝统治者所设计的这种德主刑辅、简政宽刑的政治理论，是以统治阶级已经确立并牢牢把握住政治权力为前提的。无论理论家在宣传上如何强调"君怀臣忠""亲亲仁民"，但在政治实践上，掌握国柄的统治者决不会受到欺骗迷惑，决不会丝毫放松镇压机器的职能。汉武帝一方面提倡"独尊儒术"，采取一些德治教化的措施；另一方面却大搞重罚酷刑，密织法网，任用酷吏，"律令凡三百五十九章，大辟四百九条，千八百八十二事，死罪决事比万三千四百七十二事"（《汉书·刑法志》），实际上继承了秦代重刑主义的传统。汉宣帝公开说："汉家自有制度，本以霸王道杂之。"（《汉书·元帝纪》）唐人令狐德棻也说："王道任德，霸道任刑，汉则杂而行之。"（《旧唐书》本传）理论上是儒家的"德主刑辅"，实践上却是内重刑暴，外饰德教，这种理论与实践的脱节还有待于时间来弥合。

东汉以后，随着儒家社会影响力的进一步加强，在董仲舒"德主刑辅"思想的基础上，王充又进一步提出"礼法统一"的政治思想。在先秦三代时期以礼治国，礼作为一种由国家强制实施的行为规范，既是道德律，又是法律，二者是统一的。春秋之后礼崩乐坏，代之而起的是新兴政权颁布的成文法，实行"法治"，礼失去政权的支持，仅留存于社会习惯和舆论中，成为单纯的道德规范。礼最突出的特点是等级差异性，它为社会中的尊卑、贵贱、长幼、亲疏、贫富等层次规定不同的行为规范，以维护既定的等级秩序。汉朝以后的统治者在看到秦朝"专任刑罚"的严重后果后，越来越认识到礼对于治国的重要价值。他们一方面继续推行以赏罚为内容的法治,一方面又想把礼和刑结合起来,用刑来保障礼的实施,用礼来充实法的内容,把礼改造成法律规范。

这种改造开始于西汉初的贾谊。他在《治安策》中说:"廉、耻、节、礼以治君子,故有赐死而亡戮辱。是以黥劓之罪不及大夫。"本来法的特点是"刑无等级",而贾谊却要求按照"刑不上大夫"的原则,对尊贵者犯法不能加之于有损个人尊严的刑罚,不能由一般的执法官吏处理,只能由皇帝命令赐死或降爵,不然就不利于治理天下的"尊尊贵贵之化"。继之有董仲舒鼓吹的春秋决狱:《春秋》之治狱,论心定罪。志善而违于法者免,志恶而合于法者诛。"(《盐铁论·刑德》)比如某人"有罪杀人",其父亲把他藏起来拒不报官。董仲舒认为后者符合《春秋》"父为子隐"之义,就不应当按法律的"窝藏隐匿"条将其定罪处罚。东汉时期,由于儒家礼教纲常的影响,社会上形成一种为父兄私相报仇的风气,"父不受诛,子复仇可也"。如果依法治罪,不仅"伤孝子之心",而且有悖于"以孝治天下"的立国精神。如果赦免不罪,又将造成法律的混乱,"法令决事,轻重不齐,或一事殊法,或同罪异论,是为刑开二门也"(桓谭:《新论·王霸》)。在这种背景下,王充主张礼法结合。他说:"古礼三百,威仪三千,刑亦正刑三百,科条三千。出于礼,入于刑，礼之所去，刑之所取，故其多少同一数也。"(《论衡·谢短》)也就是说，自古礼和法就密不可分，凡为礼所禁止的，也正是法所不允许的，把礼条变成法条，违礼就用刑来制裁。

以礼入法，把道德纲常和法律看做统一而不可分割的治国之道，这标志着统治阶级政治上的成熟。这二者的结合经历了很长的一个过程，如晋律的"不孝弃市""淫乱重罪"，魏律的"八议"制度，南北朝北齐律的"重罪十条""官当"制度等，都是以礼入律的重要体现。隋唐时期这个过程基本结束，人们不再见到如汉代那样的"引经决狱"，这不是儒家礼教的丧失影响，而是它已被有机地固定在法典之中，成为具体的法律规范。如《唐律疏议》中"八议""十恶""七出"等渗透着名教精神的律目被固定下来，礼教确实已与法律密不可分。

古代"治道"的宽与猛

中国古代治国方针的宽和猛，并没有一种固定的标准，往往随着客观形势的需要，会有弹性地各有侧重。即以宽仁而言，在一个王朝的上升期，它尽管也有麻痹民众的一面，但因其具有现实的政策内容，而能够推动社会发展；在王朝的衰败危机发生时，它往往就意味着朝纲和吏治的紊乱，意味着豪强大族的横行不法，这不仅是对人民的欺骗，而且是给人民造成更大苦难的弊政。在东汉末年就出现了这样一个巨大的转折,而三国时期务实的政治家也就不约而同地走上一条"拨乱之政,以刑为先"的执政之路。

曹操政治理念的基点仍可归于儒家。他不仅把"太平时,吏不呼门,王者贤且明,咸礼让民无所争讼,路无拾遗之私,囹圄空虚,冬节不断"(《先秦汉魏晋南北朝诗·魏诗卷一·对酒》)当作理想的社会,而且对"丧乱以来,十有五年,后生者不见仁义礼让之风"的状况,感到"吾甚伤之"(《三国志·魏书·武帝纪》)。但是,在他认为还没有治定时,当务之急是"以刑为先"。他说:"治定之化,以礼为首;拨乱之政,以刑为先。"(《三国志·高柔传》)既崇礼,又尚刑,礼刑兼用。天下安定,首先礼教;社会动荡,以刑为主,各有侧重。在执政中,我们看到他"揽申商之法术","用法峻急,有犯必戮","诛不避权贵"。不管是谁违犯礼法,都要科罪论刑,由此才能使社会由乱转治。

诸葛亮初到西土益州,看到原统治者刘璋父子暗弱,"威刑不肃,蜀土人士专权自恣,君臣之道渐以陵替"的局面,认为必须厉行法治:"威武加则刑罚施,刑罚施则众奸塞。不加威武,则刑罚不中;刑罚不中,则众恶不理,其国亡。"(《诸葛亮集·喜怒》)诸葛亮深知,治国不能无法,有法不可不严,非此不能维护政权。严法不是滥刑。在理政中,诸葛亮"法不偏私,刑不择贵",对皇帝身边的亲贵也有过必惩。正由于他"开诚心,布公道",所以才"刑政虽峻而无怨者"(《三国志·诸葛亮传》)。诸葛亮不肯轻易颁布大赦令,人说他"惜赦"。他以刘表父子在荆州岁岁大赦的"仁政"为例,说"治世以大德,不以小惠",那种虚假的仁义徒增混乱,"何益于治"?重要的是"赏不可虚设,罚不可妄加"(《诸葛亮集·答惜赦》)。

孙权的治国方针也仿此。当大将陆逊上书建议"施德缓刑"时,孙权毅然作答:"夫法令之设,欲以遏恶防邪,儆戒未然也。焉得不有刑罚以威小人乎?此为先令后诛,不欲使有犯者耳。君以为太重者,孤亦何利其然?但不得已而为之耳。"(《三国志·吴主传》)问题不在于宽和严,而在于"审势"。不管是德主刑辅,还是废德任刑,都不能损害现实的政治利益。

理学是中国古代后期儒学发展的新阶段,其与以前相比的变化,主要在哲学的论证方式上,即"本以儒学,兼融佛道";而在政治主张上,仍然是德治仁政,宽猛相济,不出前贤窠臼。值得注意的是,理学诸子在谈到实行德治仁政时,更强调根本在于君主本人的"以德修己",即天下的治乱兴衰,全系于君主一人的道德品行。朱熹说:"天下之务莫大于恤民,而恤民之本,在人君正心术以立纪纲。"(《宋史·道学三》)

在中国古代，人治模式支撑着君主专制，政治的好与坏全以君主的贤或昏为转移。在皇权之上，没有一种有效的制约机制，那就只能指望人君内心的自我约束，政治问题必然变成一个"正君心"的道德修养问题，这是中国传统政治体制的缺陷使然。我们经常看到，一方面是朝廷言臣"施仁""爱民"之声聒噪不已，一方面是广大人民生活窘迫"流离饿殍而莫之恤"，而被绝对权力腐化了的帝王依然歌舞深宫置之不理。这种情景在历史上屡见不鲜，所以从某种意义上说，只要存在君主专制的政治环境，传统的"德治""仁政"理想总不免流于空论。

武略辉光：
《左传》与中国兵学

有史以来，战争是一种难以避免的社会现象，从某种意义上说，人类文明正是踏着千百万人的尸体在血与火中艰难前行的。春秋时期是社会急剧变动的乱世，从而也就有了连绵不断的战争。据统计，在不到三百年的时间里，就发生了大小战争384次（据《中国军事史》附卷《历代战争年表》，解放军出版社1985年版第3页），也有人说是483次。正如古希腊哲人赫拉克利特所说："战争是万物之父，也是万物之王。它使一些人成为神，使一些人成为人，使一些人成为奴隶。"（《古希腊罗马哲学》，商务印书馆1962年版第29页）《左传》也在成公十三年引用刘康公的话说："国之大事，在祀与戎。"戎就是兵战,"国"在甲骨文作"或",即以武力保卫人口之意。另外,宗族、民族的"族"字,由旌旗和箭矢组成,《说文》:"族,矢锋也,从㫃从矢。"这也证明武卫与族群生存的密切关系。所以《孙子》开篇即言:"兵者,国之大事也。死生之地,存亡之道,不可不察也。"

有了对战争现象的关注,就会产生兵学。最杰出的《孙子兵法》即是这个时代的产物,它奠定了中国古代军事理论的基础,也是中国兵学领域成就最大、水平最高、影响最深远的著作。除专门的军事著作外,诸子百家皆察兵,老子、孔子、墨子以及其后的孟子、荀子、商鞅、韩非也都站在各自的立场上知兵言兵,深有宏论。不仅子书,先秦的经史典籍如《周易》《尚书》《周礼》《国语》《春秋》《战国策》等也都涉及大量兵谋、兵事和兵论,发人深思。群书皆识战,《左传》更出类拔萃,论对后代兵家的影响,它并不在专门的兵书之下。原因就在于"孙吴所言空言也,左氏所言验之于事者也"(李元春《左氏兵法·序》)。

《左传》所以能从不同于专门军事著作的角度对后代产生影响,就在于它是中国最早的一部战争史。同是对战争现象的总结,兵书是用形式逻辑的方法进行抽象推论,而史书则是借用战例过程的形象描述来推究其成败得失以供后人鉴戒。《左传》对后代的影响,一是通过对战争史实的记叙与评论,反映出自己的兵学观点，此一直为历代兵家所重视；二是它所记述的战例，多为历代兵书所征引，以作为立论的根据；三是它记录了久已亡佚的上古兵书《军志》等的一些片断文字，成为研究中国古代军事史的珍贵资料；四是它具体记述了春秋时期各国军政制度的变化如晋国魏舒的"毁车以为行"（改车战为步战）、郑国的"鱼丽之阵"（车战形式）等，这往往是兵书不记或语焉不详的。正因为这样，不仅历代名将喜读《左传》，急用疆场，而且把《左传》当兵书来研究的也大有人在，并写出《左氏兵法测要》《左氏兵略》《左略》等著作（见《四库提要·子部》）。清朝大学士李光地甚至上书皇帝，请求把《左传》作为武举的考教之典。可见《左传》虽为兵学偏师，对后代的影响却不可小觑。

止戈为武　居安思危

《左传》开启了军事伦理学的先河

中国古代兵学的一个突出特点，是关注战争观问题。对战争性质、作用、态度的问题，诸子皆能言之，但又分歧明显。墨家反对一切武力的攻伐兼并，疾呼"非攻"，以和平主义者的面目出现。老子厌恶文明所带给人类的一切，因此斥责"兵者不祥之器"，主张回到"虽有甲兵，无所陈之"的那样一种自然社会,远离和消弭战争。孔子虽然重文教而轻武事,但是并不笼统地反对一切战争,而是主张对其加以性质的区分,力倡"义兵"。即肯定圣人"禁残止暴于天下"的用兵,而反对贪者"刈百姓危国家"的用兵。兵家孙武从战争在整个社会生活中难以抹去的重要意义出发,主张重战、慎战而又理智地充分地规划战争,"兵,利也",提出以现实利害为依据的"利战"说。法家则把战争作为实现国家政治目标的绝对手段,提倡举国动员全力以赴的"力战"理论,有一种军国主义的趋向。在这方面,《左传》作者明显是以儒家学说为价值取向,并结合春秋社会的实际加以发挥演绎。

鲁宣公十二年(前597年),晋楚之间发生邲之战,楚国大胜。楚将潘党建议楚庄王筑武军和京观(收敌军尸体封土而成的高大丘垒)以炫耀武功,并说:"臣闻克敌必示子孙,以无忘武功。"楚庄王不以为然,他说:

> 非尔所知也。夫文,止戈为武。……夫武,禁暴、戢兵、保大、定功、安民、和众、丰财者也。故使子孙无忘其章。今我使二国暴骨,暴矣;观兵以威诸侯,兵不戢矣;暴而不戢,安能保大?犹有晋在,焉得定功?所违民欲犹多,民何安焉?无德而强争诸侯,何以和众?利人之几,而安人之乱,以为己荣,何以丰财?武

有七德，我无一焉，何以示子孙？……武非吾功也。

看来楚庄王不愧为"五霸"之一，这实在是一篇意味深远的战争论。他说按文字构造，"武"是由"止""戈"合成，意谓平息战乱，停止使用武器，这才是真正的武功。实际上从甲金文看，这并非文字学意义的正确解说，按武字原形为"𢦒"，像人扛戈前进，"止"是人足象形，表示行进，和"停止"的意思相反。由于汉字构件表义的多样性，给多种文化的黏着与依附留下了空隙，实际上，楚庄王在这里正是给"武"字一个文化学上的解释，并且被后代广泛接受。《说文》："武，楚庄王曰：夫武定功戢兵，故止戈为武。"《汉书·武五子传赞》："是以仓颉作书，'止''戈'为'武'。圣人以武禁暴整乱，止息兵戈，非以为残而兴纵之也。"

《左传》借楚庄王之口，表达了这样的观点：真正的武功武德，应该像周武王那样，达到七项目标。一是禁止残暴（禁暴），二是消除战争（戢兵），三是安居高位（保大），四是建立功业（定功），五是使百姓安定（安民），六是使上下和顺（和众），七是使资财丰裕（丰财）。这当然是一个很高的要求，不仅楚庄王自称"武有七德，我无一焉"，而且从后代儒家的眼光来看，简直是"春秋无义战"（《孟子·尽心下》）。所谓正义的战争，应该是禁暴救乱，而不应该是以强凌弱、弃礼贪利之战。《左传》很清醒地认识到，现实不可能完全消除战争，那就退求其次，以礼来节制战争。

《左传》尊礼，也主张以礼治兵。首先，一切战争行为应以维护礼的上下等级秩序为目的，而不能是以下犯上。庄公二十三年曹刿说："夫礼，所以整民也。故会以训上下之则，制财用之节；朝以正班爵之义，帅长幼之序，征伐以讨其不然。"礼是用来整齐民众的，也就是要严格上下尊卑长幼的等级秩序，而对那些抗上不听从命令（不然）的人就要以武力征伐。这就是所谓"礼以行义，信以守礼，刑以正邪"（僖公二十八年）。在古代，兵正是刑的扩展，都是暴力手段的运用。其次，具体到战争行为本身，也应体现礼的精神，安国保民则可，残民贪利则否。庄公二十七年记载晋将伐虢，士蒍认为条件尚不具备，理由是"夫礼乐慈爱，战所畜也。夫民让事乐和，爱亲哀丧而后可用也"。在这种礼爱精神没有被培养起来之前，"亟战将饥"，即士气将会低沉。晋文公在城濮之战前的准备，也主要是教民以礼信德义，一直到"少长有礼，其可用也"，才正式展开军事行动。最后，作战要讲仁义正道，不能用权诈诡道。《左传》在僖公二十二年虽然对楚宋泓之战中宋襄公的迂腐表现不无讥讽之意，但整体还是强调要在战争中讲礼修信的。如对楚国子反背弃与晋的盟约而发动战争，作者就借申叔时之口说："德、刑、详、义、礼、信，战之器也"（成公十六年）;"信礼之亡，欲免得乎？"（成公十五年）对僖公三十三年秦军偷袭郑国，作者又借王孙满之口说："秦师轻而无礼，必败。轻则寡谋，无礼则脱（疏略）。入险而脱，又不能谋，能无败乎？"

《左传》以礼治兵的观点，从后代来看，当然是陈旧落后观念的反映，但在当时的背景条件下，却是合乎情理的。周代的军礼是贵族家国一体分封制的产物，不仅诸侯"为天子之同姓者十之六，天子之勋戚者十之三"，在诸侯国内，卿大夫也是公族一祖。大家都是亲戚，即使战争也是"家族内斗"，必须有一定的限度，不能从根本上损害"文化内辑"的礼法精神。春秋初繻葛之战，白天打仗郑庄公部将以箭射中周桓王的肩膀，晚上庄公又派大夫祭足去慰问受伤的周王，就是这种亲戚关系在兵战上的反映。因此对这种"有限战争"，提倡作战要讲"正道"，如在战争时机的选择上要"不违时"，"不加丧，不因凶"，"冬夏不兴师"；要堂堂正正地列阵作战，"不以阻隘"，"不鼓不成列"；要优待妇孺老幼，宽大不抵抗之敌，"君子不重伤"，"不擒二毛"，"逐奔不过百步"，"能舍服"；进入敌国领土"无毁土功，无燔墙屋，无伐林木，无取六畜、禾黍、器械"等，这都在一定程度上弱化了战争的暴虐程度。《左传》这种以礼治兵的传统，虽然随着战国时代战争规模的升级和非道德主义的盛行而丧失殆尽，但由于被儒家经典所保存而传递到后世,遂开启了军事伦理学的先河。

"正义之师"和"仁者无敌"

更重要的是,礼和德在《左传》中是被联系在一起的。如果抽掉了周礼在特定时期的一些具体内容,而以抽象泛化的意义来看待,那就是任何战争的性质都可以有一个明确的性质区分,也就是正义和非正义。正如《左传·僖公二十八年》所申明的:"有德不可敌";"师直为壮,曲为老。"《宣公十二年》也说:"民生之不易,祸至之无日,戒惧之不可以怠。在军……于胜之不可保,纣之百克,而卒无后。……师直为壮,曲为老。"从此,中国传统兵学就贯串了这样一条红线:凡是正义的战争就会赢得人心士气,并且必将取得最终的胜利;非正义的战争会由于士气不振而失败。这是一个日久而弥新的真理。

在古代典籍中,无论是兵书还是子书,关于"仁者无敌""国虽大,好战必亡"的论述俯拾皆是。《吴子》把战争分为义兵、强兵、刚兵、暴兵、逆兵五种,"义必以礼服,强必以谦服,刚必以辞服,暴必以诈服,逆必以权服",提倡"修德废武",反对"恃众好勇"(《图国》)。孟子大谈"兵甲不多,非国之灾也";"国君好仁,天下无敌";"君子有不战,战必胜矣"(《离娄上》)。《老子》也说:"故抗兵相加,哀者胜矣。"哀兵指受压制反侵略的正义之师。《荀子》曾说过:"秦之锐士不可以当桓文之节制,桓文之节制不可以敌汤武之仁义。"(《议兵》)所谓"桓文之节制"即指春秋霸主齐桓、晋文能以礼义规整限制兵战。《吕氏春秋》并不一概反对战争,"兵苟义,攻伐亦可,救守亦可;兵不义,攻伐不可,救守不可"。那么什么是"义兵"呢?"兵诚义,以诛暴君而振苦民,民之悦也。"这样的军队"邻国之民归之若流水,诛国之民望之若父母",一旦接战,"若决积水于千仞之溪,其谁能当之?"(《荡兵》)《淮南子》也有类似的观点,提倡用兵"非利土壤之广而贪金玉之略,将以存亡继绝,平天下之乱,而除万民之害也"。相反,那些无义之军则"地广大众,不足以为强;坚甲利兵,不足以为胜;高城深池,不足以为固;严令繁刑,不足以为威"。这些贪兵"数战则民罢,数胜则主骄,以骄主使罢民,而国不亡者天下鲜矣"(《兵略训》)。《诸葛孔明异传》也把战争分为五类:"诛暴救弱谓之义兵,兵义者王;敌来加己,谓之应兵,兵应者胜;争小故,致大寇,谓之忿兵,兵忿者亡;利土地,欲利货,谓之贪兵,兵贪者死;恃国家之大,矜人民之众,谓之骄兵,兵骄者败。"(《兵戎》)尽管中国古代的论者对战争性质的区分各有自己的具体标准,从今天的标准看也不一定科学,但其共同点都是并不绝对颂扬战争,而是以义和不义来评判区分。中国兵学很少有黩武主义的言论,这个传统应该起源于先秦元典,其中就包括《左传》。

居安思危则有备无患

不好战黩武只是问题的一个方面,《左传》作者以现实的眼光来观察社会,又不能不提出对战争态度的另外一面,这就是居安思危和不忘武备。据《左传·襄公十一年》记载,晋国卿士魏绛主张和戎(同戎狄和好),结果八年中九和诸侯,戎狄亲附,造成晋国复霸的局面。晋侯就把乐队的一半赐给魏绛,说要像音乐的和谐那样来君臣共乐。魏绛却十分清醒地辞谢说:

> 《书》曰:"居安思危。"思则有备,有备无患。敢以此规。

也就是说,处于安宁的环境中,要想到可能出现的危难。想到了危难才会有所防备,有了防备才会使以后没有忧患。这和《司马法·仁本》所说的"天下虽安,忘战必危"的意思是完全一样的。在《左传》作者看来,为了使国君能够居安思危,甚至有必要故意保留一个敌对政权,以防止自己内部滋生骄傲佚泰的风气。成公十六年,士燮不想同楚国交战,理由就是:"吾先君之亟战也有故。秦、狄、齐、楚皆强,不尽力,子孙将弱。今三强服矣,敌,楚而已。唯圣人能外内无患,自非圣人,外宁必有内忧。盍释楚以为外惧乎?"

自古知兵非好战。"居安思危"实际上讲的就是文事与武备之间的关系。《左传》在僖公三十年借周天子使臣周公阅的话说:"文足昭也,武可畏也。"对于一个国家来说,文德要足以显扬四方,武功要足以使人畏惧,二者不可偏废。其中文德主要是对华夏内部的,而战争则是对蛮夷的,"德以柔中国,刑以威四夷"(僖公二十五年)。在周礼"内诸夏而外夷狄"的原则下,文和武是分别有对内和对外不同的职能的。但现实往往并不是这样,春秋的"攘夷"只是旗号,大国真正的目的还是诸侯之间的拼杀争霸。在国与国的关系上,《左传》提倡"文不犯顺,武不违敌"(僖公三十三年)。即从文德来讲,自己不主动去侵犯顺天合理的政权;从武德来讲,也不要逃避仇敌。"居安思危"还包含一层意思,就是对敌国要果断出击,不能绥靖纵容。僖公三十三年,面对越境远袭郑国的秦军,晋国内部有一场是否趁机伏击秦军的讨论。晋国主将先轸说:"奉不可失,敌不可纵。纵敌患生,违天不祥,必伐秦师";"一日纵敌,数世之患也,谋及子孙。"也就是说,天赐的机会不可失掉,放纵敌人就会产生数代的祸患,该战就战是为子孙后代打算。宣公二年郑宋之战,宋国大夫狂狡与郑国一士兵相遇,该士兵失足落井。狂狡未趁机杀死或俘获郑人,反而"倒戟"而将其拉出井。这位手握戟柄的郑人出井后反而把狂狡俘虏。对此,《左传》作者评论说:

> 失礼违命,宜其为禽也。戎,昭果毅以听之谓礼。杀敌为果,致果为毅。易之,戮也。

用兵自有一定的规则,要果敢勇毅,而不能与文德的仁义礼让混为一谈。这也是一种居安思危。

那么如何做才是居安思危呢?这就是文公六年所说的"备豫不虞",没有战争也要做好战争的准备,临事就无忧虑。《左传》在僖公二十二年明确提出"明耻教战"的口号,明耻指思想教育,让士兵认识到国家战败也是自己的耻辱;教战指军事训练,要先教给士兵作战的方法。这些都需要进行长期的准备,不是短期内可以骤然见效的。关于人力的准备,最重要的是振奋军心民心,《左传》桓公十一年说:"师克在和,不在众。商、周之不敌,君之所闻也。"国内如果上下不和,军队就会"莫有斗志",即使再多的兵力也无济于事。商纣之所以敌不过周武王,就是这个道理。看晋文公在城濮之战前,反复在国内做民众的工作,先是"教其民",又是"入务利民，民怀生矣"，再是为民"示之信"，"示之礼"，一直用了四年使民众对上级的命令"听不惑而后用之"（僖公二十七年），然后对楚国"一战而霸"。对于弱国，除了与强国一样做好人力、物力的准备外，还有一个重要的方面，就是在外交上与大国结盟，"唯强国是从"（襄公九年）。如郑国曾长期依靠晋国，但当楚国来进攻时，它就转而投向楚国。这是因为弱国在遭遇不测时，不能轻信某个强国的许诺，而应该"唯有礼与强可以庇民者是从"，才不至于在兼并战争中吃亏。最后，要做到居安思危，即使是强国也不能掉以轻心，因为战争牵涉的因素多而且复杂，强弱之间的力量对比是可以瞬间变易的。例如僖公二十二年，鲁国和邾国这一大一小、一强一弱之间发生战争，鲁国对邾国很轻视，"公卑邾，不设备而御之"。鲁国大夫臧文仲劝诫说：

> 国无小，不可易也。无备，虽众不可恃也。《诗》曰："战战兢兢，如临深渊，如履薄冰。"又曰："敬之敬之，天惟显思，命不易哉！"先王之明德，犹无不难也，无不惧也，况我小国乎！君其无谓邾小，蜂虿有毒，而况国乎！

鲁僖公"弗听"，结果鲁军大败，邾军缴获了鲁僖公的头盔，挂在城门上，成为鲁国的耻辱。

总之，任何一个国家都必须有武备，"备则不虞，无备则伤"。隐公十一年，郑国打败息国，《左传》总结息国灭亡的原因说："不度德，不量力，不亲亲，不征辞，不察有罪，犯五不韪而以伐人，其丧师也，不亦宜乎！"第一条是未能修明国内政治，第二条是未能正确衡量敌我力量对比，第三条是未能做到睦邻友好，第四条是未能以言辞赢得舆论同情，第五条是未能贯彻法制。五条被违背却要去讨伐别人，丧师亡国就是必然的。要有备无患，《左传》作者提出这五条，可谓是独具慧眼。

蓄积民族尚武精神

《左传》这种备战、慎战、教战，既讲文教，又重武备，从而居安思危、有备无患的战略思想，为后代所继承发扬，从而形成中国传统文化的不偏取中之义。中华民族本来并不缺少尚武精神，这从古人造字即可看出。如"我"，从戈从手。徐锴曰："从戈者取戈自持也。"又如表达自身的"躬"字，从身从弓。这都指戈操于手，弓置身旁，一个人必须有武器自卫才能生存。三代贵族从小所要接受的所谓"六艺"，实际上是一种全面的素质教育，所谓"习射御所以为将，司礼乐所以为相，学书数所以为宰"。周代文武不分职，士、卿大夫、诸侯国君以至周天子均能上战场亲临武事。东周桓王与郑国战于繻葛，尚有"王亦能军"之誉。周虽以"郁郁乎文哉"立国，但也必能安不忘危。周礼中的"大田之礼"，包括春蒐、夏苗、秋狝、冬狩，规定各级贵族要每年四次以田猎的方式"帅民徒"进行军事训练，届时天子、诸侯都要检阅其手下的车徒之数。有些后来异化为文娱活动的礼仪，最初都是武备的组成部分。如"射礼"，在西周就是贵族间的军事教练课程，以比射的方式提高军事技术。又如"二十而冠"的冠礼，冠者要"带剑"，"冠弁服"，它来源于原始社会的成丁礼，意味着此人从此要履行参加战斗的义务。"古者十五入大学，与小役；二十冠而成人，与戎事"（《盐铁论·未通》）。据考证，大学的教学内容即"六艺"，其中射御比礼乐更重要。大学教师被称"师氏""夫子"，因为是由高级军官担任，师氏和百夫长、千夫长均为西周武官。学校的"校"，指校武；庠序的"序"，射矢也。在上古，并不羞言戎兵。

后来儒家更加强调社会的稳定和谐，重文化，重道德，把人的内心修养置于更突出的位置，不以兵战为急，但一般也并不排斥武备。孔子虽然说过"远人不服，则修文德以来之"（《论语·季氏》），不主张对邻邦用兵，但他同时还是主张要有武备："有文事者，必有武备；有武事者，必有文备。"（《孔子家语·相鲁》）在子贡问政时，孔子回答："足食，足兵,民信之矣。"(《论语·颜渊》)把充裕的经济、充实的军备和民众的信任看成支撑政权的三鼎足,这应该是比较全面的看法。同时,孔子也赞成培养人们的武勇精神,如"见义不为,无勇也"(《为政》);"仁者必有勇,勇者未必有仁"(《宪问》);"君子有勇而无义为乱,小人有勇而无义为盗"(《阳货》),但其必须受到仁义的制约,全面衡量,"知、仁、勇三者,天下之达德也"(《礼记·中庸》)。关于战争,孔子是主张慎重对待的,"子之所慎:斋、战、疾"(《述而》)。正因为谨慎,所以才要有武备,其中之一就是训练民众,"以不教民战,是谓弃之"(《子路》)。孟子在总体上更加重视人们内心的道德追求,漠视短期的政刑功利。但他也说过"据于乱世,发为升平,倡其仁政,伸其义战"的话,认为战争是"天时不如地利,地利不如人和"(《孟子·公孙丑下》)。特别是他在《告子》下篇所讲的话:"入则无法家拂士,出则无敌国外患者,国恒亡。然后知生于忧患,死于安乐也。"无论对一个人还是一个国家,必须要长存忧患意识,居安思危,才能常保无虞,顺利成长。这些观点也为后世广泛认同采用。荀子从人们"好利而欲得"的本性出发,认为战争是不可避免的,但必须以仁义为本,政修为先,然后才能兴利除害,否则"坚甲利兵不足以为胜"。他说:

> 彼仁义者，所以修政者也；政修则民亲于上，乐其君，而轻为之死。故曰：凡在于君，将帅末事也。……故汤之放桀也，非其逐之鸣条之时也；武王之诛纣也，非以甲子之朝而后胜之也。皆前行素修也，此所谓仁义之兵也。（《荀子·议兵》）

战争不仅是在战场上的对决，而是包括政治、经济等多方面的长期准备，特别是民心是否与上一致。"民不为己用，不为己死，而求兵之劲，城之固，不可得也。兵不劲，城不固，而求敌之不至，不可得也。敌至而求无危削，不灭亡，不可得也。"（《荀子·君道》）这种"前行素修"的作为，又来自于安不忘危的观念。

除儒家外的其他各家，特别是兵家，更是主张对民众加强战斗意志的培养，蓄积民族尚武精神，富国强兵，以防止战争机器的"锈蚀"。《吴子》说："内修文德，外治武备。"文德包括道、义、礼、仁四德，而武备就是要"戒"。"夫安国之道，先戒为宝"；"用兵之法，教戒为先"；"一人学战，教成十人，万人学战，教成三军"（《治兵》）。不然，"当敌不进，无逮于义矣；僵尸而哀之，无逮于仁矣"（《图国》）。敌人来了，不能抵抗，只能抚尸哀吊，这只能是假仁假义。《尉缭子》说："兵者，以武为植，以文为种；武为表，文为里。

能审此二者,知胜败矣。"(《兵令上》)既然这样,不但不能"废兵",而且"凡挟义而战者,贵从我起。争私结怨,应不得已。故争必当待之,息必当备之"(《攻权》)。正义的战争可以由我发起,别人私怨而加之于我的战争,也要从容应战。凡战争都要严阵以待,即使平息无战之后也要有所戒备。《司马法》明确提出:"天下虽安,忘战必危。"又说:"古者以仁为本,以义治之为之正。正不获意则权,权出于战。"(《仁本》)这和《老子》"以正治国,以奇用兵"的观点是一致的,当用正常的仁义手段不能"禁争夺,去暴乱"时,才采用权变的方法即战争来解决问题。

正由于认识到战争是政治特殊手段的一种继续,《吕氏春秋》才高倡"有义兵而无有偃兵",提出"用武则以力胜,用文则以德胜,文武尽胜,何敌不服"(《荡兵》)的两手论。强调"总文武,兼刚柔",二者既有政治和军事的配合,又有战场上心战和力战的互补,而不孤立只取其一,这正是中国古代兵学的鲜明的特点。由于战争不可避免,才有了兵学的用武之地,才有了武备的必要。《管子》说:"备患于未形"(《牧民》);宋人许洞《虎钤经》说:"防乱于未乱,备急于未急";《兵鉴》说:"和好为权宜,战守为实务";清人陈庆年《兵法史略》说:"苟欲弭兵,莫如备兵。"这都是一个意思,即"兵者百岁不一用,然不可一日忘也"(《鹖冠子》)。要进行战备,最重要的是对民教战，激励士气。"激人之心，励人之气。发号施令，使人乐闻；兴师动众，使人乐战；交兵接刃，使人乐死。"（李筌《太白阴经·励士》）士气是无形的，它是以士兵的技艺作为基础的，故"练胆之法，习艺为先。艺精则胆壮，胆壮则兵强"（俞大猷《正气堂文集·兵略对》）。

在中国古代，能否像《左传》所说的那样居安思危，有备无患，常常关系到一个王朝的治乱安危，甚至直接与它的"国运"攸关。这里有两个教训常被人提及。一是唐玄宗天宝年间，由于天下承平日久，君臣上下耽于安乐，战备废弛，"百姓累世不识兵革"，整个民族的尚武精神被和平生活消磨殆尽。有野心的安禄山"见武备堕弛，有轻中国之心"，遂从渔阳发动叛乱。兵革猝起，唐朝宫廷上下毫无准备，文不能为谋，武不能力战，地方政权"望风瓦解"，仅几个月洛阳、长安相继失陷，唐玄宗本人也只好逃往巴蜀。"安史之乱"经过七年方被平定，但社会经济已遭到大破坏，外有戎狄强敌，内有藩镇割据，盛唐统一局面不再，从此无可挽回地走上衰落之路。另一是北宋初年，采取"守内虚外"的国策进行军事部署，中央禁军有一半是驻防于京城及其附近，其余分成全国各要冲地区，主要用于镇压内部反叛。而宋统治者在边境只屯驻少量的军队，对辽、西夏等境外少数民族政权只能采取被动的守势。另外，惩唐末藩镇跋扈之弊，宋又实行兵将分离等政策,造成将帅无权、指挥不灵的恶果,极大地削弱了军队战斗力,种下了"积贫积弱"的祸根。宋朝君臣对边患十分轻视,说"夷狄者,皮肤之患","皆可预防",而百姓转为盗贼才是心腹之患。结果两宋几百年间,抵挡不住"外敌"的侵扰,每次战争都要屈膝求和,并奉献大量的银、绢以为"岁币",难有安宁。最后北宋亡于金朝,南宋亡于元朝,教训是深刻的。

历史告诉人们,即使是一个爱好和平的民族,也不可不知兵,不可不尚武。要想自立于世界民族之林,必须能居安思危。

一鼓作气　无民孰战

民心决定战争胜负

在兵学领域,还有一个战争胜负观的问题。即如何做才能激励军队士气以提高战斗力,来保证战争的胜利。对此,不仅诸子百家,就是在兵家内部也有不同的价值取向。因为孔子说过"足食、足兵、民信之矣"为立政三要,人问如不得已而去之,他在三项中又先"去兵",再"去食",把"民信"(《论语·颜渊》)摆在首位,还说过"民悦其爱者,弗可敌也"(《孔子家语·曲礼子贡问》)这样的话,所以有儒家倾向的兵家，都主张将军治兵，一是要信赏信罚，二是要爱兵如子。而有法家倾向的兵家，则更多强调军令的严肃性，要"将能立威，卒能节制"。如《尉缭子·兵令下》说："古之善用兵者，能杀卒之半，其次杀其三，其下杀其一。能杀其半者，威加海内；杀十三者，力加诸侯；杀十一者，令行士卒。"

在这方面，我们看到了《左传》的儒家取向。《左传》在庄公十年记载齐、鲁长勺之战，曹刿在战前拜见国君，劈头就问："何以战？"即鲁国凭什么条件同齐国作战？鲁庄公举了三条。其一是"衣食所安，弗敢专也，必以分人"。曹刿对曰："小惠未遍，民弗从也。"即你把衣食分人并未遍及下层民众，是小恩小惠，民众不会跟从你去死战。其二是"牺牲玉帛，弗敢加也，必以信"。曹刿把这一条也抹掉了，说："小信未孚，神弗福也。"即你对鬼神的诚实祭祀只是小信，鬼神也不会因此保佑你去打胜仗。其三是"小大之狱，虽不能察，必以情"。曹刿对此加以首肯，说："忠之属也，可以一战。"大大小小的狱讼之案，当然与民众的切身利益相关，作为国君虽不能一一明察，但总要处理得合理合情。曹刿认为这是心中装有民众并尽力为民办事的表现，凭此就可以跟齐国打上一仗。

这里就说明了一个问题：战争最重要的是赢得民心，取得民众的拥护，进而依靠民众的力量。成公十五年，郑国和卫国相继遭到楚国的侵袭，这都是晋的盟国，晋的中军元帅栾书想要报复楚国。晋大夫韩厥就说："无庸。使重其罪，民将叛之。无民，孰战？"一旦遭到百姓的背叛，还有谁去给统治者作战呢？作战中争取民心，对一个国家生死攸关，"国之兴也，视民如伤，是其福也。其亡也，以民为土芥，是其祸也"（哀公元年）。各国互相争战，还要考虑对方民众的态度，作为是否采取军事行动的根据。为政者一方面观察到敌方的"民将叛之"或"民弃其上"，就可以"不战而屈人之兵"或"上兵伐谋"，一方面也可以从长远战略考虑争取对方民众的好感收取对方民心。僖公十三年，晋国连续饥荒，派人到秦国购粮。秦内部有不同意见，公孙枝主张同意晋国的要求。他说："重施而报，君将何求？重施而不报，其民必携，携而讨焉，无众必败。"给了晋国恩惠，如果它能报答当然很好；如果它不报答，其国的民众必然和统治者离心离德。到那时我们去征讨，他们没有民众一定要失败。

《左传》通过许多正反两方面的事例，来说明民心对战争结果的决定作用。卫懿公好鹤，让仙鹤出门还乘着大夫之车。闵公二年，狄人伐卫，被征调作战的国人都气愤地说："使鹤。鹤实有禄位，余焉能战！"卫国民众不愿意为昏庸的国君作战，讥讽说："你让鹤到战场上去作战算了，何必需要我们。"卫懿公只好亲自上战场，结果"卫师败绩，遂灭卫"。秦晋韩原之战，晋国大败，晋惠公被秦人所俘。战前的观察，是秦国"师少于我，斗士倍我"。为什么秦军数量少而斗志高昂呢？就是因为上面提到的晋国遇饥荒曾受秦国资助，三次恩惠而没有一次回报，晋君反而与秦军开战，故"我怠秦奋"，战争结局显然。为了弥补过失，秦晋讲和后，晋国大夫"朝国人而以君命赏"，国人都被感动哭了。由此晋国作爰田，作州兵，上下"辑睦，甲兵益多"（僖公十五年），重新走上强国之路。

毋庸讳言，《左传》囿于西周沿袭下来的神道观，认为在战争中天神能否庇护也是胜败的因素之一，所以有祭祀、兵祷和占卜这种现象的大量存在。前面所举鲁庄公回答曹刿的第二条"牺牲玉帛，弗敢加也，必以信"，就是希望能在作战中得到鬼神的保佑。僖公三十三年在殽之战中晋国打败了秦国，自认为这是"天奉我也"的结果。战争中晋襄公穿着黑色的丧服，战后又以黑色丧服着身埋葬了其父晋文公，从此，"晋于是始墨"，即改原来传统的白色丧服而开始用黑色丧服，以表示对上天的感谢。僖公十五年秦国伐晋，先让卜官"筮之，吉"，而且按"蛊"卦之辞，"千乘三去，三去之余，获其雄狐"，即晋军必定三次败去，三次败去之后，秦一定擒获晋君。后来事态的发展果然如此。成公十六年晋楚鄢陵之战，不但楚军方面有向神明祈祷和向先君占卜吉凶胜负之举,而且晋厉公也亲自打卦占卜,结果得"复",筮史预测说:"南国蹙(萎缩),射其元王,中厥目。"即楚国不振,箭射它的国王,射中他的眼睛,楚国一定会败。特别是在作战之前,晋将魏锜夜梦自己弯弓射月,但又跌进泥塘。后来在作战中,魏锜果然射中了楚共王的眼睛,而他自己随后也被楚人养由基一箭射中咽喉而死。

但是,这种战争中的天命因素相比于人事因素来说,在《左传》中已淡化为次要地位,起主导作用的还是人事兴废。桓公十一年,郧国要联合随、绞、州、蓼四国共同对抗楚军,楚国大夫斗廉分析了双方形势,郧人一心依靠援军,毫不戒备;又倚仗城郭坚固,"莫有斗志",所以楚军一定会胜利。楚军统帅还不放心,要求"卜之"。斗廉说:"卜以决疑,不疑何卜。"用占卜是来决定疑惑之事的,既然没有疑惑了还要占卜干什么?结果无须占卜就取得了楚军作战的胜利。僖公五年,晋献公向虞国借道攻打虢国,虞国大夫宫之奇反复用"辅车相依,唇亡齿寒"的道理来劝谏,虞国君不但不听,反而说自己对鬼神的祭品丰盛洁净,一定会得到神的佑护。宫之奇就说:"鬼神非人实亲,惟德是依","皇天无亲,惟德是辅","则非德民不和,神不享矣。神所冯依,将在德矣"。也就是说,鬼神不亲人,只依据德行。上天对人不分亲疏,只是保佑有德行的人。如果国君没有德行,民众就不会对之亲近和睦,神也就不会享受他的祭物。神所依据保佑的,总是在人的德行。后来,晋国果然先灭虢,后灭虞,虞国并没有得到鬼神的保佑。这就证明,《左传》作者在战争问题上基本还是重人事轻鬼神的。

民心表现于军队的士气

在战场上一方拥有民心,往往就表现在军队的士气上。拿破仑曾经说过,一支军队的实力,四分之三是由士气构成的。这个比例也许并不科学,但士气是构成军队战斗力的精神要素,它直接影响到战争的胜负结局。所以古今中外的名将,都把挫伤敌人的锐气,激励己方的士气,作为战场上用谋定策的重要内容。我们再来看《左传》庄公十年对齐鲁长勺之战的记载:曹刿同鲁庄公同乘一辆兵车,与齐军对阵。鲁庄公要击鼓进攻,曹刿阻止说:"未可。"等到齐军击鼓进攻三次,每次都被鲁军击退,曹刿才说:"可矣。"于是鲁军一鼓作气,齐军大败而退。鲁国打了胜仗,鲁庄公就问曹刿为何如此指挥。曹刿说:

> 夫战,勇气也。一鼓作气,再而衰,三而竭。彼竭我盈,故克之。

战场作战，全凭战士的勇气。古代作战击鼓进军，擂第一通鼓时士气最盛，指挥作战的将帅要趁此锐气一举击败对方。而同时也要想办法消磨得敌人士气沮丧，这就是夺气。曹刿正是掌握了这条原则，造成士气上的"彼竭我盈"，胜利就是必然的。这正与孙子所说的"避其锐气，击其惰归"不谋而合，都是对战争规律的正确总结。

要夺敌士气和鼓己士气，《左传》还提出几项重要的原则。

一是"振廪同食"。文公十六年，楚国发生大饥荒，庸国人认为它"饥不能师"，于是联合蛮戎各族准备伐楚。楚国内部在战略上也有分歧，有人主张迁都避敌，蒍贾主张正好利用敌人的错觉以主动出击。楚军从庐地出发征讨庸国，一路上打开粮仓，官兵吃同样的东西，这就是"振廪同食"（振，开放，发放；廪，粮仓）。由于上下同甘共苦，内部团结，激励了士气，最终灭亡了庸国。这正是后来"爱兵如子"做法的滥觞。

二是"师出以律"。宣公十二年，楚军围困晋的盟友郑国，晋军救郑。进军到黄河边上，听到郑楚之间已停战讲和的消息，晋军主帅荀林父和上军将士会就准备回军罢战，理由是既然来不及救郑也就不要再徒劳晋国民众。但中军佐先縠却不同意，并擅自率领自己的军队开过黄河。于是荀林父也被迫率全军渡河，最后导致了晋军在这次"邲之战"中的惨败。失败的原因既在于先縠的破坏军纪擅作主张，也由于新任统帅荀林父的指挥不坚，缺乏权威，难能提挈全军，令行禁止。对此，荀首说：

> 此师殆哉！《周易》有之：在《师》（☷）之《临》（☱），曰："师出以律，否臧，凶。"执事顺成为臧，逆为否。众散为弱，川壅为泽。有律以如己也，故曰"律"。否臧，且律竭也。盈而以竭，夭且不整，所以凶也。不行之谓"临"；有帅而不从，临孰甚焉？此之谓矣！果遇，必败。

这里由解释易卦入手，说明军队出征要有法度纪律，如果不善约束，结果必凶。顺从主帅事情有成为善；背逆命令，众心涣散，力量削弱为不善，遇到敌人就一定失败。所以"师出以律"即后代所说的以军法从事，下级要绝对服从上级，这样才有稳定的军心和最后的胜利。

三是"敌骄我怒"。文公十六年，还是在楚国与庸国的战争中，最初庸国人多势众，迫击楚军，还俘虏了楚将子扬窗。楚军有人主张请求援兵，大夫师叔说："不可。姑又与之遇以骄之。彼骄我怒，而后可克。"也就是采取骄敌战略，夺其心,乱其谋,然后伺机克敌。于是楚军又和庸军接战七次,皆佯败而退。庸人开始变得骄纵懈怠,说:"楚不足与敌矣。"遂不设备,将士失却励战之心。而楚军却由"怒"而勇气倍增,再战而胜。可见正确的战略战术也是稳定军心士气的重要条件。

除以上所谈之外,《左传》通过对春秋时期大小战例的论述,也涉及其他一些保证军队战斗力的重要因素。如将领能否作到"赏不失劳""刑之不滥",信赏信罚;能否在关键时刻坚忍不拔,清醒果断。又如整个军队是否有经济基础,能否有充裕的物力准备和后勤保障。这些原则都对后代产生了重要影响,而且这种影响不仅限于军事领域。我们看到战国以后,战争规模的扩大和战争动员的广泛程度都非春秋时期所可比拟,一些政治思想家和兵家也都努力探究战场上的胜负之道,进一步深化和发展了《左传》对战争问题的认识。

凡兵之胜必待民之用

战国时期,首先在关于战争与民众关系的问题上,各家都肯定民众和士兵在战争中的重大作用。《孙子》把"道"放在决定战争胜负的首位,具体所指就是"令民与上同意也",要看"兵众孰强?士卒孰练?"这样才可以"上下同欲","与众相得",才能做到军队"可以与之死,可以与之生,而不畏危"(《孙子·计篇》)。《管子》也说:"凡兵之胜也,必待民之用也,而兵乃胜。"(《重令》)而民之用,关键还在得其心:"民不劝勉,不行制,不死节,则战不胜而守不固"(《法法》);"得众而不得其心,则与独行者同实";"士不可用者,以其将予人也。"(《参患》)这里比较突出的是军心民心在战争中的积极作用。《吴子》能够认识到士民对战争胜负的决定作用,说:"图国家者,必先教百姓,而亲万民。"能够争取民心,人人知耻,同心同德,就可以"在大足以战,在小足以守矣"。民众的态度是决定性的,"百姓皆是吾君而非邻国,则战已胜矣"(《图国》)。商鞅认为民是兵之本,民心向背可以决定国势强弱与战争胜负。他说:"有民者不可以言弱"(《错法》),"圣君之治人也,必得其心,故能用力。力生强,强生威,威生德,德生于力。"(《靳令》)

《司马法》虽成书较晚,但保存了一些西周时期的思想资料,也很重视民众在战争中的地位和作用。《仁本》说:"战道:不违时,不历民病,所以爱吾民也;不加丧,不因凶,所以爱夫其民也;冬夏不兴师,所以兼爱民也。"统治者要兼爱敌我两国的人民,目的都是为了在战争中取胜。于是"内得爱焉,所以守也;外得其威焉,所以战也"。特别是"见危难,无忘其众",危难之际更要依靠民众。其他如孙膑所说的"取众者,胜之胜者也";"兵不能胜大患,不能合民心者也"

(《兵失》);《荀子》所说的"兵要在乎善附民"(《议兵》);《淮南子》所说的"政胜其民,下附其上,则兵强;民胜其政,下畔其上,则兵弱"(《兵略训》)等观点,都是对历史经验的深刻总结。但这也暴露出时代的局限性,即把兵和民仅仅视为一种可以利用的被动工具,需要由统治者来措置支配,这就限制了他们在更大程度上发挥人民对战争的决定性作用。

战在于治气

其次关于激励士气的问题,也受到古代各学派的重视。《司马法》说:"凡战,以力久,以气胜。"(《严位》)《孙子》曾在《军争》篇中谈到"治气"的问题,说:"朝气锐,昼气惰,暮气归。故善用兵者,避其锐气,击其惰归";"三军可夺气,将军可夺心。"这里主要讲使敌人士气衰竭的办法,但反过来也可用之于高亢我方的士气。孙膑对此也有精到的分析。他说:"合军聚众,[务在激气]。复徙合军,务在治兵利气。临境近敌,务在励气。战日有期,务在断气。今日将战,务在延气。""以威三军之士,所以激气也";"以劝士志,所以励气也。""众而贵武,敌必败;气不利则拙","气不励则慑"(《延气》)。竹简《孙膑兵法》专门用一篇来谈士气问题,这在兵书中并不多见。其中"激气",即激发感奋士卒的勇气,在军队初合时就应开始;"利气"即修整重振士气,此在军散重聚之时尤为重要;"励气"即劝勉鼓励士气,这是临境接敌前所要做的;"断气"即断然不回之气,确定交战日期就不容犹豫,士卒都要有果断之心;"延气"即延展恒久士气,战局瞬息万变,士卒要有连续作战的韧气。重视士气成为中国古代兵学的传统,《尉缭子》说:"战在于治气。""民之所以战者气也,气实则斗,气夺则走。"所以对我方来说,"战者本乎率身以励众士",对敌方来说,要"讲武料敌,使敌之气失而师散,虽形全而不为之用"(《战威》)。《吕氏春秋》也说:"夫民无常勇,亦无常怯。有气则实,实则勇;无气则虚,虚则怯。"(《决胜》)

既然士气关乎成败,怎样才能使士卒保持高昂的士气呢?一般认为不外乎软硬刚柔两手。软的一手就是加强道德感化,使士卒民众心甘情愿地向前拼命。《韩诗外传》记载一个故事:楚国伐陈,陈西门坏,"因其降民以修之,孔子过而不式(同'拭',敬礼)"。随行的子贡问为什么,孔子回答说:"国亡而弗知,不智也;知而不争,非忠也;亡而不死,非勇也。修门者虽众,不能行一于此,故弗式也。"在孔子看来,民众投降敌国还不以为耻是令人十分悲哀的事,所以必须要培养他们的礼智忠勇之心。《吴子》就说:"凡制国治军,必教之以礼,励之以义,使有耻也。夫人有耻,在大足以战,在小足以守矣。"(《图国》)这种士气的培养主要在于平时的潜移默化,而在战场上也表现在将帅对士兵的仁爱之举上,用怀柔感怀的方法来激励。

这样类似的论述见于多种兵书上。最极端的例子是士兵有"病疽"者,吴起亲自为其"吮之"。这里的"爱兵"当然有其虚伪性,但其目的还是让士卒勇于卖命。

用硬的一手来激励士气,是借助于一种战争心理上的辩证法,即孙子所说的"投之亡地然后存,陷之死地然后生"。《左传》中有一个"背城借一"的典故,出在成公二年齐晋鞌之战后。齐国战败求和,晋国提出了齐国无法接受的苛刻条件,齐君就要"收合余烬,背城借一",即背着城池借着残兵与晋国再决一死战。面对齐人上下宁死不屈的气势,晋国只得同意签订和盟之约。《吴子》说:"凡兵战之场,立尸之地,必死则生,幸生则死。"(《治兵》)让士兵抱着必死的决心,反而可以生存;如果只想侥幸偷生,则不免于死亡。这种观点的理论根源还在于《孙子兵法·势篇》:"勇怯,势也。"士兵的勇怯决定于战场态势。一般人可能理解为形势好,士卒就勇敢,反之则怯懦,但孙子的看法恰恰相反,他在《九地篇》中说:

> 疾战则存,不疾战则亡者,为死地。……死地则战。……投之无所往,死且不北。死焉不得,士人尽力。兵士甚陷则不惧,无所往则固,深入则拘,不得已则

斗。……投之亡地然后存，陷之死地然后生。夫众陷于害，然后能为胜败。

也就是说，迅猛急战则生存，反之则陷于死地，死地必须拼死作战。越是将士兵置于无路可走的境地，他们就虽死也不会败退。士卒处于危险境地，死且不惧，岂能不竭尽全力而战。士卒既然深陷危险境地，就不恐惧；无路可走军心反而稳固；深入敌国就不会军心涣散；迫不得已军队反而会奋起死斗。所以，把士卒投入危地反而使它生存，陷士卒于死地才能使之逃生，军队陷于危境然后才能夺取胜利。这种军事辩证法虽有一定的合理性，但事实上如果抛开具体条件，不能区分正义和非正义的战争性质，也会流于形而上学。

以秦汉几次著名的战役为例。巨鹿之战项羽率诸侯军救赵，"乃悉引兵渡河，皆沉船，破釜甑，烧庐舍，持三日粮，以示士卒必死，无一还心"。这是把士卒置于死地，表示有进无退。结果极大激发了士气，"楚战士无不一以当十，楚兵呼声动天"（《史记·项羽本纪》），大破章邯率领的秦军。楚汉战争，汉将韩信率兵攻赵，在井陉口背水列阵。按《尉缭子·天官》，"背水阵为绝地"，为兵家大忌。知道韩信如此布兵，"赵军望见而大笑"。可是战争开始后，韩信之军知道无退路，"皆殊死战，不可败"（《史记·淮阴侯列传》），很快大破赵军。事后诸将问韩信为何违反兵法而背水为阵,韩信回答说:"兵法不曰:'陷之死地而后生,置之亡地而后存?'且信非得素抚循士大夫也,此所谓驱市人而战之,其势非置之死地,使人人自为战。今予之生地,皆走,宁尚可得而用之乎!"(同上)看来韩信不仅熟读兵法,而且深通人情世故,他既善于激励己方士气,也懂得如何使敌方"夺气"。楚汉战争最后的垓下之战,已日暮途穷"兵少食尽"的项羽楚军被围之数重,忽然又"夜闻汉军四面皆楚歌"。这不仅使项羽怀疑"汉皆已得楚乎?是何楚人之多也?"也使残余的楚军丧失了斗志,很快由八百余人而百余人,最后仅剩二十八骑。韩信的"四面楚歌"成为战争史上"夺气"谋略的典范。同样一个项羽,一是主动将自己置于死地,一是被动地陷入亡地,由于"势"之不同,结局也不一样。

士气,就是由士卒情绪而决定的军队斗志。它是一把双刃剑,运用得当就由弱转强,否则就痛失好局。两汉之际,刘秀部将铫期以弱兵迎击铜马武装数十万人,连战不利。铫期就改变部署,改以"背水而战",结果士卒奋厉,杀敌甚多,"遂大破之"。这与韩信攻赵之法相似。西晋末年,刘琨为并州刺史,被匈奴骑兵"所围数重,城中窘迫无计"。无奈之中,颇精音律的刘琨于初夜乘月登城楼"清啸",这是古人思乡怀亲时常发出的清越悠长之鸣叫,引起城下胡兵的共鸣,敌营一片凄然长叹之声。中夜刘琨再登城楼吹奏胡笳,这种游牧民族熟悉的乐器发出深沉哀怨之声,勾起敌兵怀乡盼归之情,竟引致他们"流涕歔欷",无法自制。拂晓刘琨第三次登楼吹奏胡笳时,敌军正在"弃围而走"(《晋书·刘琨传》)。刘琨不战而解危难,手法与韩信"四面楚歌"相类。不同的是,"月夜吹笳"是劣势一方夺敌士气,匈奴一方由于士兵急切归乡的情绪被调动起来,无心再战。士气一失,到手的军事成果顷刻即被葬送。后来毛泽东把瓦解敌军作为革命军队战时政治工作的三大原则之一,正是对传统兵学的发扬继承。

选将与治军

最后是在关于如何治军的问题上,历代也都有过很深刻的认识和精辟的论述。要治军,先选将,什么样的将领带出什么样的军队,所以治军的第一要务是选择将帅。从春秋中晚期以后,由于社会生活的日益复杂化,过去各国以卿相兼领将帅的体制已不能适应需要,"文武分职"成为必然。《六韬·文韬·举贤》说,"将相分职,而各以官名举人,按名督实。"到战国时期,各国都已建立专业的武官制度,将帅职任重要,不仅一般意义上为"国之辅",而且是"生民之司令,国家安危之主"(《孙子·作战》)。由此,将帅在战场应根据形势的变化,独立决定战术方针和指挥作战,而不能受到君主的无谓干涉。《孙子》说，"将受命于君，合军聚众"，但将军在外"君命有所不受"。应严格遵循战争规律，"故战道必胜，主曰无战，必战可也；战道不胜，主曰必战，无战可也。故进不求名，退不避罪，唯民是保，而利合于主，国之宝也"（《地形》）。

从整体上看，孙子对将帅的素质提出很高的要求："将者，智、信、仁、勇、严也。"（《计篇》）孙膑认为战争的胜负取决于"知道之将"。从正面说，将帅应具备义、仁、德、信、智五种品质；从反面说，《孙膑兵法》专辟了"将败""将失"两篇，列举出二十条将帅品质上的缺点，如"不能而自能""骄""寡勇""寡信""自私""怠""缓""寡决"等，又举出战场上可能导致失败的三十多种不当作为。古人要求将帅德才兼备，但更加强调道德方面。

在中国古代的战争实践中，在对将帅的选择上，既有知人善任的成功之例，也有用人不当而造成的沉痛教训。战国时期由于秦的反间，使赵王撤换了老成持重的廉颇，而改任"纸上谈兵"的赵括，导致长平之败，赵国四十万士卒被坑杀，从此一蹶不振。三国时期诸葛亮误用马谡，街亭失守，使蜀汉错失北伐良机，从此在战略上日渐被动，一个小小的战役却影响了全局得失。赤壁之战后，蜀吴之间矛盾日益尖锐。周瑜亡故，孙权适时起用受关羽轻视的白面书生陆逊，接连取得江陵之战和夷陵之战的胜利,袭杀关羽,火烧刘备,局面遂大为改观。最值得一提的还是魏吴合肥之战。建安二十年,趁曹操用兵汉中张鲁之机,孙权率军十余万进攻合肥。当时守合肥的是魏将张辽、李典和乐进及部下七千余人,事先曹操安排的是:"若孙权至,张李二将军出战,乐进军守城。"大家对这种分工虽不无怀疑,曹军还是遵照执行。果然张、李精选八百壮士出击,大挫吴军锐气;乐进与之并力坚守,使孙权围城十余日不能下,只得撤退。可见,在治军的问题上,首先是选择将帅。

将帅要治军,重要的是严明赏罚,仁威并用。赏罚就是贯彻军队法制和纪律的工具,也是《左传》引述《周易》"师出以律"治军原则的运用。后起的法家和兵家都主张以"法"治军。孙子提出决定战争胜负的"五事七计",就包含有"法"和"法令孰行""赏罚孰明"的内容。史称孙武吴宫教战的故事,体现的就是赏罚分明、令行禁止的治军精神。吴起认为兵不在众,"以治为胜"。如果"上令既废,以居则乱,以战则败"。若"法令不明,赏罚不信,金之不止,鼓之不进,虽有百万,何益于用?"(《吴子·治兵》)孙膑也强调治军的根本手段是法制,"勇在于制",要"严政辑众",具体化就是赏和罚:"赏者,所以喜众,令士忘死也;罚者,所以正乱,令民畏上也。"(《孙膑兵法·威王问》)商鞅更是认为法度对战争起决定作用,他说:"凡用兵,胜有三等:若兵未起则错法(错同措,建立法制),错法而俗成,俗成而用具。此三者必行于境内,而后兵可出也。行三者有二势,一曰辅法而法行,二曰举必得而法立。"(《商君书·立本》)《尉缭子》也说:"凡兵,制必先定。制先定则士不乱,士不乱则刑乃明。"(《制谈》)一支军队,如果没有严格的纪律,就是乌合之众,战斗力也无从谈起。历史上一些英勇善战之军,无不以军纪严明著称,如岳家军、戚家军等。

要以法治军,严明纪律,最主要的手段就是信赏必罚。《管子》说:"罚严而可畏也,赏明而可劝也"(《九变》);"赏罚不信,民无廉耻,而求百姓之安难,兵士之死节,不可得也。"(《权修》)《孙子兵法》也说:"卒未亲附而罚之,则不服,不服则难用也。卒已亲附而罚不行,则不可用。"(《行军》)要做到信赏必罚,古人提出一些可行的原则。一是赏不逾时,罚不迁列。《司马法·天子之义》说:"赏不逾时,欲民速得为善之利也。罚不迁列,欲民速睹为不善之害也。"及时行赏和就地惩罚,才能达到激励士气和杀一儆百的目的,不然赏虚施则劳臣怨,大败不诛则纲纪荡然。二是赏不避仇,罚不避亲。《六韬·龙韬·将威》说:"杀一人而三军震者,杀之;赏一人而万人悦者,赏之。杀贵大,赏贵小。杀及其当路贵重之臣,是刑上极也;赏及牛竖马洗厮养之徒,是赏下通也。刑上极，赏下通，是将威之所行也。"这就是说赏罚要公正合理，不徇私情。历史上如田穰苴辕门立表斩庄贾，周亚夫细柳营不苟军令，曹操割发以自刑，诸葛亮挥泪斩马谡等，皆为典范之作。三是顺乎人情，重在教育。明将戚继光说："夫赏不专在金帛之惠，罚不专在斧钺之威。""有赏一人而万人善者，有斩首于前而不畏于后者，有言语之威而畏如刀锯，罚止数人而万人知惧者。此盖有机。机何物也？情也，理也。理兴于心，情通于理。"赏和罚都要合乎众人嫉恶扬善的心理，都需要先把道理讲清，使大家受到教育而不会产生怨恨之心，即如《尉缭子》所说"先廉耻而后刑罚"。

无论是治国还是治军，儒家和法家在方针上都是各有侧重。儒家的荀子也强调军队号令的严肃性，如"闻鼓声而进，闻金声而退，顺命为上，有功次之；令不进而进，犹不退而退也，其罪惟均"；但他更强调以仁义为本统，说"赏庆、刑罚、势诈、不足以尽人之力，致人之死"，根本还是要"礼仪教化齐之也"（《议兵》）。法家如商、韩更强调赏罚的作用，一方面"有军功者各以率受上爵"，厚赏军功；一方面严惩作战不力者，"其战也，五人束簿为伍，一人羽（当作兆，读为逃）而轻（读为刭，刑也）其四人，能人得一首，则复"（《商君书·境内》）。目的就是"为国而能使其民尽力以竞于功，则兵必强矣"（《错法》）。

兵家处于二者之间，既弃儒家之迂，又补法家之过，从现实的利害出发，都主张恩威并用。《尉缭子·攻权》说："夫不爱悦其心者，不我用也，不威严其心者，不我举也。爱在下顺，威在上立。爱，故不二；威，故不犯。故善将者，爱与威而已。"在仁爱与威严的统一上，兵家首先提倡爱。《吴子》认为对士兵只有"爱其命，惜其死"，才能做到三乐："发号布令，而人乐闻；兴师动众，而人乐战；交兵接刃，而人乐死。"（《励士》）《唐李问对》卷中也主张"爱设于先，威设于后"，认为"凡将先有爱结于士，然后可以严刑也。若爱未加而独用峻法，鲜克济焉"。总之是"先亲爱而后律其身"。但是对士卒也不能只讲仁爱，还必须严格要求。《孙子·地形》说："爱而不能令，厚而不能使，乱而不能治；譬如骄子，不可用也。""将弱不严，教道不明，吏卒无常，陈兵纵横，曰乱"，"败之道也"。李贽在《藏书·贤将论》中也说："仁则视卒如子，不忍伤也；严则视子如卒，有犯辄死，不姑息也。"所以要把二者结合起来，赏罚明，仁恩洽，"则万人惟一心，何敌不摧，何战不克哉！"

在治军方面，历史的经验是丰富的，古人的论述也是很深刻的，但真正要能贯彻到底，也是十分困难的。在等级森严的军队中，若以为将帅们真能"视卒如婴儿"，"视卒如爱子"，非愚则诬。实际上常常是"若驱群羊，驱而往，驱而来",完全是愚兵愚民之所为。一将功成万骨枯,信矣夫!

见可而进　知难而退

《左传》重视军事谋略的运用

战略战术是中国古代兵学的重要组成部分。《左传》一书虽然提倡"以礼治军",但并不赞赏宋襄公那种"不鼓不成列""不乘人之危"的泥古不化之举,还是通过对战争的描述,彰扬那些重视谋略,通晓阵法,懂得正确运用战略战术的明君贤将。与《孙子兵法》等兵家著作不同,《左传》不是从理论上通过逻辑论证的方法来系统陈述自己的谋略思想,而是寓理于事,寓理于言,通过一个个具体的战例,来展示观点。

《左传》既不像《老子》的主张"后发制人",也不像《孙子》的侧重"先发制人",而是在整体上不受既定思维模式的束缚,主张一切根据具体情况决定行动方针。宣公十二年,晋楚"邲之战"的前夕,士会主张退兵避楚,说:"公闻用师,观衅而动";"见可而进,知难而退,军之善政也。兼弱攻昧,武之善经也。"也就是说,战争的发动在于找到了敌方的弱点,使我有机可乘。见其可战就进攻,如果力不能克就退守,这是治兵的良策;兼并弱兵之旅和昏乱之敌,这是用武的恒则。这一思想来源于古老的兵书《军志》。在僖公二十八年,《左传》作者通过楚成王之口也表达过:"《军志》曰:'允当则归'。又曰:'知难而退。'"根据具体条件的变化来决定合理的战略战术,这既是《左传》作者的谋略原则,也体现在该书所记叙的各种大小战争过程中。由于《左传》对后代的广泛影响,其中的一些战例就成为中国古代军事的典范。

顺欲后发出其不意

隐公元年,郑国内讧,郑庄公的亲弟弟共叔段想夺取君位,背后还有他们母亲姜氏对段的偏袒纵容。郑大夫祭仲建议庄公先发制人,说:"不如早为之所,无使滋蔓!蔓,难图也。蔓草犹不可除,况君之宠弟乎?"郑庄公要这样做易如反掌,但第一共叔段"恶名"不彰,师出无名;第二他想要连叔段背后的母亲也一块制服,又顾忌社会道德。所以他决定顺详其意,后发制人,说:"多行不义必自毙,子姑待之。"随着郑庄公的欲擒故纵,共叔段野心暴露无遗,马上就要率兵袭击都城,其母姜氏也要开城门接应。于是郑庄公的战车出动,"克段于鄢",完全达到了预定的战略目标。后代人要搞后发制人,总会由此得到启发。如《兵经百篇·顺》说:"大凡逆之愈坚者,不如顺以导瑕,敌欲进,赢柔示弱以致之进；敌欲退，解散开生以纵之退；敌倚强，远锋固守以观其骄；敌仗威，虚恭图实以俟其惰。"假装顺从对方的意图使之走向极端，机会一到就奋力猛击。这常常是军事上政治上达到既定目标的最经济的手段，比一味硬攻要高明。

隐公五年，卫国率领南燕的军队伐郑，郑国派三位大夫祭足、原繁、泄驾分率三军正面迎击，又派公子曼伯和子元偷偷率领制地之军从背后袭击燕军。燕人只戒备正面的郑军，而完全未想到郑国的背后之军，很快被打败。车战时代的战术都很简单固定，郑国却能突破传统范式，运用正面突击和敌后迂回相结合的战法，确实"出敌不意"。《左传》的"君子"评论曰："不备不虞，不可以战。"一个要防备意外，一个要制造意外，这就是战场谋略的运用。隐公九年，郑国又遇上北戎人的侵伐。戎人徒兵，郑国车兵，双方在机动性上差别很大，这引起郑庄公的忧虑。公子突建议用诱敌设伏之法，即先派少量的郑军触敌后退，吸引戎人追击，在途中郑军埋伏下三重兵力，也可达到"出敌不意"的效果。根据公子突的观察，戎人具有轻敌冒进和"胜不相让，败不相救"的特点，正适合用这样的战法。结果由于战术正确，不灵活机动的郑国车兵"大败戎师"，打败了灵活机动的戎敌步兵。战争贵在用谋，谋略的精髓就在于"攻其无备，出其不意"，这实际上就是一种政治军事欺骗。历史上韩信暗度陈仓，是正确选择了出敌意外的路线；李愬雪夜袭蔡州，是正确选择了出敌意外的时间。所以凯撒大帝说："战争中最有效的事就是出敌不意。"（引自《中外军事名言录》）

避实击虚示形隐真

桓公五年，周桓王率蔡、卫、陈三国军队讨伐郑国，会战于繻葛。周王将中军，虢公林父指挥由蔡卫组成的右翼军，周公黑肩指挥陈国军队在左翼。由于陈国政局不稳，其军最弱，郑公子突就建议先击之。一旦陈军阵形崩乱，蔡卫两军也支持不住，待其两翼溃败，再攻击处于中军的周王主力，事情必定成功。郑庄公采纳了这个"避强打弱"的战法，果然大获全胜。僖公二十八年，晋文公与楚国统帅子玉率领的楚、陈、蔡联军会战。晋文公采取先让一步、避敌锋芒的方针，"退避三舍"，双方对阵于城濮。楚军主力为中军，由子玉指挥；申、息两县部队为左军，由子西指挥；陈、蔡两国军为右军，由子上指挥。晋军也相应分成三军，晋文公位于中军。战斗开始，晋国采取避实击虚之策，首先攻击楚军战斗力最弱的右军，陈、蔡军马上溃散。接着它引诱楚军战斗力次弱的左军上前追击，晋中军乘势侧击它，"伪遁"的晋军也回师夹击，楚国申、息之军大部被歼。子玉指挥的楚国中军见大势已去，迅速退出战场，这场城濮之战终以晋国胜利告终。

这两次战役的共同特点都是"避敌主力，打击虚弱"，成为《孙子·虚实》"水之形，避高而趋下，兵之形，避实而击虚"的很好注脚。在中国古代，这一谋略思想演绎出无数精彩的战例，常常能取得以弱胜强的效果。公元前207年，刘邦入关攻秦。此时秦军在正面的函谷关一带布置重兵，防止东方军入潼关攻咸阳，而偏南的武关、峣关一带防守却相对虚弱。刘邦就采纳谋臣避实击虚的建议，绕道南阳，迅速攻下武关、峣关，顺利进入关中。在城濮之战中，无论"退避三舍"的诱敌深入，还是决战中的避强攻弱，都是力争掌握战争主动权的问题。

桓公九年，楚国派大夫斗廉率领楚巴联军攻打邓国，双方相持很久，胜负未分。斗廉命令楚国军队排成没有纵深的横阵，并在接战后假装败退，而巴军两翼阵形依然未变，邓国人以为进攻的时机已到，拼命追击楚军。这时前面的楚军回过头来，与后面的巴军合围夹击，邓军大败。这里斗廉所用的战法，兵书上叫"示假隐真"。桓公十二年，楚国进攻绞国，军队驻扎在绞国的南门外，绞国人固守不出。楚将屈瑕向楚王建议说："绞国小而且人轻浮，缺少谋略，请对我随军砍柴薪的役徒不加任何保卫措施，以引诱他们出城。"楚王同意了。绞国人看到山上有很多砍柴的人，就从北城门出来，第一天就捕捉了三十人带到城中，尝到了甜头。第二天"绞人争出"，到山里追赶楚国的砍柴人。于是楚军预先在北门外和山下设置埋伏，一举打败了绞国。

这两次战役的规模和影响都很小，但正体现了兵法上的"示形"原则，也就是设法伪装自己的真实意图，以假象掩盖真相，给对方造成错觉，以诡道取胜。《孙子·计》最先阐明这个原则："兵者诡道也。故能而示之不能，用而示之不用，近而示之远，远而示之近。"明代的《草庐经略》曾对此阐释说："虚实在敌，必审知之，然后能避实而击虚；虚实在我，贵我能误敌。或虚而示之以实，或实而示之以虚；或虚而虚之，使敌转疑以我为实；或实而实之，使敌转疑以我为虚。玄之又玄，令不可测，乘其所之，诱之无不来，动之无不从者，深知虚实之妙，而巧投之也。"(《虚实》)总之就是让敌人受到欺骗而按我方的意图去做。历史上善兵者无数，其共同点都是能巧妙运用这条原则。孙膑"退兵减灶"，是示弱隐强，"能而示之不能"。南朝檀道济"唱筹量沙"，是示强隐弱，"虚而示之以实"。刘伯承《回忆长征》中说红军四渡赤水："这次，毛主席又成功地运用了声东击西的灵活战术，示形于贵阳之东，造成敌人的过失，我军得以争取时机突然西去。"看似简单的"示形"二字，运用之妙，各有千秋。

避敌锐气以待其敝

定公四年,吴楚柏举之战。新崛起的吴王阖闾联合唐蔡两国沿淮河西进攻楚,绕过大别山,迅速通过楚国北部的大隧、直辕、冥阨三个要隘(均在今鄂豫交界的武胜关一带),与楚国军队隔汉水对阵。作为进攻的强大一方,吴国实行深远的战略迂回,行动果敢迅速,从楚国守备薄弱的东北部切入敌境内,战略是成功的。楚国兵力并不少,但由于判断不清吴国的进攻方向,也来不及调集足够的兵力。为楚国计,此时宜利用有利的地理条件与吴军相持久,待己方兵力集中再作决战。所以楚国左司马沈尹戌向令尹子常建议说:"你依托汉水力阻吴军,由我北上集合方城以外楚军断其后路,焚毁其停泊在淮河的战船,同时堵塞大隧等三关,然后我们再一起对之南北夹击。"这是一个很高明的"关门打狗"战略,真正实行的话就可能使吴全军覆没。可惜子常庸劣,他在沈尹戌出发后,却想独获战功,竟改取速战方针,一军渡过汉水向吴军进攻。由小别至大别,连续三战均吴胜楚败,再至柏举(今湖北麻城),子常一军溃散。吴军趁势猛攻其他楚军,至清发水又消灭正在半渡的楚军,后再击败沈尹戌回援之军。至此楚军大势已去,很快其京都郢也被吴军占领。这就是中国古代一次长驱远袭、以少胜多的著名战例。吴军之所以取得辉煌胜利,在于楚国战略上的错误,给利在速战的吴军以分散楚军各个击破之机。

与此战性质相似的是齐鲁长勺之战。双方对阵,齐强鲁弱,鲁庄公要进攻,曹刿阻止说:"未可。"齐人三鼓之后,士气衰竭,曹刿指挥鲁军出击,打败了齐军。鲁庄公要追击,曹刿又说:"未可。"害怕敌有伏兵,等下车看敌军车辙乱,战旗倒,然后才下令鲁军追击败军。这两次战役的一个共同的问题是作为防御的一方如何疲劳、削弱敌人强大的力量,积蓄自己的力量,选择有利时机转入反攻,变被动为主动。《百战奇略》说:"凡敌远来气锐,利于速战。我深沟高垒,安守勿应,以待其敝。彼虽以事挠我求战,亦不可动。"这就是兵法上的安守待机。毛泽东在《中国革命战争的战略问题》中也说:"春秋时候,鲁与齐战,鲁庄公起初不待齐军疲惫就要出战,后来被曹刿阻止了,采取了敌疲我打的方针,打胜了齐军,造成了中国战史中弱军战胜强军的有名战例。""楚汉成皋之战、新汉昆阳之战、袁曹官渡之战、吴魏赤壁之战、吴蜀彝陵之战、秦晋淝水之战等等有名的大战,都是双方强弱不同,弱者先让一步,后发制人,因而战胜的。"

毛泽东这里结合《左传》中的战例所谈,实际上是一个军事中普遍存在的战略防御原则问题。以吴蜀夷陵之战为例,刘备为夺回荆州,给关羽报仇,不顾赵云等人的反对,留诸葛亮守成都，亲率大军东伐吴国。为避敌之锐气，吴帅陆逊向东实施战略退却，一直退了五六百里到夷道、猇亭一线才转入防御。这时形势对东吴不利，兵力少又分散，面对刘备"举军东下，锐气始盛"，只能先让一步，保存力量，急于决战并不利。东吴诸将却认为陆逊畏敌怯战，众起哗哄。陆逊忍辱负重，扼守阵地，坚不出战。两军相持半年后，刘备蜀军被拖得筋疲力尽，斗志消沉，锐气已被遏止，陆逊转入战略反攻。经过试探性地进攻，陆逊集中兵力，改变了双方兵力对比，并看到刘备不知兵而处处结营的空隙，决定采取火攻。很快火烧蜀军营垒四十余座，吴军大获全胜。这里关键还在于敢不敢果断地战略退却，能不能坚持"敌疲而后攻"的指导方针。鲁国曹刿用之而胜，楚国子常违之而败，《左传》对此早有明确的提示。

先人有夺人之心

宣公十二年，楚军围郑，晋派三军救郑，但抵郑时楚郑已结盟和好。于是晋、楚两军相持均无意决战，楚庄王遣使议和，晋统帅同意了。但晋军内部意见不一，特别是赵旃故意挑衅，夜间到楚军驻地，让自己士兵进入楚营。本来此时楚强晋弱，晋军主帅又新任而无权威，临战也缺乏准备。于是楚国令尹孙叔敖毅然决然下达作战命令，说：

> 进之！宁我薄人，无人薄我。《诗》云："元戎十乘，以先启行。"先人也。《军志》曰："先人有夺人之心。"薄之也。

宁可让我先下手去打击敌人，也不能让敌人先下手来打我，先发制人，就可以夺去敌人的作战勇气，所以要先下手。结果楚军急速进军，晋军全线奔退，这就是《左传》中的邲之战。昭公二十一年，宋国世族华氏叛乱，华登并且引来吴国军队相助。宋厨人濮对前来援宋的齐将乌枝鸣说：

> 《军志》有之："先人有夺人之心，后人有待其衰"。盍及其劳且未定也伐诸。若入而固，则华氏众矣，悔无及也。

按照古兵书《军志》所说，先发制人可以摧毁敌人的作战意志，后发制人要等待敌人士气衰竭。何不乘吴军远来疲劳并且立足未稳的时候发动进攻？不然等他们进来并且稳住，华氏人就多了，我们后悔也来不及了。于是宋、齐联军就先发制人，败吴国于鸿口，俘其两将。哀公六年，齐国新贵族陈氏与旧贵族国氏、高氏矛盾激化，陈乞想联合诸大夫除去国、高，就动员诸大夫说："即成谋矣，盍及其未作也，先诸？作而后悔，亦无及也。"既然谋划已定，何不趁他们没有动手之前抢先行动？一旦他们先下手，后悔就来不及了。于是陈乞和诸大夫一起率甲士打败了敌对的国、高二族。

以上见诸《左传》的三例都说明一个道理：在敌人不加防备或没有充分准备的情况下，先下手为强。"先发制人用其阳"，阳就是军队的锐气。兵初发则锐气盛，先发制人最强调首次打击的震撼效果，所以速战速决，一战告捷。先发制人和后发制人，表面上看是对立的作战方针，但正如《左传》引《军志》所说："先人有夺人之心，后人有待其衰。"一切依具体的战场态势来决定。我强敌弱，就坚决果断地进攻；敌强我弱，则坚守待机。孙子是倾向于先发制人和进攻速胜的，但这是有条件的："十则围之，五则攻之，倍则战之，敌则能分之，少则能守之，不若则能避之。"（《孙子·谋攻》）兵力的多寡是选择战术的依据。《尉缭子》也说："兵法曰：千人而成权，万人而成武。权先加人者，敌不力交；武先加人者，敌无威接。故兵贵先，胜于此则胜彼矣。"（《战权》）兵力不多贵在用谋，兵力多则重在威武，所以用兵贵在先发制人。先发制人可以在更宽泛的意义上加以理解，就是占得先机，握有主动权。虽然兵弱，但"善动敌者，形之，敌必从之"，能够调动敌人，也可以做到先发制人。先发制人不是一味蛮干，而是攻敌不备，出敌意外，才能取得一锤定音的效果。韩信"暗渡陈仓",由于三秦将猝不及防,使汉军一战定关中。三国时曹魏灭蜀,面对以重兵拒守剑阁的姜维,邓艾西越岷山,偷渡阴平,突然穿插到姜维背后,蜀军险隘尽失,刘禅不得不降。相反,前秦苻坚匆忙发动"淝水之战",尽管以众击寡,但敌情不明,准备不足,仍然败得一塌糊涂。总之,"先发制人,后发制于人"(《汉书·项籍传》)。这里的"先",不专指进攻或防守,也不专指兵力的众或寡,也不一定指动作的早或晚,而是指紧紧掌握住战场上的主动权。

《左氏》固兵法之祖

以上我们通过《左传》所提供的一些有代表性的战例,看到其中所蕴含的丰富的兵学思想,并在很大程度上启发了后来者。明清以来,有许多专以《左传》为军事研究对象的著作,如明·陈禹谟的《左氏兵略》32卷,宋征璧的《左氏兵法测要》20卷,曾益的《左略》1卷;清·徐经的《左传兵法》和《左传兵诀》,李元春的《左氏兵法》2卷,魏禧的《兵谋》1卷和《左氏韬钤》2卷,郭鸿熙的《左氏兵法正宗》2卷,民国·连华岩的《左氏兵法用例释义》等等。成书于清代的《左氏兵法》(收入《青照堂丛书·次编》)对《左传》中的战争记载逐条点评,虽不乏宏论,但对兵学的发明创见并不多。因为作者以儒生而谈兵,难免给人以隔靴搔痒的感觉。

在中国的军事科学宝库中,最引人注目的乃是丰富多彩的奇谋方略,其中多有《左传》的贡献。这些在血与火中锻造出来的瑰宝,至今仍闪烁着人类的智慧之光。

主要参考书目

《春秋左传正义》 唐·孔颖达著,中华书局1980年影印《十三经注疏》本。

《史记》 汉·司马迁著,中华书局1959年版。

《汉书》 汉·班固著,中华书局1962年版。

《二十二子》 上海古籍出版社1985年影印本。

《汉魏丛书》 明·程荣辑,吉林大学出版社1992年影印本。

《两汉三国学案》 清·唐晏著,中华书局1986年版。

《史通通释》 唐·刘知幾著,清·浦起龙释,上海古籍出版社1982年版。

《四库全书总目提要》 清·永瑢等撰,中华书局1965年版。

《后汉书》 南朝宋·范晔著,中华书局1965年版。

《七家后汉书》 清·汪文台辑,河北人民出版社1987年版。

《晋书》 唐·房玄龄等撰,中华书局1974年版。

《隋书》 唐·魏徵等撰,中华书局1973年版。

《旧唐书》 后晋·刘昫等撰,中华书局1975年版。

《宋史》 元·脱脱等撰,中华书局1977年版。

《明史》 清·张廷玉等撰,中华书局1974年版。

《文心雕龙》 南朝梁·刘勰著,湖南人民出版社1982年版。

《武经七书注释》 解放军出版社1986年版。

《春秋左传注》 杨伯峻注,中华书局1981年版。

《春秋左传读本》 王伯祥选注,中华书局1957年版。

《左传选》 朱东润选注,上海古典文学出版社1956年版。

《左传选》 徐中舒编注,中华书局1963年版。

《左传全译》 王守谦等译注,贵州人民出版社1990年版。

《左传选译》 瞿蜕园选译,上海古籍出版社1982年版。

《左传选译》 沈玉成译注,人民文学出版社1989年版。

《春秋左传学史稿》 沈玉成、刘宁著,江苏古籍出版社1992年版。

《春秋左传研究》 童书业著,上海人民出版社1980年版。

《左传疏证》 徐仁甫著，四川人民出版社1981年版。
《古史新探》 杨宽著，中华书局1965年版。
《宗周社会与礼乐文明》 杨向奎著，人民出版社1997年版。
《中国古代政治思想史》 刘泽华著，南开大学出版社1992年版。
《中国史学史论集》（一） 吴泽主编，上海人民出版社1980年版。
《中国史学名著评介》 仓修良主编，山东教育出版社1990年版。
《两汉思想史》 徐复观著，华东师范大学出版社2001年版。
《中国政治思想史》 吕振羽著，三联出版社1955年版。
《中华元典精神》 冯天瑜著，上海人民出版社1994年版。
《中国史学史》 金毓黻著，商务印书馆1944年版。
《中国史学史》 白寿彝著，上海人民出版社1986年版。
《汉代思想史》 金春峰著，中国社会科学出版社1997年版。
《中国史学史稿》 刘节著，中州书画社1982年版。
《中国经学史》 日本·本田成之著，上海书店2001年版。
《先秦文学论集》 胡念贻著，中国社会科学出版社1981

年版。

《先秦文学史》 褚斌杰主编,人民文学出版社 1998 年版。

《中国文学》(第一分册) 杨公骥著,吉林人民出版社 1980 年版。

《中国文学史》(一) 游国恩主编,人民文学出版社 1963 年版。

《先秦文学史》 徐北文著,齐鲁书社 1981 年版。

《管锥编》(一) 钱锺书著,中华书局 1979 年版。

《〈左传〉与中国古典小说》 孙绿怡著,北京大学出版社 1992 年版。

《中国哲学发展史》(先秦卷) 任继愈著,人民出版社 1983 年版。

《中国哲学史新编》(一) 冯友兰著,人民出版社 1962 年版。

《中国的智慧》 韦政通著,中国和平出版社 1988 年版。

《中国军事辩证法史》 方克著,中华书局 1992 年版。

《中国兵学文化》 张文儒著,北京大学出版社 1997 年版。

《道家与兵家》 姜国柱著,西苑出版社 1998 年版。

《中国古代军事哲学发展史简编》 张云勋著,中国广播电视出版社1992年版。

《文史》(六) 中华书局1979年版。

《文史》(十一) 中华书局1981年版。

《经学浅谈》 杨伯峻等著,中华书局1984年版。